高等教育研究者
在政府决策中的作用研究

孟 彦 著

学苑出版社

图书在版编目（CIP）数据

高等教育研究者在政府决策中的作用研究/孟彦著.—北京：学苑出版社，2022.12
ISBN 978-7-5077-6585-4

Ⅰ.①高… Ⅱ.①孟… Ⅲ.①高等教育—教育家—作用—教育政策—研究—中国 Ⅳ.①G520

中国国家版本馆 CIP 数据核字（2023）第 001572 号

责任编辑：任彦霞
出版发行：学苑出版社
社　　　址：北京市丰台区南方庄 2 号院 1 号楼
邮政编码：100079
网　　　址：www.book001.com
电子信箱：xueyuanpress@163.com
联系电话：010-67601101（营销部）、010-67603091（总编室）
印 刷 厂：北京建宏印刷有限公司
开本尺寸：710 mm × 1000 mm　1/16
印　　张：18.5
字　　数：268 千字
版　　次：2022 年 12 月第 1 版
印　　次：2022 年 12 月第 1 次印刷
定　　价：68.00 元

本书是全国教育科学规划教育部青年课题"我国高校教育研究者对政府决策的影响力研究"(课题批准号:EIA190505)的主要研究成果。

前 言

党的十九届四中全会明确提出"坚持和完善中国特色社会主义制度、推进国家治理体系和治理能力现代化，是全党的一项重大战略任务"。高校是科学研究的主要阵地，自改革开放以来，高等教育学科开始成为一门独立的学科，研究不断增多，也逐渐开始紧跟决策科学化的发展趋势，不断为决策科学化服务。我国决策科学化的发展需求要求决策者在制定政策过程中加强对科学证据的利用，因此不断加强研究者在政府决策中的作用至关重要。但研究与决策之间的隔阂由来已久，大部分研究对政府决策没有产生影响，研究者发挥的作用仍微乎其微。那么，现实中有哪些因素在促进或阻碍研究者作用于政府决策？他们通过什么路径可以作用于政府决策？对这些问题的思考有助于研究者、决策者和其他利益相关者对研究者作用于政府决策的过程有更深入的认识，为提升我国教育决策科学化和治理能力提供理论基础。

本书共有七章：第一章介绍了研究思路、框架、内容和研究方法；第二章详细阐述了研究过程；第三章从历史变迁的角度分析我国高等教育研究者在政府决策中发挥作用的发展历程。在回顾我国高等教育研究者作用于政府决策的历史发展阶段基础上，严格遵循凯西·卡麦兹提出的建构扎根理论的研究过程，深度访谈28位政策研究者和决策者，利用类属分析、情境分析、访谈、观察等质性研究方法，通过开放编码、轴心编码和选择编码获得三级编码结果，并对编码结果进行三角互证。

第四章分析了影响高等教育研究者作用于政府决策的因素，高等教育研究者在政府决策中发挥作用的过程中受研究层面、决策层面、传播层面和环境层面四个维度的因素影响。其中，科研中介的作用、研究者与决策者的关系是最为关键的两项影响因素。不同层面的具体因素与研究者在政府决策中的作用呈现不同的相关关系。

第五章分析了高等教育研究者在政府决策中发挥作用的路径，主要通过"研究内驱式""决策外推式"和"中介扩散式"这三种路径来实现。在不同的路径中，研究者的主动性是不同的。研究内驱式路径中研究者主动性最强，但较难发挥作用；决策外推式路径中研究者主动性较弱，但较容易发挥作用；中介扩散式路径中研究者的主动性经历了由弱变强的过程，发挥作用的难易程度也受科研中介的类型不同而不同。

第六章对高等教育研究者作用于政府决策的影响因素和路径进行了理论建构，形成了"四类影响因素、三种路径、四个转化、一个机会、三类科研中介"的理论模型。基于对"影响因素"和"路径"的分析，结合与已有理论的对话和比较，本研究从理论上解释了高等教育研究者作用于政府决策的过程。首先，提出"政策机会"这一本土概念，研究认为高等教育研究者作用于政府决策的必要条件是对政策机会的识别和有效利用。其次，研究者和决策者之间不断经历"社会化－外化－组合－内化"的知识转化过程，高等教育研究者作用于政府决策就是实现研究成果从研究者隐性知识向决策者隐性知识的转化。再次，研究者作用于政府决策是在研究型科研中介、决策型科研中介和中立型科研中介的交叉作用下实现的，为强化研究与决策的关系提供帮助。

第七章探索了高等教育研究者作用于政府决策的机制。促进高等教育研究者作用于政府决策需要明确研究者、决策者和科研中介的角色定位，并从保障机制、协作机制和动力机制方面探索高等教育研究者作用于政府决策的有效机制，目的在于说明提升高等教育研究者作用于政府决策需要研究者、决策者和科研中介的共同努力才得以实现。

笔者在写作过程中得到了北京师范大学洪成文教授的写作指导和鼎力支持，对此深表感谢。因个人编写水平有限，书中内容不足之处在所难免，请读者不吝赐教，后续将不断改进完善。

孟彦
2022 年 9 月

目 录

第一章 绪 论
　　第一节　研究背景　　　　　　　　　　　　　　　　　/ 002
　　第二节　研究意义　　　　　　　　　　　　　　　　　/ 011
　　第三节　概念界定　　　　　　　　　　　　　　　　　/ 013
　　第四节　文献综述　　　　　　　　　　　　　　　　　/ 020
　　第五节　研究设计　　　　　　　　　　　　　　　　　/ 039

第二章 研究方法论与研究过程
　　第一节　方法论的架构　　　　　　　　　　　　　　　/ 050
　　第二节　建构扎根理论研究方法　　　　　　　　　　　/ 053
　　第三节　研究过程　　　　　　　　　　　　　　　　　/ 057
　　第四节　对研究过程的反思　　　　　　　　　　　　　/ 070

第三章 高等教育研究者作用于政府决策的历史回溯
　　第一节　前学科时期：1949—1977年　　　　　　　　/ 076
　　第二节　学科兴起时期：1978—1984年　　　　　　　/ 080
　　第三节　学科关键时期：1985—1999年　　　　　　　/ 085
　　第四节　学科快速发展时期：2000年至今　　　　　　/ 090
　　第五节　本章小结　　　　　　　　　　　　　　　　　/ 095

第四章　高等教育研究者作用于政府决策的影响因素

- 第一节　影响因素的类属分析　/ 101
- 第二节　影响因素的重要性分析　/ 132
- 第三节　关键影响因素的分析　/ 135
- 第四节　本章小结　/ 161

第五章　高等教育研究者作用于政府决策的路径

- 第一节　我国教育研究影响政府决策的方式　/ 167
- 第二节　"研究内驱式"路径　/ 172
- 第三节　"决策外推式"路径　/ 181
- 第四节　"中介扩散式"路径　/ 189
- 第五节　本章小结　/ 196

第六章　高等教育研究者作用于政府决策的理论构建

- 第一节　文献对话与比较　/ 204
- 第二节　理论修正与完善　/ 229
- 第三节　理论构建的内容　/ 239

第七章　高等教育研究者作用于政府决策的机制探索

- 第一节　参与者的角色定位　/ 245
- 第二节　研究者在政府决策中发挥作用较小的原因　/ 252
- 第三节　高等教育研究者作用于政府决策的有效机制　/ 256
- 第四节　研究贡献、不足及未来展望　/ 264

参考文献　/ 267

附　录　/ 282

第一章

绪 论

第一节 研究背景

一、证据本位的决策发展需求更加迫切

(一)国外基于证据的决策的发展方向

威廉·N. 邓恩(William N. Dunn)曾指出20世纪的社会科学不断向职业化和专业化方向发展,他指出:"20世纪政策相关知识的提供者不再是对早期统计协会和其他政策研究机构有影响的由银行家、企业家、记者和学者组成的混合群体,而是一些专门从事教学与研究的大学教授,政府逐渐号召他们来提供关于政策制定与政府管理的实际建议。在资历、经验与动机上,他们是社会科学界的专业成员。"[①] 可见,在科学研究的影响下,政府的政策制定愈加科学化,高校研究者的政策影响愈加重要。到20世纪末,"基于证据的决策(evidence-based policymaking)"这一术语开始出现,强调了证据在决策中的作用。该词最早在1999年英国公布的白皮书中被使用,白皮书中提出英国应该利用证据和研究促使政策更好地实现国家发展的长远目标。[②] 自英国这一倡议之后,证据在决策中发挥着愈加关键的作用,"基于证据的决策"的发展势头也在近些年不断强劲,逐渐成为世界政府决策的大方向。"基于证据的决策"旨在为决策者提供有用的信息和政策方案,其作用的发挥需要建立在两个前提之下:一是有利的政治文化保证了政策过程的透明度和合理性,

---

① 邓恩. 公共政策分析导论:第2版[M]. 谢明,杜子芳,伏燕,等译. 北京:中国人民大学出版社,2002:49.
② Cabinet office. Modernising Government(White Paper CM 4310). London:HMSO,1999.

二是相关的研究文化鼓励应用科学方法来产生一系列与政策相关的证据。在政府和研究领域的共同支持下，以研究证据为基础的决策才能实现最优效果。2016年3月30日，美国总统奥巴马签署了《基于证据的决策委员会2016法案》（Evidence-based Policymaking Commission Act of 2016），法案规定该委员会必须负责数据库的存量、数据的基础架构以及数据库的安全性等方面的综合研究，遵守与联邦政府的数据统计协议，确保能满足联邦项目和税收、调查数据等一系列的数据需求等方面的工作内容。[①] 可见美国政府对数据在政府决策中的关键作用给予了充分重视，也是确保为政府提供各项服务的重要科学保障。在此基础上，美国先进的研究技术、研究文化和研究成果也促成了"基于证据的决策"的实现。

（二）国内决策科学化的现实需求

随着全球化时代的到来，我国面临着前所未有的挑战。在国家治理过程中，由于社会分工的进一步分化，社会各领域的发展日益复杂，政府职能尤其是政府经济管理和社会服务职能迅速扩展，对政府决策能力和决策效能提出了更高的要求。

我国有关"决策科学化"的呼吁和改革由来已久。1982年，党的十二大报告第一次提出进行决策体制改革。1986年7月，在全国软科学研究工作座谈会中，第一次提出决策科学化的定义。会上，时任国务院副总理万里明确提出实现决策科学化和民主化的任务。1987年10月，党的十三大报告中提出将决策的科学化和民主化作为党和政府的决策机制的基本原则。该原则沿用至今，并不断发展深化。2012年11月，党的十八大报告指出"坚持科学决策、民主决策、依法决策，健全决策机制和程序，发挥思想库作用，建立健全决策问责和纠错制度。凡是涉及群众切身利益的决策都要充分听取群众意

---

① Evidence-Based Policymaking Commission Act of 2016 [EB/OL].（2016-10-20）.https://www.congress.gov/bill/114th-congress/house-bill/1831.

见，凡是损害群众利益的做法都要坚决防止和纠正。"①2013年11月15日，我国发布《中共中央关于全面深化改革若干重大问题的决定》，文件中明确提出"全面深化改革的总目标是完善和发展中国特色社会主义制度，推进国家治理体系和治理能力的现代化。"②2014年1月15日，教育部部长袁贵仁在全国教育工作会议中强调"……建立科学规范的治理体系，形成高水平的治理能力。要围绕教育治理体系改革、教育治理能力提高，深化教育综合改革……"③教育治理效果的改善依赖于教育决策的高质量和高效率，其前提保障是决策的科学化。因此，决策科学化的实现是提升我国治理能力、推动教育改革向前发展的必要条件，是我国现在及未来需要不断加强重视的方面。2015年1月20日，中共中央办公厅、国务院办公厅发布《关于加强中国特色新型智库建设的意见》，旨在建立健全我国的决策咨询制度。纵观我国自1982年至今四十年来关于国家决策发展的文件内容变化，教育决策的科学化是影响教育改革与发展的重中之重。

"政策过程是一种治理结构，在治理结构的基调下，决定政策走向的关键因素是政策参与者动员存在于公共和私人的决策资源的能力而不是利益的驱动，而动员能力包含了对决策资源的接近机会、运用能力以及运用战略。"④决策科学化的发展离不开科学研究的发展，只有以科学研究为依据的决策才能保障科学化，我们非常有必要了解如何提高研究者在政府决策中的作用，这也成为开展本研究的重要出发点。

---

① 十八大报告全文［EB/OL］.（2012-11-19）［2016-05-20］.http://www.xj.xinhuanet.com/2012-11/19/c_113722546_5.htm.

② 解读《中共中央关于全面深化改革若干重大问题的决定》［EB/OL］.（2013-11-15）［2016-05-20］. http://politics.people.com.cn/GB/8198/371536/.

③ 深化教育领域综合改革，加快推进教育治理体系和治理能力现代化——袁贵仁在2014年全国教育工作会议上的讲话［EB/OL］.（2014-01-15）［2016-05-20］.http://www.moe.edu.cn/publicfiles/business/htmlfiles/moe/moe_176/201402/163736.html.

④ 朱旭峰.中国思想库：政策过程中的影响力研究［M］.北京：清华大学出版社，2009：10-11.

二、人文社会科学研究在政府决策中的作用非常有限

在我国，高校研究者的研究成果获得领导批示成为评价其作用于政府决策的主要标准之一，很多高校也逐渐将获得政府批示的政策咨询报告作为教师考核的标准之一，评价一项政策研究成果的指标也是以获得政府领导的批示为准。但在现实情况下，不论是国内还是国外，研究成果真正能在政府决策中发挥作用的事例仍非常有限，大部分政策研究成果并没有对决策产生明显影响，研究者在政府决策中的作用问题突出。2000—2010 年，我国教育部公布的人文社会科学重点研究基地向中央、省部级单位提供咨询报告、政策建议近 4 万份，但获得中央领导同志批示或被省部级以上部门采纳的只有 2155 份[①]。到 2020 年，以人文社会科学研究成果的数据为例，可以从侧面反映出大学人文社会科学研究对政府决策产生的影响较小，被政策采纳的成果是发表论文数量的 4%，虽然比前几年的比例有所提升，但仍较低（见表1）。如何提升人文社会科学研究成果在政府决策中的有效应用率迫在眉睫。

表 1　2020 年普通高等学校人文社会科学研究成果情况

	发表论文（篇）			研究与咨询报告	
	合计	国内内地学术刊物	国外学术刊物	港澳台刊物	合计	其中被采纳数
教育部直属院校	68677	58359	10074	244	9236	5624
其他部委院校	10664	9716	930	18	1312	895
地方院校	294273	281731	12380	162	23141	9040
合计	373614	349806	23384	424	33689	15559

资料来源：2020 年中国教育统计年鉴。

---

① 江欣.重点研究基地孵化一流学术［N］.中国社会科学报，2010-12-23（15）.

一方面，科学研究在政府决策中的意义重大。F.A.哈耶克在他的《知识在社会中的应用》一文中特别强调了决策与知识结合的重要性。他认为，无论是资源配置还是资源利用，本质上是一个利用知识的问题。哈耶克认为，一个组织的效能取决于决策权威和对于决策很重要的知识之间的配置关系。[①]关于为什么要选择与知识相结合，哈耶克也给出了自己的理解：一是知识在现代社会是重要的，二是知识是分散的。人的大脑的有限能力意味着任何单个或一伙决策者拥有的知识都是有限的，都只是人类所知知识的很小的一部分。在任何时候，决策者们只占有所有能获得知识中的少量知识，况且新的知识还在不断地被创造出来。在教育决策过程中，决策者们要有目的地挑选出有关知识，也包括决策所需考虑的知识。[②]既然知识有这么大的作用，我们就可以采取措施来加强知识与决策之间的结合，有两个方向，一个是要求决策者具备相关知识或者向其传播知识，另一个是让已经具有相关知识的人掌握决策权。任何一个方向的实现都是艰难复杂的过程，但这是历史发展的必然，也是我们在完善政府决策机制过程中需要重点关注的方面。通过对知识作用的描述，我们可以了解到任何一个人的知识储备是有限的，其不可能拥有各类专业知识的集合，因此集体决策逐渐成为人们采用的方式，集中各类专家，使决策群体的知识结构和专业背景趋于合理。同时，教育政府决策不能再实施随机决策，即没有决策步骤，兵来将挡水来土掩的形式，而应该程序化决策，不管针对何种决策任务，都需要先搜集所需要的知识，确立决策时机，按照规范化的步骤进行决策。

另一方面，科学研究成果的转化至关重要。对于科研成果的利用和转化，人们首先想到的多是自然科学领域，而认为人文社会科学的研究对于现实问题并无大用。2011年，中国人民大学科研成果转化与产业促进办公室数据

---

① 转引自庄西真.知识在教育决策中的作用——兼论教育决策中决策者和知识人的关系[J].教育理论与实践，2003（2）：17-21.

② 同①.

显示，高校的人文社会科学研究成果转化率仅 10% 左右①。大多数人文社会科学研究成果的最终方式只是停留在文章发表、职称评定、项目申请、评奖等方面，并没有实现真正的转化。与自然科学相比，人文社会科学研究只是转化的方法、表现形式以及成果发挥的作用不同，但它的应用价值同样需要重视。首先，人文社会科学研究也是本着为国家和社会服务的目的，其研究必须考虑对实践和政策的作用；其次，人文社会科学研究影响了人们的精神生活，成为社会发展的精神动力；最后，人文社会科学研究是与社会经济发展密切相关的，其最终的目的也将促进社会经济发展。可见，必须加强人文社会科学研究的成果转化，并建立健全成果转化机制，而实现这一目的的前提就是增强人文社会科学研究者在政府决策中的作用。本研究以社会学科中的高等教育学为例，分析如何增强高等教育研究者在政府决策中的作用和影响力。

三、教育研究者对成果的应用重视不够

管理学大师彼得·德鲁克（Peter F. Drucker）曾说：我们正进入一个以知识为核心的社会，智力资本已成为企业最重要的资源。知识生产率将日益成为一个国家、一个行业、一家公司竞争的决定因素。②1996 年，经济合作与发展组织（OECD）发布题为"以知识为基础的经济"的报告，认为知识经济是建立在知识和信息的生产、分配、使用基础上的经济。在 OECD 主要成员国中，知识经济已占其国内生产总值的 50% 以上。③随着知识经济时代的到来，大学作为知识生产的主要场所，迫切需要解决如何获取更多的学术资源，如何更好地促进知识的产出等问题。密歇根大学前校长詹姆斯·杜德斯

---

① 柯进. 高校人文社科成果如何走出书斋［EB/OL］.（2011-10-25）［2016-06-26］. http://www.jyb.cn/high/gjsd/201110/t20111025_459783.html.
② 彼得·德鲁克. 后资本主义社会［M］. 上海：上海译文出版社，1988：12.
③ 邬伟娥. 知识转移视角的大学学术生产力研究［D］. 杭州：浙江大学，2006.

达（James Duderstadt）曾提出：通过学术研究产生新知识，这就是大学的生命所在。① 亨利·埃茨科维茨（Henry Etzkowitz）曾在《三螺旋》中提出"大学最初使命的'内在逻辑'已经从知识的传承（教育）拓宽到还包括知识的创造以及所创造的新知识的商业应用（创业）"②。这是对大学第三使命的主要见解，即在教学和科研两大使命的基础上，加强知识的应用，比如与政府和产业的交流合作、大学自主创办企业等。可见，大学知识生产的作用不再仅仅局限于教学和科学研究，更多的是在这两个基础上实现知识的创新和转移。但现实情况下，教育研究者在知识创新和转移方面的力度较小，无法满足政府决策的需求。

第一，从教育研究者来看，他们是接受过正规教育和培训的教育研究人员，在知识生产过程中，需要深入研究教育现象，生产教育知识。但是在这个过程中，教育研究者往往脱离教育实践，所从事的教育知识生产活动仍局限在象牙塔中，远离了教育实践情境，更注重的是理论和观念的研究，而对教育问题的实际解决帮助不大。我国学者丁钢曾质疑教育研究活动是为理论本身而存在，还是为教育的创新活动而存在。③ 教育研究者生产的知识无法满足决策者的需求以及实践的需要，教育学知识缺乏实践依据、实践检验和实践价值，教育理论的"有用性"或实践性不足几乎成为所有诟病教育学的学者的基本立足点。④ 哈贝马斯在讨论学术与政治的关系时，提出三种关系类型：实践论、科学行政论和决断论。他认为学术研究能够通过公共领域与政治进行互动沟通，现实实践中的问题可以作为学术问题开展研究，进而为政治和实践提供学术知识的依据。⑤ 教育研究者必须提升知识生产能力和社会

---

① 杜德斯达. 21世纪的大学 [M]. 刘彤，屈书杰，刘向东，译. 北京：北京大学出版社，2005：9.
② 埃茨科维茨. 三螺旋 [M]. 周春彦，译. 北京：东方出版社，2005：32-53.
③ 丁钢. 教育经验的理论方式 [J]. 教育研究，2003（2）：22-27.
④ 范涌峰，宋乃庆. 教育研究科学化：限度与突破 [J]. 教育研究，2016（1）：94-101.
⑤ 张云昊. 中国社会科学研究影响政策的主要模式及其创新路径 [J]. 中国科技论坛，2011（10）：11-16.

服务能力,从而在政府、教育实践者等群体面前能够拥有更大的话语权和影响力。

第二,在我国教育研究过程中,在教育问题的选择上受课题项目、职称评定、论文发表等因素的影响,开展的是一种自私式的研究,研究者对教育现象的关注是考虑如何能快速形成学术科研成果,很少将精力放在如何提升知识生产的社会影响力方面。长期以来,教育研究在理论的层面仅回答"是"的问题,面对纷繁的教育实践,不能满足实践者对"应该"与"做"的迫切需求。① 为了提升教育决策的科学化,必须建构以实践为导向的教育研究范式,一方面需要加强研究者的政策影响意识,另一方面,从研究评价制度上为研究者提供基本保障。伯顿·克拉克(Burton Clark)曾在《高等教育系统》中提出了国家、市场和学术权威的三角形协调模式。国家代表着社会集体意志,学术权威由资深教授及学者组成,其影响力来自其知识和专业的权威并通过正式及非正式渠道对教育发展做出种种影响,市场则是指大学知识的消费者。② 基于这一考虑,只有在这三方力量形成共同合力的情况下,我国的高等教育系统才能正常运转,高校知识生产才能发挥应有作用。高校应该将为国家和市场服务作为自身知识生产的重要动力来源,同时国家应加强需求拉动机制,鼓励和带动高校知识生产高效化,国家是大学知识的间接消费者。

调动研究者的积极性、提升研究者在政府决策中的作用是强化教育研究的社会价值的关键,这将一方面实现教育研究的社会服务功能,另一方面也提升国家决策科学化、民主化的水平。本研究以高等教育研究领域为例,通过探索背后的原因和过程来提升高等教育研究者在政府决策中的作用。

---

① 李太平,刘燕楠.教育研究的转向:从理论理性到实践理性——兼谈教育理论与教育实践的关系[J].教育研究,2014(3):4-10,74.
② 朱冰莹,董维春.大学知识生产"动力源"解读——对美国研究型大学科研崛起的分析[J].高教探索,2013(6):78-83.

四、未来教育政策研究的发展趋势有待变革

我国自 1957 年建立中央教育科学研究所之后,就陆续开启学术研究为教育决策服务的历程,至今 60 多年来,教育政策研究的机构不断增多,研究队伍不断壮大,政策研究成果突出。但是,闵维方和文东茅等人在《学术的力量:教育研究与政策制定》中通过分析当前已有的研究成果发现,我国教育政策研究力量仍需加强,研究的理论基础、研究方法和水平都比较薄弱,政策研究成果在教育决策中发挥的作用仍较小。[1] 基于这一问题,我们需要思考未来教育政策研究应该怎样提升,如何发挥教育政策研究的最大价值。卢乃桂、柯政曾将教育政策研究分为了三种类型,分别是"对备选方案进行分析的教育政策研究;指向教育政策及其过程本身的研究;致力于提出政策备选方案的教育政策研究"[2]。其中前两种类型是比较传统的政策研究类型,第三种类型是最有争议的教育政策研究类型,最近几年被很多学者集中讨论,本研究认为教育政策研究应该注重发挥实用价值,而不只是停留在简单的政策文本分析和政策验证上。另外,当前我国高校对研究者的科研评价制度不断完善,很多高校将人文社会学科的政策转化成果作为一项重要的评价标准,这在一定程度上激发了研究者更加重视政策研究。

简而言之,未来教育政策研究的发展趋势应是从政策分析走向政策咨询研究,从理论价值走向实用价值,从研究者取向走向决策者取向。因此,为了激发教育政策研究的最大化价值,我们有必要了解背后限制高等教育研究者影响政府决策的原因。如何凸显高等教育政策研究成果在政府决策中的有效作用,是本研究要重点关注的问题。

---

[1] 闵维方,文东茅,等. 学术的力量:教育研究与政策制定 [M]. 北京:北京大学出版社,2010:4–7.

[2] 卢乃桂,柯政. 教育政策研究的类别、特征和启示 [J]. 比较教育研究,2007(2):27–31.

第二节 研究意义

一、提升关于高等教育研究者影响政府决策的理论认知

随着当前智库研究和智库建设的兴起，研究如何在政府决策中发挥作用已经引起各方人士的关注，并产生了一批研究成果，但是当前的研究更多的是分析具体政策的制定过程，这样的研究具有很大的价值，但并没有真正地从研究者视角去分析促使政策研究在政府决策中有效发挥作用的影响因素和路径等。虽然国外已经有了一批相关研究，但由于与我国国情、社会环境、决策过程等方面有所不同，我们不能单纯借鉴国外已有的理论研究成果去解释或解决我国的问题。因此，本研究从政策研究者的视角出发，利用建构扎根理论的方法论，深入分析影响高等教育研究者作用于政府决策的因素有哪些，作用路径有哪些，并在此基础上形成对高等教育研究者影响政府决策的理论认识。

二、为我国教育决策水平的提升提供可操作的建议

通过扎根于原始数据的因素和路径分析，构建了关于高等教育研究者影响政府决策的理论解释，解决了我国教育研究与政府决策关系中缺乏理论依据的主要问题，从而提升我国的教育决策水平。通过对科研中介、研究者与决策者的关系两大因素的重点分析，有助于研究者与决策者之间了解不同的合作形式，以及如何改善两者之间的关系，从根本上解决我国教育决策科学化不足的问题。

三、促进我国高校教育研究社会服务功能的发挥

高校在开展科学研究的基础上，有义务进行社会服务。本研究重点分析研究者对政府决策的作用，不仅有利于提升高校的科研水平，同时高校在不断为政策服务的过程中，有利于社会地位的逐渐提升，为高校未来的快速发展奠定基础。通过对三种路径的扎根分析，为高校研究者提供如何在政府决策中发挥作用的路径参考，提升社会服务的能力。

四、提高研究者对影响决策的过程认识和理解

决策过程具有复杂性、无序性等特点，研究者在试图影响政府决策之前需要对决策过程有充分的了解，并且明确如何对决策过程产生影响。首先，本研究最终建构的研究者作用于政府决策的理论内容，包含对研究者作用于政府决策的影响因素和路径分析，有助于研究者充分了解如何最大化地发挥研究在政府决策中的作用，为有志于为政府决策提供服务的研究者提供了方向，不仅在认知方面加深了研究者的理解，而且研究者可以以此为依据寻求最优化的影响渠道和方式。其次，本研究也访谈了部分决策者作为比较参考，更加有利于研究者了解决策者的想法，思考如何处理与他们之间的关系等。

第三节 概念界定

本研究是高等教育研究者作用于政府决策的影响因素及路径研究,研究对象聚焦为高校的高等教育政策研究者,研究内容是影响因素和路径。由于采用的是扎根理论的研究方法,因此将概念界定分为了基本概念和本土概念两类。

一、基本概念

(一)高等教育研究者

只有经过科学论证,并且具有有效性和真实性的分析才可以称得上研究。戴维斯和纳特利(Davies & Nutley,2008)曾给社会科学研究下定义:"任何包括'批判调查和评价、理论架构、数据收集、分析和整理'的系统过程,且目的是为了了解社会领域,并加强与公共政策和服务的互动。"[1] 社会科学研究主要包括文化功能、政治功能、社会管理功能和决策咨询功能。[2] 高等教育研究属于社会科学研究范围,也具备这些功能,本研究将重点强调它的决策咨询功能。

本研究所指的高等教育研究主要是与政策相关的高等教育研究。但是本

---

[1] DAVIES H, NUTLEY S. Learning more about how research-based knowledge gets used: Guidance in the development of new empirical research [M]. New York: William T. Grant Foundation, 2008.

[2] 刘大椿. 人文社会科学的学科定位与社会功能 [J]. 中国人民大学学报, 2003 (3): 9-15.

研究并未在题目中明确说明高等教育政策研究，是因为有些高等教育研究一开始的目的并不是以影响政府决策为目的的，但是其结果因其他因素的影响最终影响了政府决策，这也在本研究所要讨论的范围之内。因此，本研究所采用的概念是高等教育研究，而非高等教育政策研究。高等教育研究者主要是指在我国高校从事高等教育政策研究的研究者。

（二）决策与政府决策

1. 决策

决策行为是人类固有的行为之一，有人类就有集体，有集体就有管理，就有决策，所以"决策"行为的出现历史悠久，早在公元前200多年的《孟子》中，就有"权变、乘势、决策之道"的记载。[①] 在西方研究领域中，经常会出现决定（decision-making）和决策（policy-making）两个词语交换着使用，也就是说，decision-making往往也作为"决策"来理解，我国翻译书籍时也统一翻译为"决策"。但是，两者存在一定的区别。decision-making是泛指所有的抉择，包括政策性的决定，也包含行政事务性的决定，因此，更倾向于翻译为"决定"，而policy-making是单指政策的制定，可翻译为"决策"。赫伯特·西蒙（Herber Simon）在其著作《管理行为》（*Administrative Behavior*）中采用了decision-making这一术语，而不是policy-making，因为他所要阐明的是组织中管理者决定的形成。西蒙认为管理就是决策，应把决策理解为对行动目标与手段的探索、判断、评价直至最后选择的全过程[②]。现代的管理文献中基本上遵循了西蒙关于决策的定义。

本研究总结了decision-making和policy-making在范围、内容和人员方面的区别（表2）。由于本研究所要关注的是政府的决策，更倾向于policy-making的含义，而不是指包含所有决策行为的决定。

---

① 陈建坤. 科学决策制度论［J］. 东岳论丛，2001（3）：30-34.
② 西蒙. 管理行为［M］. 杨砾，韩春立，徐立，译. 北京：北京经济学院出版社，1988：3.

表2 决定(decision-making)与决策(policy-making)的区别

术语	范围	内容	人员
decision-making（决定）	广泛，包括决策	大至国家教育政策，小至各个学校的事务性问题	每一位教育行政人员皆有做决定的权力
policy-making（决策）	较小，仅是决定的一种	仅限于政策的制定	不是人人都有这样的决策权力，只有高级别的行政人员具有

2. 政府决策

王晓辉在对教育决策进行界定时，强调了教育决策区别于教育决定的含义，他认为"教育决策是指对教育发展和改革具有重大影响的政治行为，是一种宏观决策，而不是在日常教育活动中的教育管理人员，如校长、教师或学生干部，关于学校工作或班级工作的某项决定"[①]。本研究将沿用这一概念分析，将研究重点放在政府决策的宏观层面上，而不是具体的微观决策。由于研究过程中，受访者有影响中央政府决策的，也有影响省级政府决策的，因此政府宏观决策包括中央和省两级政府的决策。

3. 政府决策过程

胡伟在《政府过程》中曾将我国政府决策的过程分为三个阶段：政策议程的建立、政策规划和政策合法化。并指出这三个阶段的程序和规则有的是由法律条文所明确规定的，更多的是由惯例所决定的。[②]

在政策议程的建立阶段，它又分为了三种不同的模式，包括内在创始模式、外在创始模式和动员模式三种类型。内在创始模式就是由领袖和权力精英在决策层内部所引发的政策议程，基本不存在社会参与，决策者也不希望诉诸公众议程，而直接建立正式议程。外在创始模式是由决策层以外的因素起决定性作用，首先促成公众议程的建立，然后再进入正式议程，如突发

---

① 王晓辉.教育决策与治理[M].北京：教育科学出版社，2010：26.
② 胡伟.政府过程[M].杭州：浙江人民出版社，1998：236.

性事件、危机事件、广泛的民意等均属于外在创始模式,大众传媒有时也可成为外在创始的因素。动员模式是由权力精英特别是政治领袖进行问题的创始,但是为了获得足够的或更多的社会政治力量的支持,就利用大众传媒进行宣传和制造舆论,从而促成政策议程的建立,这是一个正式议程与公众议程相互作用的模式,由正式议程引发公众议程,由公众议程加强正式议程。①

在政策规划阶段,主要包括政策创议和政策起草阶段。政策创议阶段需要广泛听取外界的意见,形成政策思路;政策起草阶段需要对政策文件字斟句酌,最终起草出最能表达出政策精神和内容的文件。

在政策合法化阶段,主要是将第二阶段形成的政策方案出台,合法化。

这三个阶段概括了我国政策出台的过程,其中研究主要在第一个阶段和第二个阶段发挥作用,在政策合法化阶段,受政治权力和运行程序的影响,研究能发挥的作用微乎其微。因此,本研究主要是考虑研究者在前两个阶段作用的发挥。

(三)研究者作用于政府决策

基于上述对政府决策的理解,在选择好政策方案之后,政策合法化的出台过程是研究者无法控制的。由于研究在很多情况下只是发挥参考的作用,无法保证研究直接转化为政策文本,而且政策的出台是一个长期的过程,不能以政策出台为依据,因此,本研究中将研究者作用于政府决策界定在四个方面:

一是研究者的研究成果获得决策层的批示;

二是研究者获得决策者下发的采信证明;

三是获得决策者关于研究成果的书面反馈;

四是研究文本直接在政策文本中呈现。

---

① 胡伟.政府过程[M].杭州:浙江人民出版社,1998:242.

只要研究符合其中的任何一条，都可以称为研究者在政府决策中发挥了作用。

（四）实质理论

实质理论是在原始资料的基础上建立起来的、适于在特定情境中解释特定社会现象的理论。[①] 本研究的理论构建属于实质理论的构建。

二、本土概念

陈向明认为"本土概念是被研究者经常使用的、用来表达他们自己看世界的方式的概念。本土概念不必是研究者本人或研究者所属文化群体不知道的概念，只为被研究者群体所占有。寻找本土概念没有一定的程式可循，主要依靠研究者的直觉和经验"。[②] 通过对资料的分析，寻找到以下本土概念：

（一）科研中介

科研中介就是在科研生产和应用之间增强科研影响力的第三方主体，通过协调研究者与决策者的关系发挥催化科研成果政策转化的效果。本研究对科研中介的类型进行了本土划分，分别包括研究型科研中介、中立型科研中介和决策型科研中介。科研中介涉及组织层面和个人层面的区别。

（二）研究内驱式

"研究内驱式"是高等教育研究者作用于政府决策的路径之一，是政策研究者在完全自主研究的条件下，自下而上地把一个研究结果输送到政策制定者的手中，是指以研究者的主动性为动因和逻辑起点，以作用于政府决策为

---

① 陈向明.质的研究方法与社会科学研究[M].北京：教育科学出版社，2010：319.
② 同①284-285.

目标，从而引起决策者关注和应用研究成果的过程。这一路径中，研究者的主动性最强。这一本土概念的形成是基于对访谈资料的分析而得出的，是为了强调研究者主观能动性的发挥而建构的概念。"内驱力"是心理学领域的概念，是指在需要的基础上产生的一种内部唤醒状态或紧张状态，表现为推动有机体活动以达到满足需要的内部动力。用"研究内驱"这一概念可以清晰表达出研究者是基于"为政府决策做贡献"的内部动力来开展研究的。

（三）决策外推式

"决策外推式"是自上而下的方式将研究成果直接作用于政府决策的过程，是以决策者主动联系研究者为动因和逻辑起点，决策者以依据科学研究制定政策为目标，从外部推动和吸引研究者针对某一问题开展研究，确保研究成果在政府决策中的应用。这一路径中，研究者的主动性较弱，因为是为了满足决策者的需要来开展研究的。"外推"字面上意思是外部推动，顾名思义，就是指决策者对研究者的外部推动，是为了强调研究者在决策者的推动下对某一问题开展研究，最终以"满足决策者的需求"来实现在政府决策中发挥作用。

（四）中介扩散式

"中介扩散式"是指以中介作用的发挥为逻辑起点，通过传播研究成果，引起研究者的重视和决策者的关注，从而最终将研究成果作用于政府决策。这一路径中，研究者的主动性由于中介的推动经历了由弱变强的过程。"扩散"是传播学领域的术语，意思是指通过一段时间，经由特定的渠道，在某一社会团体的成员中传播，强调了"渠道"的作用。本研究已经将"科研中介"界定为促进研究者与决策者沟通的第三方主体，也就是作为研究者与决策者之间的传播渠道，它们所发挥的作用就是将研究者的研究成果扩散出去，确保研究成果为决策者或更多的群体所知晓，为在政府决策中发挥作用奠定基础。

（五）政策机会

政策机会是指高等教育研究者作用于政府决策过程中的有利时机。政策机会作用的发挥必须满足以下两个条件，一是政策研究者能够清晰识别政策机会，二是政策研究者能够采用合适的策略利用政策机会。政策机会这一本土概念是本研究建立在金登提出的多源流理论中的政策之窗基础之上提出的，强调研究者应通过识别和利用政策机会来实现主动作用于政府决策，而不是被动等待。

第四节 文献综述

一、国外研究综述

笔者利用出国联合培养的机会,以加拿大多伦多大学图书馆文献检索系统为主要外文文献检索工具,多伦多大学图书馆资源仅次于哈佛大学和耶鲁大学,为加拿大图书馆系统之首,获得的数据库和文献资料较为丰富。在搜索国外文献时发现,国外研究中倾向于采用"utilisation of research"或者"research use"这些词语来阐述研究与政策的关系问题,因此,将研究的应用作为梳理国外文献的核心概念。

关于这一问题在许多领域中有过研究,如卫生保健、精神健康、社会工作、儿童研究、教育和犯罪学等领域中都曾经涉及过此类研究(Davis et al, 2000)[1]。但是在人文社会科学领域中,对此类问题的研究仍然属于少数且影响不大(Nutley et al, 2007)。本部分将从研究应用的类型、过程和利益相关者等角度对本问题的核心文献进行梳理,具体如下:

(一)研究应用的类型

研究应用有多种多样的类型,而且在不同的研究领域里面有不同的应用类型。卡罗尔·韦斯(Carol Weiss)[2]指出当今处于一个"社会学家更关心将

---

[1] Davies H, Nutley S, Smith P, editors. What works? Evidence-based policy and practice in public ser- vices. Bristol: The Policy Press, 2000.

[2] WEISS C. The many meanings of research utilization [J]. Public Administration Review, 1979, 39 (5): 426-431.

研究应用于决策，决策者也同时关心对社会科学研究的利用情况"的时代，并对"研究应用"（research utilization）这一概念进行了深入分析。他认为研究影响公共政策是一个极其复杂的过程，总结了七种影响模式：知识驱动模式（the knowledge-driven model），即影响是通过"基础研究—应用研究—发展—应用"这一过程逐步形成的，但他也指出这在自然科学中比较普遍，社会科学应用较少；问题解决模式（problem-solving model），即通过提供实证研究结果和证据来帮助解决政策问题；交互模式（interactive model），即政策形成不只来源于社会科学研究，还会考虑行政部门人员、实践者、政治家、记者、客户、组织等其他利益相关者，不是单向的影响模式，而是不同群体的相互联系；政治模式（political model），即科学研究在不影响决策者政治立场的情况下而产生影响，一般是用于支持某一政治观点；战术模式（tactical model），即政府将研究作为解决某一问题的借口，比如，制定出不受民众欢迎的政策方案，但解释说是基于研究结果而制定出来的，政府可以免于责任；启蒙模式（enlightenment model），即研究所形成的概念和理论视角渗透进决策过程中。

南森·卡普兰（Nathan Caplan）[①]较早指出了知识生产者与使用者之间的冲突和鸿沟，他基于斯诺关于人文科学与自然科学之间的"两种文化"冲突研究，将社会科学研究与政策总结为"两个群体"冲突，形成两大群体理论（two-communities theory），说明了知识使用者和非使用者之间的巨大间隙。他在此基础上提出研究应用分为两种类型——工具性应用和概念性应用，被后来的研究者所借鉴。工具性应用是将研究成果直接应用于政策和实践当中，概念性应用是研究通过复杂的且间接的方式影响决策者和实践者的知识、理解和态度等。而且卡普兰认为在实际活动中，更多的是属于概念性应用。迈克尔·奎因·巴顿（Michael Quinn Patton）还曾考虑研究的应用应包括过程性应用这一类型，即通过研究的设计过程影响决策者和实践者。[②] 决策者和实

---

① CAPLAN N. The two-communities theory and knowledge utilization [J]. American Behavioral Scientist, 1979, 22（3）：459-470.
② PATTON M Q. Utilization-focused evaluation [M]. Thousand Oaks: Sage Publications, 1997.

践者参与研究过程中,将会影响思维和行为方式,也有利于加强研究者、决策者、实践者以及不同利益相关者之间的沟通交流,并不断修改完善正在进行的研究内容。

在此基础上,拉维斯(John N. Lavis)等人[①]将"象征性应用"作为一种研究应用类型,他认为这一类型不是影响决策,而是勇于证明已经实施的政策或者实践,有时候也被称为"政治性应用",另外,象征性应用也意味着使用研究这一事实将用来为行为寻找理由,因此有时候也被称为"战略性应用"。博斯韦尔(Christina Boswell)[②]将知识应用于政策的类型归纳为工具性功能、合法性功能和证实性功能。工具性功能与之前学者提到的一样,直接应用于政策当中;合法性功能表现在组织通过应用专家知识来加强自身的合法性,为特定政策提供资源支持或证明;证实性功能是指专家知识给予政策权威性,有助于帮助组织在争论中证实自己的政策偏好。

研究应用于政策和实践当中最普遍的理解是工具性应用,就是研究成果直接被政策所采纳或者运用于实践活动中,在宏观政策层面,研究为形成和选择某一特定政策而发挥作用;在地方决策层面,研究用于决定地方目标和服务结构,或者确定战略方向;在实践者层面,研究将界定最适合施行的行为。国外基于证据的政策和实践(evidence-based policy and practice,EBPP)的议程就是以工具性应用为核心(Nutley & Davies,2007)[③]。

但是,更多的研究是关于研究在应用于政策和实践过程中的多样化表现。朱利叶斯·考特(Julius Court)和约翰·杨(John Young)[④]研究了研究应用于

---

① LAVIS J N, Robertson D, WOODSIDE J M, et al. How can research organizations more effectively transfer research knowledge to decision makers?[J]. Milbank Quarterly, 2003, 81(2): 221-248.

② BOSWELL, CHRISTINA. The political functions of expert knowledge: knowledge and legitimation in European Union immigration policy[J]. Journal of European Public Policy, 2008, 15(4): 471-488.

③ NUTLEY S M, WALTER I, DAVIES H T O. Using evidence: How research can inform public services[M]. Bristol: Policy Press, 2007.

④ COURT J, YOUNG J. Bridging research and policy: Insights from 50 case studies[J]. Evidence & Policy: A Journal of Research Debate & Practice, 2003.

政策的 50 个案例，了解到研究影响政策生成和实施的方式复杂多样。首先，研究将特定的问题推向政策议程，自下而上地影响政府层面的决定和行为；其次，研究影响工作方式，而不只是政策内容本身，这主要通过研究者与决策者之间面对面地交流而实现的，甚至有时候研究者可以通过公众的压力来影响政策；最后，研究通过强化知识的作用，形成知识网络，对具有争议的社会议题在形成政策过程中产生影响。

综上所述，虽然有不同的表述，但目前达成共识的类型主要有工具性应用、概念性应用、过程性应用、政治性应用和战略性应用五大分类。但在政策和实践两方面的应用中有些区别，而且不同类型间的边界也比较模糊，不能严格规定研究影响政策的行为属于单一的某一种类型。

（二）研究应用的过程

研究应用的过程就是把研究应用当作一种运行中的活动来看待，而不是单一的行为表现。杰克·诺特（Jack Knott）和亚伦·韦达夫斯基（Aaron Wildavsky）[1] 提出研究应用阶段的标准，也就是应用过程，共包括七步（表3）。

表 3　诺特和韦达夫斯基提出的研究的应用过程

1	接受（reception）	研究被接受，即便还没认真阅读研究结果
2	认知（cognition）	阅读并理解研究结果
3	参考（reference）	确定主要问题和优先解决的事情
4	努力（effort）	依据研究，开始实际行动
5	采纳（adoption）	对政策过程和政策本身产生直接影响
6	执行（implementation）	制定政策，或转化为实践
7	影响（impact）	政策实施成功，对公众具有实质的意义

---

[1] KNOTT J, WILDAVSKY A. If dissemination is the solution, what is the problem？[J]. Knowledge: Creation, Diffusion, Utilization, 1980, 1(4): 537-578.

保罗·格拉西（Paul Glasziou）和布赖恩·海恩斯（Brian Haynes）[①] 从实践者的视角出发，考虑卫生保健领域中研究应用于实践的过程，并称为管道模型（Pipeline Model）。他们也将影响过程分为七步：意识（aware）到研究发现；接受（accept）研究发现；认为可应用（applicable）；认为研究结论在现实背景中可行（doable）；基于研究结论采取行动（act）；采纳研究结果（adopt）；拥护研究发现（adhere to）。他们提出的这一模型主要是应用于实践中，对于政策领域可能不太可行。

海让·兰德里（Réjean Landry）[②]等人还曾总结了加拿大社会科学研究的应用过程，分为六步（图1），他们的研究结论主要基于前面提到的诺特和韦达夫斯基的过程模型：

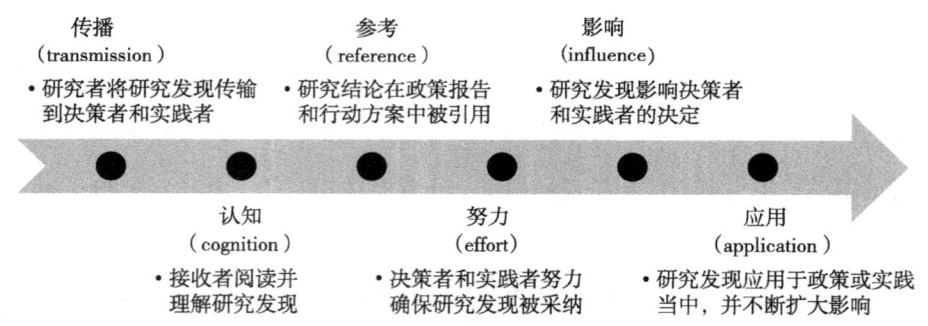

图1 海让·兰德里（Réjean Landry）等人总结的加拿大社会科学研究的应用过程

以上这些过程明确说明了研究是如何应用于政策和实践中去的。需要指出的是，虽然上述过程是以直线性的形式呈现，但在实际过程中，不同阶段或者是同时发生的，或者是颠倒顺序，不过最终的结果都是对决策和实践产生了实质的影响。马尔科·利维拉尼（Marco Liverani）等人强调研究的应用不是一种直线型的活动，即不是研究者简单地将发现告知使用者，而是用一

---

① GLASZIOU P, HAYNES B. The paths from research to improve health outcomes [J]. ACP Journal Club, 2005, 142（2）：8-10.

② LANDRY R, AMARA N, LAMARI M. Utilization of social science research knowledge in Canada [J]. Research Policy, 2001, 30（2）：333-349.

种多维度的方式，将研究向政策和实践转移的过程，基于研究而得出的证据只作为影响决策的许多因素中的一个。[①]

其次，关于研究应用的过程仍然没有在现实中得到实现，而且往往不了解研究究竟是如何应用于决策中的。如梅雷迪恩·霍尼格（Meredith I. Honig）和辛西娅·科伯恩（Cynthia E. Coburn）[②]分析了将近4000份关于研究证据的生产和使用的文献资料，这些文献一部分是号召决策者应该使用研究作为证据，一部分是为决策过程中使用研究证据提供指南，却很少提出关于决策者究竟怎样使用研究证据或者使用什么样的证据等方面的内容。可见，对于研究应用于决策的过程分析至关重要。

（三）研究应用的利益相关者分析

综观文献，研究应用过程中主要会涉及三类群体：研究者、中间人、决策者或实践者。这些构成了考察研究的应用的主要利益相关者。

从决策者或实践者来看，研究的应用必须清楚地了解决策者或实践者的需要。艾丽莎·卡梅伦（Ailsa Cameron）等人[③]曾以决策者的视角分析了英国健康学系研究的应用过程，采用质性研究方法询问了健康领域的决策者们对于高质量研究特点的看法。结果显示，决策者认为高质量的研究是拥有清晰目的的研究、是相关领域的研究者建立在牢固研究设计基础之上的研究、是研究结果容易理解且容易解读的研究、是及时传播的研究。有些决策者认为真正高质量的研究必须是以"真正的好问题"而开始的。卡梅伦还提出决策者对于研究的需要与实践者对于研究的需要不同，研究者如果希望自己的研

[①] LIVERANI M, HAWKINS B, PARKHURST J O. Political and institutional influences on the use of evidence in public health policy [EB/OL]. (2013-10-30). http://doi.org/10.1371/journal.pone.0077404.

[②] HONIG M I, COBURN C E. Evidence-based decision-making in school district central offices: Toward a policy and research agenda [J]. Educational Policy, 2008, 22 (4): 578-608.

[③] CAMERON A, SALISBURY C, LART R, et al. Policy makers' perceptions on the use of evidence from evaluations [J]. Evidence & Policy A Journal of Research Debate & Practice, 2011, 7 (4): 429-47.

究被采纳的话,需要真正考虑自己研究成果的目标群体所真正需要的是什么。对于决策者来说,也必须给予反馈,有时研究结果与现实情况不相符,与决策需求不相符,这就需要决策者通过不断的反馈来实现高效的合作。

对于研究者来说,一项研究完成之后,应该通过不同的方式去吸引他人关注自己的研究成果。戴维斯和纳特利(Davies & Nutley)[①]提出研究发现不是为研究者自身说话的,它们必须通过概括、整合或者其他方式呈现出来,应易于接受且信息准确。研究结果只有在被利用的时候才有意义,它应该被缺乏统计知识或研究设计等专业知识的决策者所理解,研究者需要寻求不同的方式来使自己的研究成果容易被他人理解。安·奥克利(Ann Oakley)[②]还提出研究成果的及时性问题,如果一项研究非常有价值,但是没有及时满足决策者或实践者对于问题解决的需要,也会被认为是无用的。休·邓肯(Sue Duncan)和安妮·哈罗普(Anne Harrop)[③]曾提出研究者应该在不同的阶段向决策者提供不同的信息,研究者应该及时关注研究使用者真正需要的研究。

对于中间人来说,他们可以填补研究与应用之间的差距。林德布洛姆和科恩(Lindblom & Cohen)[④]曾指出社会科学研究的研究者和使用者处于互不满意的状态,前者认为他们不被倾听,后者认为他们没有听到他们需要的东西。自此,中间人的重要性逐渐凸显出来。李和褚(Lee & Cho)[⑤]提出了信息中介(information intermediaries)的概念,主要是增强信息应用于决策的效率。

[①] DAVIES H, NUTLEY S. Learning more about how research-based knowledge gets used: Guidance in the development of new empirical research [M]. New York: William T. Grant Foundation, 2008.

[②] OAKLEY A. The strange case of the two Wootten Reports: What can we learn about the evidence-policy relationship? [J]. Evidence & Policy, 2012, 8(3): 267-283.

[③] DUNCAN S, HARROP A. A user perspective on research quality [J]. International Journal of Social Research Methodology, 2006, 9(2): 159-174.

[④] LINDBLOM C E, COHEN D K. Usable knowledge: Social science and social problem solving [M]. New Haven: Yale University Press, 1979.

[⑤] LEE J, CHO E. Consumers' use of information intermediaries and the impact of their information search behavior in the financial market [J]. The Journal of Consumer Affairs, 2005, 39(1): 95-120.

具体来说，对于中间人的考虑主要包括以下两个方面：

"他们是谁"：不同的学者有不同的看法。李和褚（Lee & Cho）认为中间人应包括互联网、图书管理员、金融咨询师、政策咨询顾问以及其他可能减少信息使用者的时间而建立的群体。史蒂芬·纳尔逊（Steven R. Nelson）等人[①]分析了在学术研究和决策的关系方面，中间人包括立法工作人员（legislative staffs）、非营利研究组织（nonprofit research organizations）、倡议小组（advocacy groups）以及研究和发展组织（research and development organizations），作者认为这些组织对决策和实践具有较大的影响力。朱迪·塞巴（Judy Sebba）[②]认为"智囊团（think tanks）"也应该被列入中间人的行列，并且将智囊团分为独立研究的智囊团和提供倡议的智囊团。

"他们发挥什么作用"：因研究者和研究使用者的不同，中间人作用的发挥也具有复杂性。辛（Chih Hoong Sin）[③]将中间人的作用分为了五类：（1）"传粉者（cross-pollinators）"，即分析和总结研究结果，形成报告，从而应用于领导者，辛认为该类作用是当领导者并未发现研究成果的情况下，效果最好；（2）"媒人（matchmakers）"，与第一类比较相似，为了确保知识生产者与使用者之间的沟通，媒人积极将不同的利益相关者聚集在一起，实现沟通和互相理解；（3）"翻译和推进者（translators and processors）"，是在研究使用者不理解研究的专业知识的情况下所存在的，他们用另一种语言来描述研究结果，从而使知识更容易接受和理解；（4）"多重传播路径（multiple dissemination routs）"，研究者常常在宣传自己的研究成果时，只是采用单一的方式，因为他们缺少对其他宣传渠道的了解，这一作用的发挥将弥补研究者在传播研究成果过程中的弊端；（5）"使用者的代言人（articulator of user perspectives）"，

---

① NELSON S R, LEFFLER J, HANSEN B A. Toward a research agenda for understanding and improving the use of research evidence [J]. Northwest Regional Educational Laboratory, 2009: 80.

② SEBBA J. An exploratory review of the role of research mediators in social science [J]. Evidence & Policy, 2013, 9 (3): 391-408.

③ SIN C H. The role of intermediaries in getting evidence into policy and practice: some useful lessons from examining consultancy-client relationships [J]. Evidence & Policy, 2008, 4 (1): 85-103.

这一作用主要是评估研究使用者的真正需要,并将该信息与研究者分享。

(四)研究与政策关系的研究

国外关于研究与政策的关系研究由来已久,并且较多地从政府决策者的视角出发,使用调查法探究政府工作人员关于"研究与政策关系"的理解。例如,在美国,卡罗尔·韦斯曾调查美国心理健康机构的 155 位官员,发现研究的"工具性应用"比较稀少,前文已经提到工具性应用就是研究直接应用于决策制定。[1] 詹姆斯·莱斯特(James P. Lester)调查了美国 45 个州的 113 位州层面的公务人员,结果发现州政府的政策分析并不依靠大学或者其他研究机构的研究结果。[2] 在加拿大,海让·兰德里(Réjean Landry)等人调查了加拿大联邦和省级层面的 833 位官员,占 53% 的人员认为学术研究对政策制定没有影响或者影响极其小。[3] 迈克尔·豪利特(Michael Howlett)和约书亚·纽曼(Joshua Newman)调查了加拿大 9 个省的 1512 位政府公务人员,发现加拿大政策工作者没有能力实现高水平的基于研究证据的政策分析。[4] 在英国,科林·塔尔博特(Colin Talbot)和卡罗尔·塔尔博特(Carole Talbot)最近调查了 340 位来自不同政策领域的政府高级公务人员,发现政府和学术机构对重要学科的关注程度存在较大的偏差。[5]

也有学者从研究者和决策者双重视角来分析研究对于政策的影响。2011—2013 年,澳大利亚昆士兰大学一项课题从研究者和决策者的双重视角

---

[1] WEISS C. Knowledge creep and decision accretion [J]. Science Communication, 1980, 1 (3): 381-404.

[2] Lester J P. The utilization of policy analysis by state agency officials [J]. Science Communication, 1993, 14 (3): 267-290.

[3] LANDRY R, LAMARI M, AMARA N. The extent and determinants of the utilization of university research in government agencies [J]. Public Administration Review, 2003, 63: 192-205.

[4] HOWLETT M, NEWMAN J. Policy analysis and policy work in federal systems: Policy advice and its contribution to evidence-based policy-making in multi-level governance systems [J]. Policy and Society, 2010, 29 (2): 123-136.

[5] TALBOT COLIN, TALBOT CAROLE. Sir Humphrey and the professors: What does Whitehall want from academics? [M]. Manchester: University of Manchester, 2014.

分析了人文社会科学研究在政策中的应用，运用问卷和访谈分别对澳大利亚学术研究者和政策制定者进行调查，分析影响的方式、因素和不同学科研究对政策影响的模式等。①

（五）国外文献述评

关于研究应用的研究已经发展了这么多年，但仍存在很多不足：

首先，现有研究停留在概念性的研究，对于提高研究的使用率提出实际解决方案的研究较少。与其他学科相比，如健康领域，教育学科的研究应用决策的速度更慢，而且所提出的应用策略也很少。

其次，当前研究从研究者的视角考虑问题的不多，应加强研究者对理解决策者和实践者关于对研究的认知、影响政策制定基于证据与否的因素、除此之外依赖其他什么信息等问题的看法，从而更容易了解研究影响决策的深层原因。决策者往往关心研究证据什么时候发挥作用以及对谁起作用，关心是否会有负面影响，关心对政策影响所带来的成本多少，关心实施之后可能面临的失败风险等等。因此，基于产生影响是多方面因素的结果，研究者要学会通过不同渠道去了解决策者和实践者的需求。

再次，已有从研究者视角的研究只是处于发现问题的阶段，还没发展到解决问题的阶段，关于如何告知研究者在研究应用过程中发挥主观能动性是未来研究的重点，本研究将为研究者提供知识应用的策略。

最后，关于研究应用过程中不同利益相关者的关系仍是处理这一问题的关键所在。需要真正提升决策者和研究者自身的能力，同时更好地定位中间人的角色。中间人虽然可以发挥的作用很多，但是对于中间人这一角色定位的研究仍不清晰，未来需要探索中间人的自我定位和外部定位，从内外部加强对中间人这一角色的重视和了解，从而确保其高效发挥作用。

---

① HEAD B, FERGUSON M, CHERNEY A, et al. Are policymakers interested in social research?Exploring the sources and uses of valued information among public servants in Australia [J]. Policy and Society, 2014, 33: 89-101.

除此之外，决策过程发展至今，以证据为基础的决策并不是绝对客观的科学，而是基于理性的争论，并且考虑到专业人员的判断、利益相关者的利益和政治背景，与理性决策模型是不一样的。具体可以从以下三个特性来理解决策过程。首先，决策过程具有科学性，因为它是理性的且有逻辑的过程；其次，决策过程具有艺术性，艺术是需要凭借技巧、想象力、经验和意愿等去表达情感的过程，而政策过程是由人参与制定、实施和评价的，其需要依靠个人经验、考虑外部不断变化的环境等方面来实现，不是纯粹理性的；最后，决策过程具有政治性，而且是高度政治化的，因为它涉及政治家、公众、说客和不同的利益群体，需要考虑多方的利益来做出决定，这是无法预测且不稳定的政治过程。因此，决策过程可以说是神秘的且捉摸不透的，因为往往很难决定哪些因素在决策过程中发挥了主要作用。本研究将以研究者的视角探索影响研究在决策中发挥作用的过程，了解哪些因素促进或者阻碍了研究者在政府决策中发挥作用，为研究者发挥积极主动性提供策略。

二、国内研究综述

关于国内文献的搜索来源主要是以中国知网数据库（CNKI）、万方数据库、北京师范大学木铎搜索等为主要检索工具，搜集到较为丰富的关于教育研究与教育决策的重要文献内容，作为本研究进行国内研究综述的主要研究基础。

（一）研究影响政策的模式与路径

当前关于研究影响政策的模式的系统研究较少，关于研究在政策中的影响模式都仍停留在分散的个别的研究。张云昊总结了我国社会科学研究影响政策的主要模式，包括双向吸纳模式、政策咨询模式、政策建言模式、工程招标模式、学者上书模式和大众传播模式共六种模式。双向吸纳模式指社会科学研究机构与政策行为组织之间直接吸纳对方进入彼此领域的过程，包含政治吸纳学术和学术吸纳政治两种方式。政策咨询模式主要指政策行为组织为了政策制定的需要"自上而下"地向特定的研究机构或专家团队征询意见、寻求智力和知识支持的过程与机制。政策建言模式主要指社会科学研究者通过法定的制度化途径向政策行为组织输入政策研究成果、提出政策建议以及影响政策议程的过程。在这种模式中，研究者一般都是官方的研究专家，或者已经在政治系统中担任职务。工程招标模式是指政策行为组织通过其下属或者特设的中介组织"自上而下"地向学术研究机构进行课题招标、项目委托并签订合同。学者上书模式是指研究者依据自己的研究成果或者见解，针对某些问题通过写信、联名提议等"自下而上"的方式向政策行为组织直接提出设置、修订、废止某些政策的建议。大众传播模式是指研究者通过大众媒介去发表研究成果或者向决策者提出倡议，通过引导大众舆论来达到影响政策的目的。①

朱旭峰在《政策变迁中的专家参与》中将我国专家的政策参与分为了四种模式，分别是迂回启迪模式、直接咨询模式、外锁模式和专家社会运动模式。迂回启迪模式是研究者以专家身份向公众公开研究成果，以启迪公众对复杂政策问题的理解，通过公众舆论对政府施加压力以打开"政策之窗"，启动政策议程。直接咨询模式是决策者通过邀请专家或组建专家咨询团队，以获得直接来自专家的咨询意见。外锁模式是在政策利益相关者的强大影响力下，将专家锁在门外，阻碍专家的意见发挥作用。专家社会运动模式是专家在决策者对他们建议漠不关心的情况下，采用激进的社会运动策略来引起更多人的关注。② 刘妍通过对我国三十多年来三个教育规划的制定来探索研究在其中发挥的影响作用，她将1985年《中共中央关于教育体制改革的决定》中研究对政策的影响归为"散点式链接"路径，将1993年的《中国教育改革和发展纲要》中研究对政策的影响归为"直线式链接"路径，将2010年《国家中长期教育改革和发展规划纲要（2010—2020年）》归为"平台式链接"

---

① 张云昊.中国社会科学研究影响政策的主要模式及其创新路径[J].中国科技论坛，2011（10）：11-16.
② 朱旭峰.政策变迁中的专家参与[M].北京：中国人民大学出版社，2012：39.

路径。[①] 目前国内关于研究影响政策的模式和路径分析主要集中于以上3位的研究成果，对研究影响政策的路径分析仍较少，因此继续深入开展研究者作用于政府决策的路径研究至关重要。

（二）教育研究与教育政策的关系

我国对教育研究与教育政策关系方面进行了大量研究。例如，曾天山、金宝成对我国教育政策研究进行了回顾与展望，[②] 李军和冯大鸣、高晓清和蒋小丰、涂端午和陈学飞分别对1985—2004年、1986—2005年、1994—2004年间我国教育政策研究文献进行了分析。[③] 毫无疑问，时代要求制定出更科学合理的教育政策，但科学合理的教育政策需要以更多更好的教育政策研究为基础。王鑫认为，从地方教育行政到中央教育管理机制都无一例外地加强了教育研究的重要地位，以保证决策的科学性和可行性。世界上许多国家都设立了教育科研机构和计划机构，如：中国——中央教科所和国务院教育科学规划办公室；美国——国民教育研究所和教育计划预算司；日本——国立教育研究所和计划科等[④]。从这个结论我们可以看出，每个国家的教育决策正常运行都需要建立在科学的教育研究基础上，必须有一定的咨询机构为其出谋划策。闵维方、文东茅等总结了基于研究的政策制定过程可能具有以下特点：政策采用的研究具有数量化特征，而且符合政策制定者的政策目标；研究者和政策制定者之间存在有效的联系机制；研究成果能否转化为政策，具有很大的偶然性。并提出，即使是基于研究的政策也不可能是完全基于研究，

[①] 刘妍. 30年来我国教育研究影响政策的变迁路径和演进机制[J]. 河北师范大学学报（教育科学版），2012（12）：23-28.
[②] 曾天山，金宝成. 我国教育政策研究的回顾与展望[J]. 人民教育，2001（4）：22-24.
[③] 李军，冯大鸣. 1985—2004年我国教育政策研究状况分析[J]. 教育发展研究，2006（9）：38-43；高晓清，蒋小丰. 我国教育政策研究20年[J]. 中国教育学刊，2007（10）：24-27；涂端午，陈学飞. 我国教育政策研究现状分析[J]. 教育科学，2007（1）：19-23.
[④] 王鑫. 教育科研与教育决策互动机制探析[D]. 大连：辽宁师范大学，2003.

只可能是部分地运用研究成果。①

关于高等教育研究与决策的关系问题,夏琍从高等教育研究的作用视角诠释如何对政府宏观决策产生影响,认为高等教育研究的根本目的是影响教育决策,指导教育改革。她认为现在的高等教育研究陷入两个误区,一是解释现有高等教育政策,二是追求概念和理论的引证,但这对于高等教育理论和实践的发展并无较大影响,应该不断探索创新具有前瞻性的高等教育研究②。耿涓涓、席嘉骏从交往实践的视角分析了高等教育研究与政府决策的关系,认为应该加强研究与决策的关系,这是双方共同的责任,应不断探索不同的渠道加强两者之间的沟通联系。③ 杨凤英、袁刚分析了"二战"后美国高等教育研究是如何影响政府宏观决策的,认为主要途径包括规避不利法案出台,加强与政府工作人员的沟通交流,提升研究的专业性,与不同高等教育协会结成联盟,影响司法系统的高等教育案件审判等。④ 黄维、吴家鹏以国家助学贷款政策为案例,分析高等教育研究与政府决策之间存在的沟通障碍问题,认为两者之间壁垒存在的原因在于文化冲突、目标差异和信息黏滞等,并在此基础上提出了一些解决策略。⑤ 刘妍的博士论文分析了教育研究影响决策的路径和机制,以三个政策案例研究从政策制定的整个过程总结了教育研究发挥的作用和方式,深入地探讨了教育研究成果转化为政策文本背后的路径和机制。⑥

---

① 闵维方,文东茅,等.学术的力量:教育研究与政策制定[M].北京:北京大学出版社,2010:47-48.
② 夏琍.高等教育研究:追释还是引领——兼论高等教育研究为政府决策服务的思考[J].大学(学术版),2010(7):41-44.
③ 耿涓涓,席嘉骏.重新审视高等教育研究与政府决策的关系——交往实践的视角[J].高教探索,2006(5):13-14.
④ 杨凤英,袁刚.美国高校影响政府决策的途径和方式——从高等教育协会组织活动管窥[J].比较教育研究,2010(3):50-54.
⑤ 黄维,吴家鹏.论高等教育研究与政府决策的界面管理——以国家助学贷款为例[J].中国高教研究,2009(10):35-37.
⑥ 刘妍.教育研究影响决策的路径和机制研究[D].北京:北京大学,2011.

(三)关于智库和教育智库的影响力研究

智库已经成为我国的研究热点问题,在中国知网(CNKI)以智库和思想库为主题词进行检索,共检索到 8245 篇文献,在此基础上进行近 15 年的文献数量梳理,可见关于智库的研究文献数量增长速度飞快,2014 年的研究数量甚至是 2012 年的两倍(图 2)。

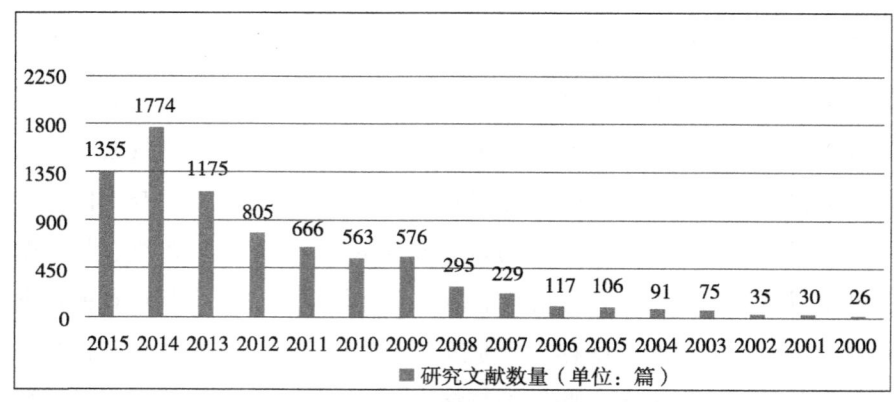

图 2　2000—2015 年关于智库的研究文献数量对比图

智库,又名思想库、脑库等,发源于第二次世界大战时的美国。据统计,到 2010 年,全球共有智库 6480 个,其中美国有 1816 个智库,中国有 425 个智库。全球智库数较 2008 年增长 18.6%,年平均增长 9.3%。朱旭峰(2009)[①] 认为,思想库是一种相对稳定的且独立运作的政策研究和咨询机构,认为中国思想库分为四种类型:事业单位法人型思想库、企业型思想库、民办非企业单位法人型思想库、大学下属型思想库。周娟(2012)[②] 从政策研究任务性质特点出发,以机制设计理论方法对中国思想库的低效率问题进行了分析,提出采取混合分工方式、发掘培养具有报告要求设计能力的高技能研

---

① 朱旭峰. 中国思想库:政策过程中的影响力研究[M]. 北京:清华大学出版社,2009.
② 周娟. 中国智库低效率的成因及破解——分工机制设计的视角[J]. 学海,2012(5):59-63.

究人员及有效利用外部成员等措施来提高思想库效率。顾海良（2015）[①] 提出智库以其思想力量和话语影响，成为增强道路自信、制度自信和理论自信的重要载体，也成为彰显文化自信的重要体现；加强理论建设，打造中国学派，着力战略研究，激扬中国意识，重在社会引领，形成中国话语，提供政策建言，凸显中国方案；只有通过协同创新，才能得出更为科学的战略决策和更为全面的政策建言，这也是高校打造一批国家级高端智库的必由之路。

方婷婷（2015）[②] 以贝尔弗科学与国际事务中心为例探讨了美国大学智库影响力的形成途径，以加尔东的社会结构分层理论为依据，指出我国大学智库在建设过程中应加强与政府的适当联系，拓宽科研转化渠道，充分开发利用新媒体形式等方法来提升大学智库的"重量"。朱旭峰（2004）[③] 也曾基于社会结构的影响力分析框架来研究西方思想库对公共政策的影响力，文中探讨了西方思想库影响公共政策机理的层次结构。

关于"教育智库"的研究也逐渐成为教育研究领域的热点问题。通过中国知网，以"教育智库"为主题词进行搜索，共搜索到162篇文献资料，剔除21篇无意义信息，主要包括期刊论文120篇，报刊文章20篇，学位论文1篇。最早的一篇是2009年黄忠敬在《教育理论与实践》发表的一篇介绍美国教育智库的文章，从影响对象和方式两个维度分析了美国教育智库的影响力。[④] 2010年《人民日报》（海外版）报道台湾设立最高层级教育智库，而大陆地区对教育智库的研究较少。[⑤] 2012年，谷贤林通过对卡内基教学促

[①] 顾海良. 中国特色新型智库建设的高校作用与责任［J］. 中国高等教育，2015（7）：7-10.

[②] 方婷婷. 美国大学智库影响力形成途径分析——以贝尔弗科学与国际事务中心为例［J］. 现代教育科学，2015（1）：160-162.

[③] 朱旭峰，苏钰. 西方思想库对公共政策的影响力——基于社会结构的影响力分析框架构建［J］. 世界经济与政治，2004（12）：21-26.

[④] 黄忠敬. 美国教育的智库及其影响力［J］. 教育理论与实践，2009（13）：20-23.

[⑤] 台设立最高级"教育智库"［EB/OL］. http://paper.people.com.cn/rmrbhwb/html/2010-11/18/content_675592.htm.

进基金会的案例研究探索了如何建成有影响力的教育智库。① 朱永新提出中国目前可以称为教育智库的机构只有三所：中国教育政策研究院、21世纪教育发展研究院、长江教育研究院。② 可见当时教育智库的数量较少，发挥的价值极其有限，建议加大对教育智库的重视。随后关于教育智库的研究逐渐增多起来。曾天山等人分析了澳大利亚和新西兰两个国家的教育智库情况，强调了其对国家教育发展的重大影响，为我国教育智库的建设提供了经验借鉴。③

周光礼（2014）④分别对北京大学教育学院、清华大学教育研究院、中国人民大学教育学院、厦门大学教育研究院、华中科技大学教育科学研究院以及浙江大学发展战略研究院进行定性分析，用定量的方法从研究领域与研究主题、研究方式与研究方法、研究层次、定性研究与定量研究以及团队研究、基金资助及主要发表阵地共五大方面来总结上述六所高等教育研究机构的研究风格。基于此提出推进高等教育研究机构向智库建设转型是一项系统工程，一是要从"以学科建设为中心"向"以问题研究为中心"转变，二是要从"基础研究为主"向"应用引起的基础研究为主"转变，三是要从"各自为战的科研模式"向"团队合作科研模式"转变。

谷贤林等人分析了美国教育智库的类型、特点及功能。⑤ 王建梁、郭万婷分析了我国教育智库建设存在的问题，并提出建设新型教育智库的对策建议。⑥ 郭婧分析了英国高校教育智库的运作模式，以伦敦大学教育学院为例，

---

① 谷贤林.智库如何才能对教育实践产生影响——以卡内基教学促进基金会为例[J].清华大学教育研究，2012（6）：36-43，60.

② 朱永新.彰显教育智库的应有作用[J].河南教育（基教版），2012（11）：9.

③ 曾天山，王小飞，吴霓.澳新两国国家教育智库及其服务政府决策研究——澳大利亚、新西兰教育科研考察报告[J].比较教育研究，2013（8）：35-40，53.

④ 周光礼，莫甲凤.高等教育智库及其学术研究风格——中国著名高等教育研究机构的学术转型[J].高等工程教育研究，2014（6）：45-57.

⑤ 谷贤林，邢欢.美国教育智库的类型、特点与功能[J].比较教育研究，2014（12）：1-6.

⑥ 王建梁，郭万婷.我国教育智库建设：问题与对策[J].教育发展研究，2014（9）：1-6.

借鉴其四位一体的智库运作模式,为我国教育智库的建设提供参考。[1] 苏红从澳大利亚教育研究委员会的角度分析了教育智库建设与发展的经验。[2] 赵庭分析了我国教育智库建设中在功能、模式、评价等方面的挑战,并提出了相应的应对之策。[3] 汪明等人分析了我国高校教育智库建设的困境及对策,认为应从独立建制、加强多方合作、提升智库特征等方面不断改善高校教育智库的建设。[4]

《教育研究》2015 年第 4 期[5]以"推动中国特色新型教育智库发展创新"为主题收录了 9 篇关于我国特色新型教育智库建设问题的文献,不同研究领域的学者纷纷围绕着教育智库的特点与功能、教育智库建设的方向与路径、教育智库运行的体制机制等问题提出自己的思考和看法,可见"教育智库"的研究已经并将在很长一段时间成为教育研究的热点问题。

(四)国内文献述评

通过对相关文献的梳理,可以看出:

第一,在教育研究影响教育政策方面,我国大部分研究仍处于对教育研究影响政策的一般性探讨,如影响因素中的文化冲突、沟通障碍等建议。但缺乏结合我国现实情况探索具有清晰介绍教育研究影响政策的背后理论创新,并没有形成一个对于研究者或决策者来说可以借鉴学习的理论认识。本研究在国外已有理论的基础上,结合调查结果,试图将高等教育研究成果纳入政策方案这一过程清晰化、系统化。

---

[1] 郭婧. 英国高校教育智库运作模式及资源保障研究——以伦敦大学教育学院为例[J]. 中国高教研究, 2014(9): 71-76.
[2] 苏红. 教育智库如何成长与发展——来自澳大利亚教育研究委员会的经验[J]. 辽宁教育, 2014(24): 92-93.
[3] 赵庭. 中国教育智库建设: 挑战及其应对[J]. 当代教育科学, 2015(23): 42-46.
[4] 汪明, 贾彦琪, 潘新民. 论我国高校教育智库建设的困境及其对策[J]. 江苏高教, 2015(4): 39-41.
[5] 庞丽娟, 周洪宇, 田慧生等. 推动中国特色新型教育智库发展创新[J]. 教育研究, 2015(4): 4-25.

第二，国内还没有针对高等教育研究者影响政府决策进行深入系统的分析，本研究将集中于高等教育学科的研究影响，对于未来高等教育研究者如何发挥政策影响价值提供借鉴。

第三，国内研究过分强调了智库的作用，而忽略了普通研究者的政策影响潜力。智库作为研究者，同时也承担着研究与决策之间的纽带作用。应调动非智库研究群体的积极性，确保高等教育研究能最大限度地服务决策，提升高等教育研究者在政府决策中的作用。

第五节　研究设计

一、研究对象

本研究的研究对象为高校中从事高等教育政策研究的研究者。为什么选取这一研究对象呢？首先，分析"研究者"因素的难度比分析"决策者"因素的难度要小。因为相对于"研究者"来说，笔者称得上"局内人"，而对于"决策者"来说，笔者属于距离较远的"局外人"，很难了解决策者的思想、行为和特点，而且在搜集资料上也困难重重。其次，高校的研究者具有独立性，且是非政府官方的研究者。他们在决策咨询中能够尽可能地保持中立，受其他利益相关者的影响较小。最后，本研究关注的是高等教育政策领域方面，与政府其他专业性且技术性较强的决策领域相比，如环境保护领域的决策、科技发展的决策等，高等教育决策领域中对专家的重视和应用程度较低，本研究试图通过从研究者的角度来提高他们在政府决策中的作用。

二、研究问题

当前我国科学研究对政府决策产生的作用较小，研究者对影响政府决策的重视不够，基于这一现状，本研究以高等教育研究领域为例，重点关注如何提升高等教育研究者在政府决策中发挥作用，这需要思考两方面问题：（1）高等教育研究者作用于政府决策的影响因素是什么？（2）高等教育研究者影响政府决策的路径有哪些？这也构成了本研究的核心问题。

对第一个问题的回答能够帮助我们了解为什么有些研究者能够成功影响

政府决策，而有些研究者发挥的作用较小，影响他们作用于政府决策的因素有哪些。基于对研究者和决策者的访谈资料，通过编码分析得出影响高等教育研究者作用于政府决策的因素，开展类属分析，构建影响因素模型，并在此基础上对关键因素进行深入分析。

对第二个问题的回答能够帮助我们了解研究者如何在政府决策中发挥作用。通过类属分析和情境分析方法从高等教育政策研究者的角度去看待他们作用于政府决策的路径，利用建构扎根理论方法，遵循从案例和资料中总结规律的原则，形成三个本土概念"研究内驱式""决策外推式"和"中介扩散式"，从而阐述研究者在政府决策中发挥作用的三种路径。这三种路径均是站在研究者的核心立场去考虑问题，表现出了研究者在不同路径中主动性强弱的差异。

基于对这两大问题的研究，本研究将运用建构扎根理论的方法，从理论上解释高等教育研究者如何影响政府决策，从"为什么"和"怎么样"两个方面来构建出能清楚解释高等教育研究者影响政府决策的理论内容，并在此基础上，为提升研究者作用于政府决策进行机制探索。

三、研究目的

第一，通过深度访谈、观察以及文本资料搜集来获取政策研究者真实的想法，并对搜集的数据进行分析编码，逐步呈现核心类属，进而分析出政策研究者视角下促进或阻碍他们作用于政府决策的影响因素。

第二，通过类属分析和情境分析等方法总结出高等教育研究者影响政府决策的路径，试图呈现最真实的具体过程，总结不同路径的特点，为政策研究者了解如何在政府决策中发挥作用提供参考。

第三，基于对影响因素和路径的分析，结合与已有理论的对话和比较，形成关于高等教育研究者影响政府决策的理论解释，希望有助于研究者对在政府决策中发挥作用有更为深入的了解，同时也希望能对当前我国正在推进的教育决策科学化和民主化提供一定的借鉴和参考。

第四，探索提升高等教育研究者影响政府决策的有效机制，从政策研究者、科研中介和决策者三个层面提供对策建议。

由于本研究采用的是扎根理论方法，基于原始资料的分析进行理论构建是扎根理论的主要目的，也就是说上述前三个目的是主要目的，最后的机制探索是次要目的，将作为未来重点研究的内容。

四、研究思路和技术路线

本研究的总体思路是，从政策研究者视角出发，采用质性的实证研究方法，分析我国高等教育研究者在政府决策中的作用，以影响因素和路径为主要分析内容，形成高等教育研究者影响政府决策的理论解释。技术路线如图3：

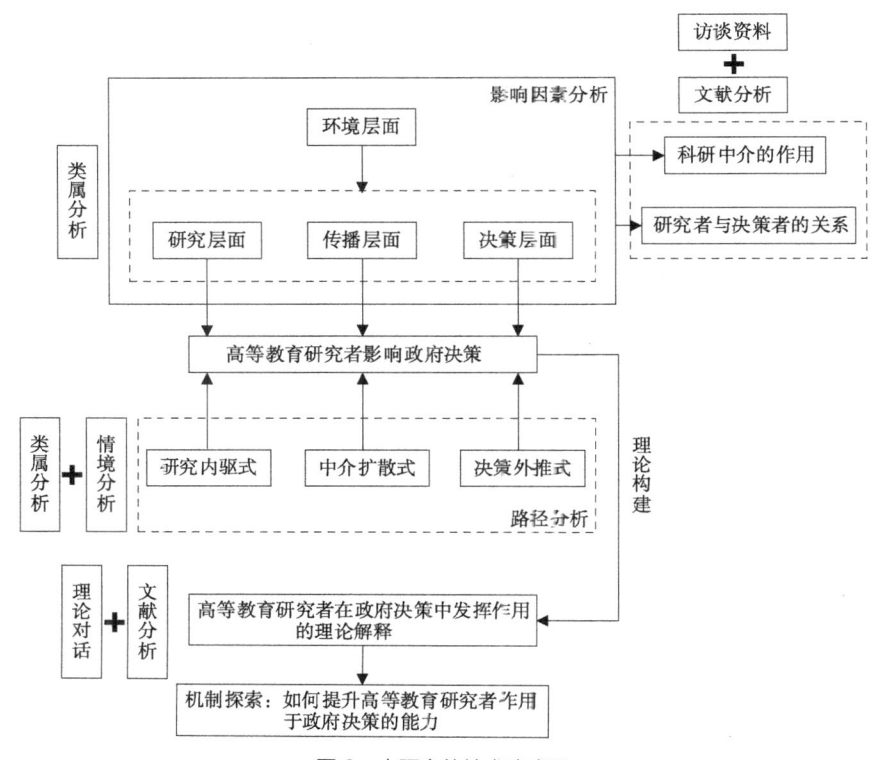

图3 本研究的技术路线图

五、研究框架和内容

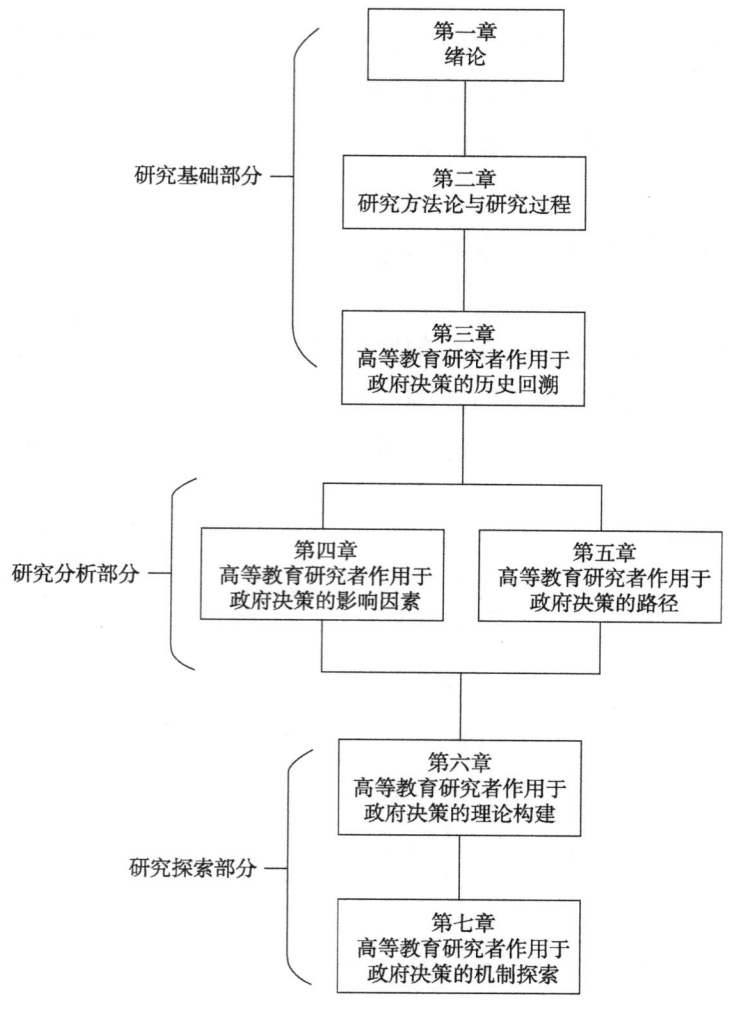

图 4　本研究的框架图

本书主要将研究内容分为了三大部分，共七章，具体内容如下：

第一部分：研究基础部分

第一章：绪论。分析问题提出的背景、研究的理论和实践意义，提出本研究的研究思路、框架、内容和研究方法。

第二章：研究方法论与研究过程。本研究主要基于建构主义扎根理论开展研究，介绍了扎根理论研究方法的主要内容，详细阐述了本研究的过程，并在此基础上对研究方法和访谈过程进行了反思。

第三章：高等教育研究者作用于政府决策的历史回溯。从历史变迁的角度分析我国高等教育研究者作用于政府决策的历史。梳理我国自高等教育学科建立之日起至今，高等教育研究对国家政府决策影响的发展历程，总结经验和教训，为进一步分析这一影响过程奠定历史基础。

第二部分：研究分析部分

第四章：高等教育研究者作用于政府决策的影响因素。该章从高校研究者的视角了解和分析影响高等教育研究者作用于政府决策的积极或消极因素，通过扎根理论的操作方法，对访谈资料进行编码分析，通过三级编码获得核心类属和主要类属，共获得了研究层面、传播层面、决策层面和环境层面四个维度的因素。

同时，基于影响因素的参考点排序结果，重点分析了两个关键因素，一是科研中介的作用，二是研究者与决策者之间的关系。关于"科研中介"的研究：通过对中介这一概念的分析，了解在研究与决策之间的中介如何界定，具有什么特点。在此基础上，分析发挥作用的中介类型，以及其如何发挥作用。关于"研究者与决策者的关系"的研究：分析研究者与决策者这两大主体之间的关系，了解现存关系的类型和两者之间冲突的原因，试图提供解决两者之间关系问题的策略。

第五章：高等教育研究者作用于政府决策的路径。该章通过对访谈资料和已有文献的研究，借助类属分析和情境分析的方法，探索出目前高等教育研究者作用于政府决策的路径包括三种：研究内驱式、决策外推式和中介扩散式，总结三种路径的阶段特点，并在此基础上进行反思与讨论。

第三部分：研究探索部分

第六章：高等教育研究者作用于政府决策的理论构建。扎根理论必须经过与已有文献进行比较研究，一是为了完善本研究所建构的实质理论，二是将本研究所得出的理论与当前已有理论进行相互连接，确保本研究工作创新的延续性。本章对关于研究应用的基础理论、研究应用的影响因素理论、研究在政府决策中应用的过程理论进行文献比较和反思，完善基于原始资料获得的结论。

第七章：高等教育研究者作用于政府决策的机制探索。本章基于前文的理论构建，分析了研究者、决策者和科研中介的角色定位，并探讨高等教育研究者在政府决策中发挥作用较小的主要原因，在此基础上探究如何建立高等教育研究者作用于政府决策的机制，从而提升高等教育研究者在政府决策中发挥作用的有效性，最终促成高等教育决策的科学性。

六、研究方法

（一）文献研究法

文献研究法作为人文社会学科研究时最常使用的研究方法之一，主要是进行文献资料的搜集、整理和分析等过程的研究方法。文献研究法需要首先搜集与研究课题相关的国内外已有文献资料，在此基础上进行整理分类，进而进行分析，对现有研究进行科学的判断，一方面是为自己的研究提供佐证，另一方面通过发现已有研究的不足来补充自己研究的突破和发展。文献研究法是开展科学研究必须完成的工作。

本研究将通过国内外搜索引擎收集与"研究""决策""教育决策""政策过程""研究与政策的关系"等内容相关的书籍、期刊、研究报告、学位论文等不同形式的文献资料，对资料进行翻译、整理和分析，力求较为全面地掌握相关资料和研究成果，了解我国教育研究影响政策的过程。目前已了解了国内外关于研究与决策的关系研究、教育决策的过程、教育研究如何应用于教育决策中的相关文献，接下来结合数据收集过程，将继续搜索更多关于高等教育研究成果的生产和政策转化过程。

本研究采用的是扎根理论研究，为了确保基于原始资料形成的内容更加科学完整，需要与原有理论进行"对话"，不断比较，从而完善本研究的"理论探索"，因此需要对已有相关文献进行了解和总结，并在此基础上进行反思，为本研究理论模型的继续完善提供启示。

（二）扎根理论研究法

扎根理论是一种自下而上建立理论的方法，即在系统收集资料的基础上，寻找反映社会现象的核心概念，通过这些概念之间建立起联系而形成理论。[①] 本研究主要以凯西·卡麦兹（Kathy Charmaz）提出的建构扎根理论为依据，同时结合经典扎根理论的方法。为了更加清晰了解本论文对研究方法的应用过程，将在下一章详细介绍建构扎根理论方法的架构和研究过程。

（三）访谈法

访谈法是研究者与被调查者之间通过对话和交谈等面对面的口头交流方式来获取资料的一种方法。访谈法根据不同的标准有不同的分类：以访谈深度的不同，访谈法分为常规访谈法和深度访谈法；以访谈内容的标准程度不同，访谈法可分为结构型访谈、半结构型访谈和非结构型访谈。由于本研究是基于建构扎根理论的方法论基础，试图最大化地从受访者那里获得资料，因此访谈过程中不受访谈提纲和内容的限制，采用的访谈法是非结构型的深度访谈。

本研究对从事高等教育研究的不同类别的政策研究者进行了深度访谈，共访谈了 25 名高校的研究者和 3 名政府部门的决策人员。访谈对象中的政策研究者包含来自 985 高校、211 高校和地方普通高校的教授、副教授、讲师、博士后等，而且在这些群体中，大部分政策研究者具有相关的影响政府决策的经验，有的政策研究者直接在高校智库当中担任智库成员或参与其中的工

---

① 陈向明. 质的研究方法与社会科学研究 [M]. 北京：教育科学出版社，2010：327.

作,有的政策研究者主要研究任务就是服务政府决策,他们为本研究提供了很多有价值的看法。政府部门的决策人员均是教育部不同部门的处长一级的领导。访谈过程中,虽然事先准备了提纲,但在访谈过程中绝不局限于访谈内容,而是给予访谈对象充分的表达自由和开放性,确保获得的资料真实。具体细节内容见第二章研究方法论与研究过程。

(四)观察法

要充分认识研究者如何与决策者产生互动的,需要参与了解真实情境中两者之间的互动表现,这是分析因素和路径之前的重要经验参考。否则,作为远离决策环境的博士研究生来说,很难达到分析的深入。不过由于能力有限,笔者的观察经历也很有限。一次是通过对中国教育政策研究院召开的研讨会进行观察,研讨会的目的是为了探讨怎样收集适应当前政府决策需求的研究选题;一次是观察所在学院组织的政策转化交流小型座谈会,该座谈会的主要目的是协调决策人员来学校了解教育研究人员的研究进展和转化需求。这些观察经历有助于了解研究者与决策者交流沟通的过程。

(五)计算机软件辅助分析法

本研究主要运用扎根理论的方法,需要对大量的访谈资料进行深入编码分析,笔者共访谈了 28 位访谈对象,平均每位访谈者获得的资料为 1 万~2 万字不等,共获得约 35 万字的访谈资料,如果采用传统的依靠纸笔进行编码的话,工作量很大且耗时较长。因此,本研究使用了质性资料的分析软件 NVivo8 作为辅助工具(见图 5)。NVivo8 软件大大缩减了编码过程中的时间,并确保了研究资料更加有条理储存,以自由节点、树节点和群组作为自己的主要分析基础,并在此基础上进行分类、创建关系、形成模型等,提高了资料分析的效率。

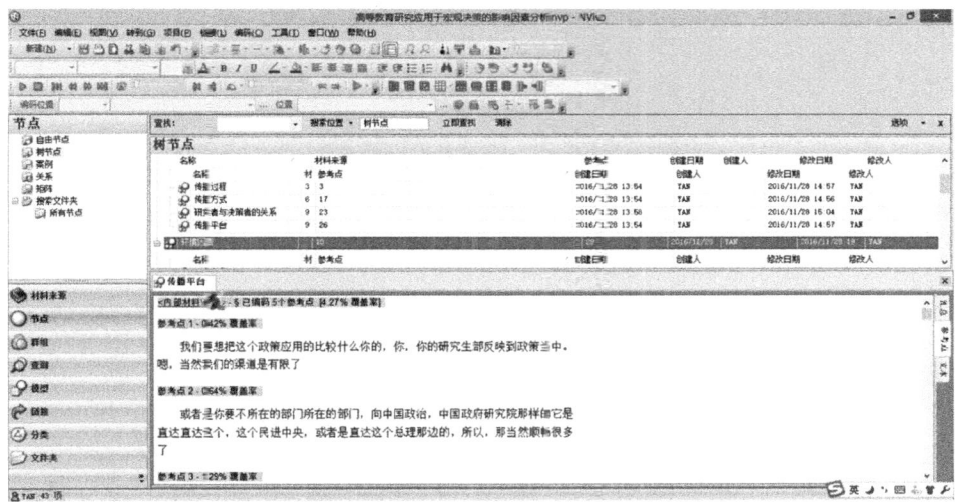

图 5　NVivo8 软件编码操作界面截图

第二章
研究方法论与研究过程

第一节 方法论的架构

选择什么样的研究方法应该基于研究问题的基础,研究方法与研究问题实现了契合,所选取的方法才称得上是合适的且有价值的。Crotty(1998)提出完整的研究设计应该包括四要素:认识论、理论视角、方法论和具体研究方法[①],其中认识论是方法论的哲学基础。为了选择合适的研究方法,本研究对方法论进行了架构。本研究试图采用扎根理论的质性研究方法,通过对认识论和理论视角的分析,以利于解释该研究方法的合理性和研究结果的信效度。从认识论角度上看,扎根理论是基于社会建构主义的哲学基础,从理论视角上看,是基于解释主义而形成理论基础,从具体研究方法上看,是基于质性研究的实证研究方法。

一、社会建构主义的哲学基础

建构主义思想发端于18世纪维柯提出的"真理即创造",随后经历了康德、库恩、费耶阿本德、皮亚杰、维果茨基、布鲁纳和冯·格拉塞斯费尔德等学者的发展和完善,建构主义强调人不是被动获得知识的,是通过积极建构而获得的,知识的主要功能是适应世界并为当前世界服务的,强调了知识的主体性和能动性。作为一种哲学认识论思潮,它主要从一种和反映论对立的立场回答了知识论中的最基本的问题:"什么是知识?""知识是如何获得

---

① CROTTY M. The Foundations of Social Research: Meaning and Perspective in the Research Process [M]. London: Sage, 1998: 4.

的?""如何看待知识?"

后来,建构主义逐渐被分为"个人建构主义"和"社会建构主义",社会建构主义是建构主义的一个重要分支。社会建构主义认为人是在社会文化情境中接受其影响,通过直接地跟他人的交互作用来建构自己的知识,从而知识是人与他所生活在相同社会文化中的他人的某种程度的共识。社会历史、文化传统为人们提供了理解方式和语言范畴,我们只能在社会文化给我们划定的圈子里进行认识活动,不可能超越历史和文化。社会建构主义强调首先知识是人与外界相互作用建构而成的,其次是人们对同一事物的理解会因视角和方式不同而建构出不同的含义。社会建构主义是与客观主义相对立的,认为知识不是反映客观世界,也不是独立于主观世界而存在的,知识是人建构的产物。

二、解释主义的理论视角

解释主义是与实证主义相对立的,实证主义的主要思想是通过研究去证明假设,从而获得知识,而解释主义是通过主体和客体的相互作用共同去建构知识。解释主义在发展的过程中主要形成了三个分支,分别为诠释学、象征互动主义和现象学。诠释学主要是发现文本的原意,主要是依据文本本身去揭示文本的含义。象征互动主义基于三个前提来理解:人们所扮演的角色是有含义的;角色含义来源于角色对方的社会互动;人们根据自己的理解进行调整,进而扮演角色。[①] 胡塞尔将现象学定义为"典型哲学的思维态度和典型哲学的方法",作为一种思维态度,现象学非斥任何间接的中介而直接把握事实本身,作为一种方法和哲学观念,它不描述哲学研究对象所包纳事情的"什么",而描述对象的"如何"。[②] 确定了解释主义这一研究范式之后,

---

① 徐勇,杨华.试论社会构建主义、解释主义和定性研究的关系[J].中山大学学报(社会科学版),2013(2):163-168.
② 高伟.教育现象学:理解与反思[J].教育研究,2011(5):11-18.

也就说明了研究场所是在自然场景中发生的,而不是局限在实验室中。

三、扎根理论的实证研究

在社会建构主义和解释主义的哲学思想影响下,本研究确定了实证研究中的质性研究方法。从前文的文献综述中可以看到,当前关于研究在决策中的应用主要集中于国外研究文献中,基于国情的差异,这些研究结果和理论探讨有些并不适合解释我国的问题。根据对扎根理论方法的了解,扎根理论认为,对那些很重要但没有太多认识的领域或者那些概念发展尚未成熟的领域,我们有必要提出问题并通过扎根理论的方法找到答案。因此,本研究基于扎根理论的方法论,通过去实践中发现问题、搜集资料,提炼出核心概念和范畴,形成理论去解释现象。本研究是从政策研究者视角下分析高等教育研究者作用于政府决策的影响因素与路径,通过搜集数据,进而分析数据、形成理论,这是在资料意义上的知识建构,是一种扎根理论的方法论体现,不仅对"影响因素和路径"进行深度描述,而且试图建构解释我国本土情境下的高等教育研究者影响政府决策的理论内容。

第二节　建构扎根理论研究方法

一、扎根理论的背景介绍

扎根理论方法最初是由社会学家格拉泽（Glaser）和施特劳斯（Strauss）提出的，他们在著作《扎根理论的发现》（The Discovery of Grounded Theory, 1967）中提倡在基于数据的研究中发展理论，而不是从已有的理论中演绎可验证性的假设。他们提出一个已经完成的扎根理论需要满足几大标准：与数据非常契合，有用，具有概念深度，能够经受时间的考验，可调整并具有解释的力度。[①] 扎根理论大部分形成的是实质理论，因为扎根理论往往解决的是在具体的实质领域中的经过限定的问题。随后扎根理论经过不断的发展，受到越来越多的学者对这一方法有效性的支持，并不断被量化研究者所接受。陈向明老师 1999 年在其论文《扎根理论的思路和方法》中解释了扎根理论方法的思想来源：一是来自美国实用主义的哲学思想，"强调行动的重要性，注重对有问题的情境进行处理，在问题解决中产生方法"；一是来源于芝加哥社会学派的社会学思想，"强调从行动者的角度理解社会互动、社会过程和社会变化，广泛使用实地观察和深度访谈的方法收集资料"。[②]

1990 年，施特劳斯和科宾共同编写著作 Bascis of Qualitative Research: Grounded Theory Procedures and Techniques，该书没有中文翻译版，但是这本书对于扎根理论的发展具有广泛且深远的影响。这本书与 1967 年施特劳斯和

[①] 卡麦兹.建构扎根理论：质性研究实践指南[M].边国英，译.重庆：重庆大学出版社，2009：7-8.

[②] 陈向明.扎根理论的思路和方法[J].教育研究与实验，1999（4）：58-63，73.

格拉泽编写的著作有所不同，在之前版本的基础上，该书提出了一些概念和方法，比如维度化、主轴编码和矩阵等词语。科宾和施特劳斯的扎根理论更加强调方法，是确保扎根理论操作性更强的版本。但是格拉泽对科宾和施特劳斯的有些观点存在不同的意见。格拉泽认为施特劳斯的扎根理论过于程序化，违背了扎根理论应遵循的基本准则即不先入为主，他认为他们提出的不是扎根理论。在经典理论中，格拉泽和施特劳斯认为理论来自独立于观察者的数据中，但是卡麦兹在其著作《建构扎根理论：质性研究实践指南》中表明了不同的立场。她认为研究者是所研究世界和所搜集数据的一部分，通过研究者在过去和现在的参与，以及与人们、视角和研究实践的互动，研究者建构了自己的扎根理论[①]。

格拉泽、科宾和施特劳斯、凯西·卡麦兹可以说代表了三种不同的扎根理论学派，格拉泽属于经典扎根理论学派，卡麦兹属于建构主义扎根理论学派，科宾和施特劳斯属于程序化扎根理论学派。在研究过程中，主要借鉴了卡麦兹的社会建构主义的扎根理论思想，认为她的建构思想更加适合本研究的研究问题和研究目的。

二、建构扎根理论的基本内容

卡麦兹认为她的扎根理论实现了"回到20世纪的经典陈述，并用21世纪的方法论棱镜重新检验它们"。卡麦兹把扎根理论方法看作是一套原则和实践，而不是处方或包装好的程序。她概括了建构主义立场下的扎根理论[②]：（1）扎根理论研究过程是流动的、互动的和开放的；（2）所研究的问题影响着数据搜集的最初的方法论选择；（3）研究者是他们所研究内容的一部分，和他们所研究的内容不可分割；（4）扎根理论分析形成了概念内容和研究方向，

[①] 卡麦兹.建构扎根理论：质性研究实践指南[M]边国英，译.重庆：重庆大学出版社，2009：13.

[②] 同①225.

生成的分析可能会导致采用多种数据搜集的方法,并在多个场所进行探究;(5)通过比较分析进行连续的抽象构成了扎根理论分析的核心;(6)分析的方向来自研究者与比较和生成性分析的互动,以及研究者对它们的解释,而不是来自外部的规定。卡麦兹认为扎根理论研究必须符合四大标准:可信性、原创性、共鸣和有用性。她的建构扎根理论的逻辑是线性的,即从搜集数据开始,以写作关于整个过程的分析和反思为结束。但是卡麦兹也强调,扎根理论的研究过程不是线性的,而是需要不断循环往复的。

三、建构扎根理论与本研究的适切性

本研究主要采用了质性研究方法。虽然在研究方向确立之初,本研究也通过设计问卷,试图对我国高校中从事高等教育研究的人员进行调查,但回收率太低,导致问卷调查结果无法作为分析的依据。最终放弃量化研究方法的原因有,一是问卷调查是通过发送邮件的方式要求全国不同高校的高等教育研究所的研究人员在线填写问卷,无法控制研究人员的填写,很多研究人员如教授和副教授,没有兴趣或者没有时间和精力去填写一位博士研究生的调查问卷,所以回收到的有限问卷中大部分是讲师或博士后。二是在分发问卷过程中,对于稍微开放式的问题,多数研究人员选择了不答,导致获得的数据不完整。

本研究最终确定采用质性研究方法,将建构扎根理论作为主要的研究方法依据,通过对资料的深入分析和探讨,尽可能地了解政策研究者的真实看法。基于建构扎根理论的目标是为了形成新的理论,而不是对当前理论的验证。考虑到目前我国关于"高等教育研究者影响政府决策"的研究文献很少,且多是站在政策制定过程中研究者的参与视角去考虑,并没有从研究者的能动视角去分析研究者作用于政府决策的影响因素以及路径。因此,无论是基于理论探讨的目的,还是出于指导实践的考虑,都迫切需要建构适合我国国情的"高等教育研究者影响政府决策"的理论内容,从研究者的动员角度探讨高等教育研究者在政策制定中有效发挥作用的影响因素和路径。从方法论的角度来看，建构扎根理论承载了解释主义的理论视角，适合于研究者从主体间的互动中建构意义的过程，以及解释现实情况的知识建构过程。因此本研究内容非常适合用建构扎根理论的方法开展研究。

第三节 研究过程

扎根理论研究者认为,衡量理论是否可信和好用,主要依赖于对理论生成过程的判断。依据卡麦兹在《建构扎根理论：质性研究实践指南》一书中对主要内容的介绍,本论文的研究过程如图6：

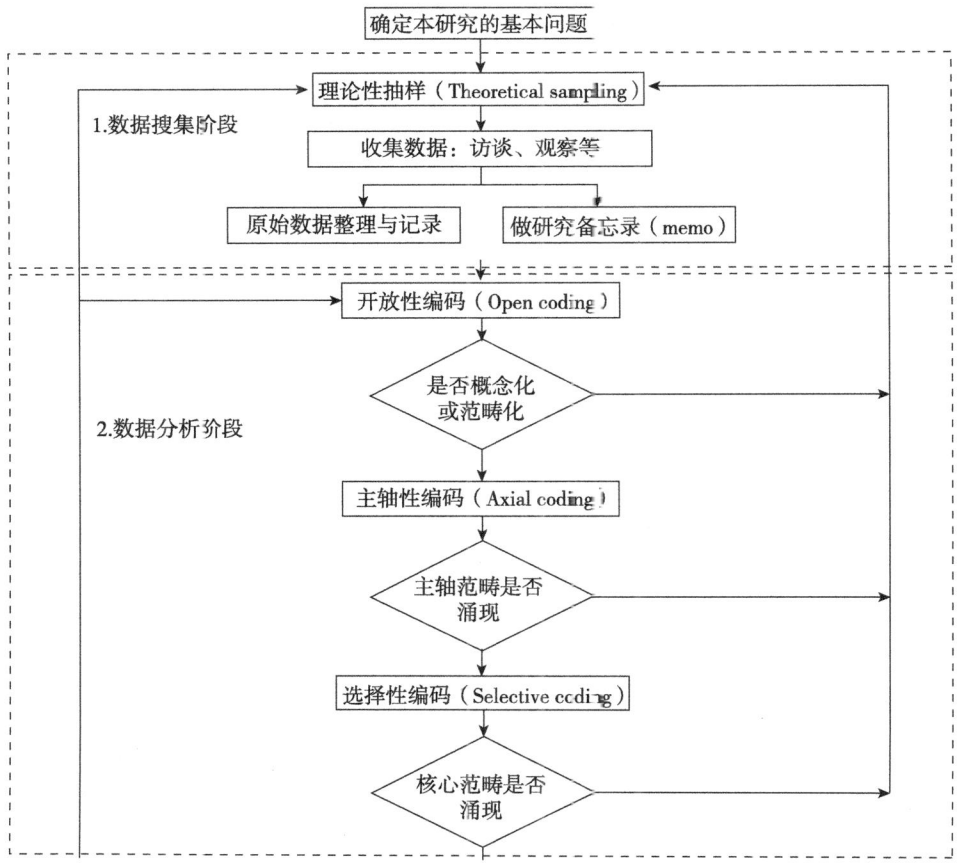

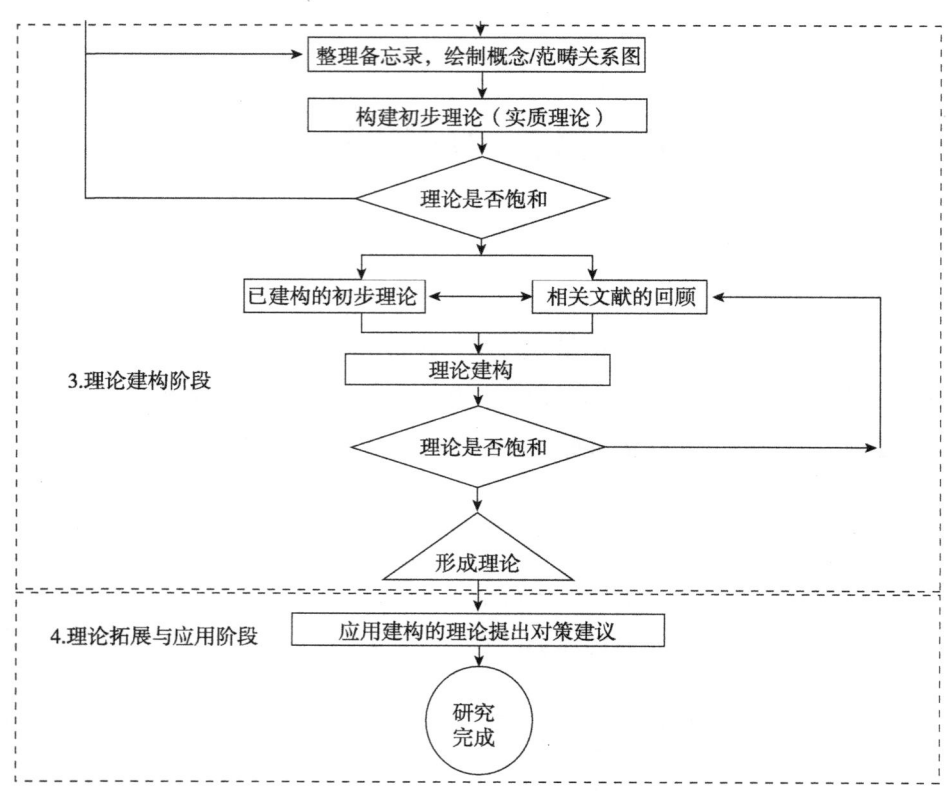

图 6　本研究的资料分析过程图

一、产生研究问题阶段

关于"高等教育研究与政策的关系"研究是从硕士阶段就开始了，当时结合本·莱文（Ben Levin）提出的知识动员模型分析了提升我国教育宏观决策的有效性问题。基于这一研究基础，以及通过对文献和现实的研究和比较，在博士阶段，将论文选题初步定位在教育研究对政策的影响力研究。但是在试图研究的过程中，发现教育研究涵盖的学科领域太广泛，无法进行统一标准下的分析，而且收集资料和数据的工作量太大，因此后来将研究领域确定为"高等教育研究"领域，并将研究视角确定为研究者的视角，这是基于收集资料的便利性和研究的聚焦性等方面的考虑。

在确定这一基本的研究内容之后,开始寻求最佳的研究方法,一开始并未想到采用建构扎根理论的研究方法,而是在对文献的梳理和研究问题的思考过程中,通过借鉴国外人文社会科学研究的成果,本研究认为很有必要去探索应用于我国的、且能说明我国的"研究者作用于政府决策"的理论基础,从而加深对我国社会科学研究者对政府决策的有效影响力这一现实需要的理解,并寻求本土化的解决办法。因此,通过翻阅关于扎根理论的相关书籍,发现"建构扎根理论"可以很好地实现研究目的。

虽然格拉泽强调扎根理论研究在研究之前不要携带任何研究问题进入研究领域,而且也不能太受已有文献的局限,但是无法否认的是,在研究开始之初就确定了自己的研究方向或者说是研究兴趣,不过形成的只是一个初始问题,最终的问题仍是在研究过程中不断聚焦和完善的。

二、数据收集阶段

数据收集阶段主要包括抽样方法和数据收集方法的运用。

(一)理论性抽样

扎根理论研究中,常用的抽样方法是理论性抽样。与其他形式的抽样不同,理论性抽样的目的是获取数据来帮助研究者理清类属。当你的分类充分时,它们会反映出研究对象经验的质量,并为研究者理解这些经验提供一种有用的分析工具。理论抽样只是为了概念和理论的发展,它并不代表一种人口类型或提高你的结果在统计方面的普遍性。量化研究者想用他们的数据形成目标人口的统计学推论,而扎根理论者的目的是让生成的理论去适合他们的数据。理论性抽样也是一种目的抽样,但是它是根据从研究者的分析得来的类属所进行的目的抽样。[①] 扎根理论中,对样本的选择和收集数据的过程

---

① 卡麦兹.建构扎根理论:质性研究实践指南[M].边国英,译.重庆:重庆大学出版社,2009:128.

是形成性的，往往无法在一开始设计研究过程阶段确定研究样本的来源和抽样的方法等。

基于从研究者视角探讨高等教育研究者影响政府决策的影响因素和路径，本研究一开始将研究对象群体确定为高等教育领域的政策研究者和政府部门的决策者，基于所在学校和学科的优势，本研究优先访谈了作者本校的高等教育研究所的几名教授和在 B 市不同高校的教授，但是过于单一的样本无法让理论达到饱和状态，随着对前期访谈资料的整理和初步分析，开始进行理论性抽样。在理论性抽样阶段，本研究访谈了不同地区、不同职称、不同级别高校的高等教育领域的研究者，通过先前对他们个人经历的简单了解，确定他们对于生成扎根理论会有帮助。因此，本研究大部分的访谈对象是基于理论性抽样而选择的。

扎根理论认为，当搜集新鲜数据不再能产生新的理论见解时，也不再能揭示核心理论类属新的属性时，类属就"饱和"了。[①] 格拉泽认为，饱和不是一而再地看到同一模式。它是这些事件对照之后的概念化，这些事件产生了模式不同的属性，直到再没有模式的新属性出现。这就产生了概念密度，在被整合进假设中时，概念密度构成了具有理论完整性的扎根理论的主要部分。[②] 在研究过程中，随着访谈工作的进行，发现从理论性抽样对象那里获得的访谈资料中不再出现新的内容，从已有的访谈资料中已经发展出比较完善的类属，而且在对类属编码进行信效度检验时，发现类属已经达到饱和。此时，理论性抽样结束。

（二）数据收集的方法

在具体的数据收集过程中，本研究主要采用了深度访谈、参与观察以及文本资料分析等方法收集数据。深度访谈是数据收集阶段主要采用的方法。

---

① 卡麦兹.建构扎根理论：质性研究实践指南[M].边国英，译.重庆：重庆大学出版社，2009：129.

② GLASER B G. The grounded theory perspective: Conceptualization contrasted with description [M]. Mill Valley, CA: The Sociology Press, 2001: 191.

从 2016 年 9 月至 2017 年 3 月,本研究前后对 25 位高等教育领域的政策研究者进行了访谈,并对 3 位政府层面的决策者进行了访谈。部分访谈人员还接受过多次访谈。对决策者的访谈是作为本研究在分析问题时的参考,因为政策研究影响政府决策的过程,决策者作为接受方,是必不可少的分析对象。

为了确保数据收集的准确性和完整性,在征求访谈对象的意见之后,对每次访谈进行了录音,并向访谈对象保证对所有访谈录音进行保密。在访谈阶段,会提前准备好一份访谈提纲,提纲上的内容只作为提示访谈对象在回答过程中的参考,并不限定于访谈提纲中的问题,会针对访谈对象的回答进行适时的追问。

在每次访谈结束之后,及时反思访谈过程,并对思考后的内容做备忘录,便于后期在分析数据和论文撰写阶段作为参考。本研究参与访谈的研究者基本情况见表 4 和表 5。为了对受访者的信息保密,将访谈对象进行了编号设置,分别用英文字母代替。

为什么选择这些研究者作为访谈样本?

首先,这些研究者均从事高等教育政策研究,对研究的政策贡献这一观点持有认同,并具有较高的兴趣。

其次,来自我国不同地区、不同高校、不同水平的政策研究者,均有过影响政府决策或者试图影响政府决策的经验,足以作为本研究对象的代表。

最后,这些研究者特征丰富。有些研究者具有在高校智库工作的经历,有些研究者担任国家教育咨询委员会委员,有些研究者与政府决策部门合作较多等等。这些研究者能够充分呈现"高等教育研究者影响政府决策"的因素和路径。

表 4 本研究 25 位参与访谈的政策研究者信息列表

编号	访谈人	性别	职称	单位性质	特 点
1	A 老师	男	教授	北京 985 高校	经验较少,在影响政府决策中缺乏主动性

续表

编号	访谈人	性别	职称	单位性质	特点
2	B老师	男	教授	北京985高校	多次参与北京市高等教育政策研究工作
3	C老师	男	教授	北京985高校	有过直接参与高等教育宏观决策的经历
4	D老师	男	教授	中部地区211高校	有过与中介机构合作的经历
5	E老师	男	校长、教授	地方211高校	属于学校决策层,参与高校教育管理,在高等教育政策执行方面有独到见解
6	F老师	男	教授	北京985高校	多次参与国家宏观政策报告的起草工作,有丰富的政策咨询的经验,所在单位为智库
7	G老师	男	副研究员	北京985高校	所在单位为高校中的教育智库,直接参与政策咨询报告的起草工作,对于研究影响政策有深刻的理解
8	H老师	男	副教授	北京985高校	政策咨询经验较少,所处单位为工科院校,学校对于政策咨询报告缺乏奖励机制
9	I老师	男	博士后	北京985高校	身处教育智库,直接参与政策咨询报告的撰写
10	J老师	男	教授	北京985高校	与政府决策人员有多次且深入的交流,具有丰富的影响决策的经验
11	K老师	男	讲师	中部地区985高校	刚入职工作,经验较少,但意愿强烈
12	L老师	女	讲师	北京985高校	身处高等教育研究所,直接参与政策咨询委员的课题工作
13	M老师	男	教授	北京985高校	经验较少,认为研究成功影响政府决策难度很大

续表

编号	访谈人	性别	职称	单位性质	特　点
14	N老师	男	教授	地方普通高校	为省级课题评审专家组组长，了解如何将研究与决策需求相联系
15	O老师	女	教授	地方普通高校	影响决策的意识较弱，一直专心做研究，但认为应该增强这样的意识
16	P老师	男	副教授	地方普通高校	学院一把手领导，多次参与地方政府决策的工作，有丰富的经验
17	Q老师	女	教授	地方普通高校	有过多次影响决策的尝试，有成功也有失败经验
18	R老师	男	副教授	地方普通高校	参与过地方政府的文件起草工作，有深刻的体会
19	S老师	男	副教授	地方普通高校	没有过相关经验，曾努力通过主流媒体影响决策，但都失败
20	T老师	男	教授	北京985高校	具有深厚的学术研究功底，但由于个人影响力较小，主要通过与其他大专家合作共同影响决策
21	U老师	女	教授	地方普通高校	身为学院领导，影响决策的经验不多，但作为地方政府咨询委员会的成员之一，有参与政府决策的机会
22	V老师	女	副教授	地方普通高校	多为自发研究，有丰富的成功影响决策的经验，后成为政府御用专家团成员
23	W老师	男	教授	南部地区985高校	身为国家教育咨询委员会成员，对于研究在决策中的作用有丰富的经验和体会
24	X老师	男	副教授	北京985高校	在高校智库工作，有丰富的成功影响决策的经验
25	Y老师	男	教授	北京985高校	国家教育咨询委员会成员，具有丰富的影响决策的经验

表 5　本研究 3 位参与访谈的决策者信息列表

编号	访谈人	性别	职位	单位
1	Z1	男	处长	教育部综合改革司
2	Z2	男	处长	教育部办公厅
3	Z3	男	处长	教育部教师司

三、数据分析阶段

（一）类属分析

类属分析是指在资料中寻找反复出现的现象以及可以解释这些反复出现的现象的重要概念的一个过程。在这个过程中，将具有相同属性的资料归到同一类别中，并以一定的概念对其命名。[1] 类属分析是建立在对资料进行编码的基础之上的。

1. 三级编码

在每次访谈结束之后，及时对访谈录音进行转录、整理和编码分析，主要对资料进行开放编码、轴心编码和选择编码。

卡麦兹认为，开放性编码应该紧贴数据，对资料所呈现的内容保持开放的态度，而不是将事先已经设想的编码套到数据上，编码时尽可能地用能够反映行动的词语来编码，而不是用关于主题的词语，目的是为了避免研究者在进行必要的分析工作之前就发生概念跳跃，接受已有理论。[2] 开放编码就是对访谈资料内容进行不断概念化和类属化的过程。具体来说，在把所有资料转化成概念后，在概念的基础上，通过不断比较，如果概念相似就将其进行归类为一个名字，即形成类属。每个类属都有着自己的性质和面向。

---

[1] 陈向明. 质的研究方法与社会科学研究［M］. 北京：教育科学出版社，2010：290.
[2] 卡麦兹. 建构扎根理论：质性研究实践指南［M］边国英，译. 重庆：重庆大学出版社，2009：191.

轴心编码是由施特劳斯和科宾提出来的，这是一个分析不同类属间关系的过程，在建立关系的过程中形成新的一级类属。轴心编码也是对开放编码过程中形成的概念和类属进行再次类属化的过程。施特劳斯和科宾提出典范模型的概念，就是通过探讨材料中的现象呈现的因果条件、背景、中介条件、行动/互动的策略以及结果之间的关系等，[①] 经过不断比较的过程，逐渐将类属之间的关系以典范模型的逻辑呈现。这是一个用更抽象的方式组织数据资料的过程，这一阶段的分析结果开始决定了研究者的分析框架，形成对数据资料的灵活应用。

选择编码是在轴心编码类属化的结果之上进行再一步的提炼和升华，目的在于形成更具概括性的核心类属，并且与其他类属建立联系。这一步也是检验核心类属是否达到饱和的阶段，如果没有达到饱和，就要继续收集数据，进行新一轮编码，而直到理论饱和为止，为接下来理论建构奠定基础。卡麦兹认为，理论饱和的表现是对于一个理论类属，如果发现通过搜集更多的数据已经不再产生新的类属或见解时，就可以说理论达到饱和了。[②]

2. 因素的编码结果

本研究主要通过访谈了解政策研究者认为的影响他们作用于政府决策的因素，对访谈资料进行开放编码、轴心编码和选择编码，获得了四类影响因素。由于笔者是从政策研究者的角度来看待问题，因此将四类影响因素分为研究层面因素、传播层面因素、决策层面因素和环境层面因素（表6）。在对影响因素进行类属分析基础上，本研究还重点介绍了出现频次较高的两个关键因素。

[①] 陈向明.质的研究方法与社会科学研究[M].北京：教育科学出版社，2010.
[②] 卡麦兹.建构扎根理论：质性研究实践指南[M].边国英，译.重庆：重庆大学出版社，2009：238.

表 6　最终编码结果一

1级类属	2级类属	3级类属	核心类属
直接递交	传播方式	传播层面	高等教育研究者作用于政府决策的影响因素
中介作用	传播方式	传播层面	
不了解渠道	传播方式	传播层面	
传播内容	传播内容	传播层面	
研究者与决策者的关系	传播条件	传播层面	
地理位置	地缘结构	环境层面	
行政级别	地缘结构	环境层面	
研究者与决策者的不同	逻辑差异	环境层面	
研究过程与决策过程的不同	逻辑差异	环境层面	
学术语言与决策语言的不同	逻辑差异	环境层面	
研究文化	文化传统	环境层面	
影响传统	文化传统	环境层面	
高校支持	制度引导	环境层面	
制度环境	制度引导	环境层面	
决策程序	决策过程	决策层面	
决策压力	决策过程	决策层面	
决策者创造性	决策主体	决策层面	
决策者更替	决策主体	决策层面	
决策者能力	决策主体	决策层面	
决策者偏好	决策主体	决策层面	
决策者主动性	决策主体	决策层面	
研究方法和资源	研究过程	研究层面	
研究选题和内容	研究过程	研究层面	
研究目的	研究过程	研究层面	
研究结论	研究结果	研究层面	
研究团队	研究主体	研究层面	
研究者意识	研究主体	研究层面	
研究者能力和经验	研究主体	研究层面	
研究者精力	研究主体	研究层面	
研究者身份	研究主体	研究层面	

3. 路径的编码结果

本研究通过访谈以及观察等方法，对高等教育研究者影响政府决策的路径进行类属分析，通过对关键信息点的三级编码，确定了三类影响路径，分别为研究内驱式、决策外推式和中介扩散式。最终编码结果如表7：

表7　最终编码结果二

核心类属	3级类属	2级类属	1级类属
高等教育研究者影响政府决策的路径	研究内驱	研究者主动	递交研究报告
			提供咨询报告
		研究者参与决策	直接建言献策
			与决策者建立联系
	决策外推	决策者委托	委托课题研究
			咨询研究问题
		研究者被动参与	参与方案起草
			参与政府组织的调研工作
			参与政策制定咨询会议
	中介扩散	组织推动	所在单位要求有政策贡献
			智库的主动联系
			所在单位为研究者提供渠道
			所在单位向政府推荐研究者
		舆论推动	期刊选择研究问题的倾向
			报纸媒体邀请谈论热点问题
			网络宣传
			通过大众热议话题了解当前教育中的问题
		重要他人推动	个别专家的传达
			学科带头人的推荐
			研究团队的合作
		活动推动	学术活动上的交流
			决策咨询会议的参与
			课题申请

（二）情境分析

情境分析是指将研究资料放到现象所处的自然情境之中，按照故事发生的时间顺序对相关的人物和事件进行描述性分析。这种方法最先关注的是资料的整体，先将资料的整体分散，然后再加以整合，使其成为一个完整的、位于一个真实情境中的故事，情境分析着重的是对事物作整体的而又动态的呈现。情境分析的具体手段包括轮廓勾勒、片段呈现、个案、访谈片段、观察事件、故事等，我们既可以将一次访谈或一次观察的内容写成一个情境片段，也可以将对一个人的几次访谈写成一个故事，还可以将几个人的故事连成一体，组成一个综合个案。①

本研究中将访谈资料和观察记录所获得的资料中的主要内容进行整理，提炼出关键的词语，并撰写备忘录，试图呈现研究者作用于政府决策的路径。对归纳出的典型情境进行分析，以阐释其中的意义，并将过程完整地呈现出来。情境分析的目的在于确保编码获得的类属结果更加具有情境化，使得过程以具体的情境为佐证，让读者更加清晰地理解研究结果。在情境分析过程中，本研究以一位政策研究者为主线，并结合其他政策研究者的经历与感受作为资料补充。

（三）信效度检验

经过三级编码之后，达到理论饱和状态，才可以说编码工作完成。为了确保所形成的类属达到理论饱和，本研究采用三角互证的方法。首先，将25位政策研究者和3位决策者的资料进行三级编码和分析。其次，利用自己在访谈过程中以及在资料编码过程中撰写的备忘录作为反思资料的参考，对分析进行验证。最后，邀请另一位采用质性研究方法开展博士论文研究的同学对本研究获取的资料进行再次编码，最终并没有发现新的意义出现。至此，

---

① 陈向明.质的研究方法与社会科学研究［M］.北京：教育科学出版社，2010：292-293.

本研究对资料的分析满足了信效度的检验，实现了理论饱和。

四、理论建构阶段

康德曾提出"没有理论的具体研究是盲目的，而没有具体研究的理论则是空洞的"。扎根理论的目的就是在分析经验事实的基础之上，形成抽象化的理论，这种方法很好地将经验知识与理论联系在了一起。① 建构理论的阶段就是利用概念图的形式将编码阶段形成的类属组织起来，形成一个实质理论。实质理论是扎根在具体的资料基础之上形成的，但同时也需要将自己建构的"实质理论"与已有文献研究进行不断比较，从而完善理论。本研究首先通过对高等教育研究者作用于政府决策的影响因素和路径进行分析，对高等教育研究者作用于政府决策有了初步了解，获得的结论即为实质理论内容。在此基础上，与已有"研究在决策中的应用"的相关理论文献进行比较对话，提出了高等教育研究者影响政府决策的理论解释。

五、理论扩展和应用阶段

理论的扩展和应用阶段主要是通过建构出的理论去解决当前的实践问题，本研究通过对影响因素和路径的分析，试图建立高等教育研究者影响政府决策的有效机制，用于提升高等教育研究者在政府决策中的影响作用。

---

① 陈向明.质的研究方法与社会科学研究[M].北京：教育科学出版社，2010：328.

第四节　对研究过程的反思

一、对扎根理论方法的反思

扎根理论要求研究者时刻持有一颗开放的心，也就是说避免主观因素对研究的影响，要求研究者在研究过程中抛弃任何理论预设，从而保证所得结果完全扎根于理论之中。但在现实操作过程中，由于研究者先前个人经验的积累，会不可避免地将已有的知识运用到研究过程中。而且，在资料分析过程中，不同的研究者对于相同的数据资料往往会形成不同的编码结果，也是基于不同研究者具有不同的经验和知识所导致的。这种情况下，不同的人可能对同一数据资料建构出不同的理论。这是在研究开始之初就认识到的问题，因此在搜集和分析资料过程中尽可能地保证思考的客观，完全以数据为主，但在反思过程中发现，在访谈过程中还是会或多或少地去基于自己的思考和研究目的去引导访谈对象的回答。

在收集数据资料的过程中，是否能获得理想的数据是至关重要的，这也是理论性抽样的关键所在。在进行理论性抽样过程中，由于访谈的是高校从事高等教育研究的研究者，在访谈过程中，将尽可能地选择具有丰富的影响决策经验的研究者以及没有丰富经验的研究者，而且考虑到不同地区、不同级别、不同高校也可能成为影响研究者在政府决策中发挥作用的因素，因此争取将自己的理论性抽样覆盖到不同类型的研究者，从而获得不同研究者对这一问题的看法。

二、对访谈过程的反思

由于扎根理论要求不能对访谈对象进行干预，尽可能确保访谈对象关于研究问题发表自己的看法。虽然撰写了访谈提纲，但并没有严格依据访谈提纲中的问题来让访谈对象逐条回答。但是在访谈之初，由于思考不深入和对研究问题的不确定，导致当时对于访谈对象的回答没有进行及时的追问，对有些资料没有进行及时的深挖。但随着访谈的进行和坚持写备忘录的习惯，研究问题逐渐聚焦和清晰，后期访谈过程中也可以很好地对访谈对象的回答进行即时的思考和回应，并根据自己的研究目的进行恰当的追问。

同时，在整个研究过程中，发现自己对于访谈技巧的把握还不够准确。由于出国联合培养一年的经历，在国外参与的研究方法课程只停留在认知阶段，并未能对自己的实践操作能力有较大帮助，因此回国后，只有基于自己已有的知识和大量翻阅相关介绍访谈技巧的著作，结合自己不断开展的访谈工作，不断提升自己的访谈技巧。所以，博士论文的研究过程是自己在各方面不断提升的过程，是从外化转为内化的过程，意义重大。

第三章

高等教育研究者作用于政府决策的历史回溯

政策研究不能局限在狭小的时间范围内进行，要认识各种结构模式和实际情况，一种历史的视野是必不可少的。[1]世界高等教育研究发展经历了三个阶段：19世纪中叶到"二战"前是萌芽阶段，"二战"结束到20世纪70年代中期是初建阶段，70年代中期以来是高等教育研究向科学化迈进的阶段。[2]这三个阶段反映了世界高等教育研究不断发展完善的过程，逐渐形成了独立的学科体系和理论基础，学术地位不断提升，对世界教育决策和实践做出了重大贡献。我国高等教育研究于世界高等教育研究发展的第二阶段形成，但真正开始有所发展是改革开放时期高等教育学科的创建，奠定了高等教育研究的学科基础，从此高等教育研究发展迅速，对于我国高等教育研究影响宏观决策的活动发展起了关键性作用。因此本研究认为，高等教育学科的发展历史可以看作高等教育研究发展的历史，也可以看作高等教育研究影响政府决策的历史。

我国高等教育学科形成于1978年，已经经历了四十余年的发展历程。本研究基于三个标准来确定对"高等教育研究影响宏观决策的历史"进行划分：一是本研究只研究1949年中华人民共和国成立以后的高等教育研究情况，因此划分的起始点为1949年。二是本部分的分析是依托于高等教育学科的发展，因此将1978年高等教育学科的建立作为一个分界点，体现学科形成前后的"高等教育研究影响宏观决策"的差异。三是孙绵涛在《教育政策学》一书中将教育政策研究的历史发展分为了三个阶段，即1985—1994年是教育政策研究的兴起阶段，1995—1999年是教育政策研究的初步发展阶段，2000年至今

---

[1] 德罗尔.逆境中的政策制定［M］.张满传，尹宝虎，张萍，译.上海：上海远东出版社，1996.

[2] 顾明远.顾明远教育口述史［M］.北京：北京师范大学出版社，2012.

是教育政策研究的纵深发展阶段。① 由于本研究的主要内容是高等教育政策，因此，结合孙绵涛关于教育政策研究的阶段划分，本研究将高等教育研究服务宏观决策的历史分为四个阶段：前学科时期（1949—1977年）、学科兴起时期（1978—1984年）、学科关键时期（1985—1999年）和学科快速发展时期（2000年至今）。

本章通过简要介绍我国高等教育研究者影响政府决策的事件，追溯我国高等教育研究者影响政府决策的历史发展进程，深入分析我国高等教育研究者影响政府决策的阶段特点，为下文分析作用于政府决策的影响因素和路径提供历史参考。

---

① 孙绵涛.教育政策学［M］.北京：中国人民大学出版社，2009：2.

第一节　前学科时期：1949—1977 年

这一时期，我国整体的宏观决策脱离了科学研究的基础。比较典型的事例就是 1957 年，时任北京大学校长的马寅初经过对我国经济现状和发展前景的分析研究，提出"新人口论"，认为我国应该控制人口数量，否则将影响我国的工业化发展速度，但这一建议受到多数人的批判，《光明日报》甚至发表了 37 篇文章来批判马寅初的人口论，认为是蔑视人民大众的行为，这一提议也就无疾而终。随着我国人口的持续快速增加，我国在人口政策问题上重新开始决策，科学看待马寅初提出的建议。

一、缺乏教育研究影响政府决策的经验

这一时期处于中华人民共和国成立之初，国家建设和发展经验不足，当时将"以俄为师"作为国家发展的基本国策，因此这一时期的高等教育研究的重点是翻译和介绍苏联高等教育经验[①]，结合本国实情独立开展的研究较少，这时期关于教育改革的决策基本上是对苏联高等教育经验的移植，也没有对我国决策产生影响的重要研究和案例。1950 年，费孝通汇编了自己关于大学改造的十几篇文章，以《大学的改造》一书出版，成为当时具有很大影响力的高等教育研究著作。该书对当时大学发展中出现的问题提出了改造意见，提出不能一味抄袭国外经验。1953 年，《中华民国大学志》由中国新闻出

---

① 李均. 中国高等教育研究史［M］. 广州：广东高等教育出版社，2005：64.

版公司编辑出版,是高等教育史方面的第一部资料性书籍。[1] 这两本著作的出版作为高等教育学科建立之前的主要研究成果,虽然学术影响力较大,但在国家决策中发挥的作用较小。

当时的教育决策也是基于"想"而完成的,在对国内外环境和自身资源条件认识不足的情况下,所进行的教育决策是不切实际的,也是无法执行的。例如,1958年,中共中央发布文件《关于教育工作的指示》,其中提出:"要全党全民办学,将以15年左右的实践来普及高等教育,然后再以15年左右的实践来从事提高的工作。"以美国教授马丁·特罗在20世纪70年代提出的高等教育大众化理论来看,当高等教育毛入学率在50%以上才可以称为高等教育普及化阶段。这样的目标即便现在看来也是有难度的,放在20世纪五六十年代的中国何以可能?这就是缺乏科学依据所造成的,也与当时缺乏科学的高等教育研究有关。

二、阶段特点分析

因此,这一时期高教研究影响宏观决策的特点主要表现在以下三个方面:

(一)照搬苏联高等教育政策

中华人民共和国成立之初,百废待兴,我国无法从西方帝国主义那里借鉴经验,当时苏联的教育发展迅速,而且是社会主义性质,因此成为我国借鉴学习的对象。我国当时的院系调整和教育改革都是依照苏联的模式而开展的,例如,将高等学校分为综合大学和专门大学、以苏联的专业标准设置全新的高等教育专业、使用苏联教材等。这些加快了我国高等教育体系的建立和发展,但由于这些改革政策的制定并没有很好地结合我国当时已经存在的合理制度,我国高等教育在发展过程中因此而走了弯路,如我国当时已经开

---

[1] 李均. 中国高等教育研究史 [M]. 广州:广东高等教育出版社, 2005:70.

展的通识教育模式由于移植苏联模式而被否定，过分强调专业教育，限制了学生整体素质和综合能力的提升。

（二）国外专家对政府决策的影响较大

这一时期，我国高等教育发展"以俄为师"，高等教育决策也是咨询苏联高等教育研究专家。1949年至1959年，我国聘请了861位专家服务于高等教育改革与发展，其中部分专家直接在决策部门担任咨询顾问，直接影响高等教育政策的制定。①

（三）国内高等教育研究对政府决策的影响较小

1950年6月，教育部在北京召开第一次高等教育工作会议，大会旨在为高等教育发展出谋划策。据史料记载，大会共收到201件提案，有关于高等教育大政方针的提议，也有对具体高校改革的建议。学者的思考及研究开始被国家领导层重视和接受，但这一时期的高等教育研究并不成理论体系，仍建立在对苏联经验的借鉴和教育实践的总结基础上，难以成为国家宏观决策的理论支撑。但不能否认，国家对高等教育研究及其对政策的贡献开始重视起来。1956年下半年，国家出现了高等教育百家争鸣的场面，高等教育界的教师干部纷纷发表对国家高等教育发展的意见，并在《高等教育》刊物上表达观点。这时的"百家争鸣"主要是对高校教学改革的深入讨论。

1957年，潘懋元先生与陈汝惠、张曼因合作编写《高等学校教育学讲义》，这在高等教育研究史上具有重要意义，也奠定了高等教育学科建立的基础，其研究成果作为国家后来建立高等教育学科的核心支撑成果，影响了国家后来建立高等教育学科的宏观决策，可以称得上我国独立的高等教育研究

---

① 胡娟娟.建国后高等教育学习苏联模式的回顾和历史教训[J].改革与开放，2019(12)：192-194.

第一次开始影响国家宏观决策。① 不过该研究真正产生影响是到改革开放之后进入高等教育研究发展的第二阶段了,因此这一时期的国内高等教育研究对宏观决策并没有产生实质性影响,但影响开始显现。

---

① 李均.潘懋元高等教育思想的渊源与中国高等教育学科的创建——基于我国第一部《高等教育学》编写过程及贡献的论述[J].山东高等教育,2015(1):82-96,2.

第二节　学科兴起时期：1978—1984 年

1978 年，潘懋元发表《必须开展高等教育理论的研究》，提出将高等教育学作为一个专门的研究领域，积极提倡在我国开展高等教育研究。厦门大学第一个成立高等教育科学研究室，随后各大学纷纷成立高等教育研究机构。1983 年，"高等教育学"成为教育学的二级学科，并于同年成立中国高等教育学会。1984 年，第一部《高等教育学》专著出版，这是中国乃至世界高等教育研究史上第一部具有相对完整体系的高等教育学专著，标志着我国高等教育学科的正式确立，从此高等教育研究有了自己的独特研究范式。美国社会科学家默顿曾提出学科建制对科学研究具有极大的影响[1]，可见我国高等教育学科的创建大大促进了高等教育研究的发展。

在这一阶段，高等教育学科的初步创立为高等教育研究的体系化奠定了基础，与之前高等教育研究人员分散、知识体系混乱、研究方法繁杂、研究目的不明确等情况不同，潘懋元教授对于高等教育学科的设想解决了高等教育缺乏理论基础的杂乱无章的状况，这一阶段也是高等教育研究不断完善学科理论体系的阶段，研究内容主要集中于高等教育学自身建设上面，对于社会发展和社会问题的解决关注很少，因此对宏观教育决策的贡献相对较小。但是，这一阶段也形成了很多影响力重大的高等教育政策提议，如下文将详细介绍的"835 建言"，这些提议对国家高等教育未来发展产生了重大的影响，我国后来 211、985 工程的提出和发展就是来源于"835 建言"的提出。

---

[1] 张应强，郭卉. 论高等教育学的学科定位 [J]. 教育研究，2010 (1)：39–43.

一、高等教育研究影响政府决策的典型事件

1978年5月,《光明日报》以"特约评论员"署名发表《实践是检验真理的唯一标准》一文,并迅速在全国传播,该文章是由当时南京大学的哲学系教师胡福明所写,并经过多次修改而成。这篇文章的出现,一是对"两个凡是"思想的否定,二是发起了全国上下对真理标准的讨论,什么样的决定是正确的,这是需要经过科学和实践检验的,国家的发展需要知识分子发现新问题、研究新问题并解决新问题,这一过程就是在不断经过实践检验的基础上发生的。不仅如此,胡福明作为高校教师,在国家发展的关键时期,经过科学研究成功影响国家高层决策,代表了我国高校研究者服务国家宏观决策的开端。这一事件逐渐激发了我国人文社会科学研究者的信心,广大科学研究者纷纷关心国家各项事业的科学发展,在高等教育决策领域,具有代表性的政策贡献是"835建言"[①]。

1983年5月15日,来自南京大学、浙江大学、天津大学和大连工学院(1988年更名为大连理工大学)的校长联合向中央提交"加速建设一批重点大学,并将50所左右高等学校列为国家重大建设项目"的提案。该提案受到中央领导的赞同和支持,并于1985年5月正式将北京大学、清华大学、复旦大学、上海交通大学和西安交通大学5所高校列为国家"七五计划"重点建设项目,成为国家政策文件内容。该建言的政策价值巨大,是科学工作者影响高等教育决策的重大体现,也是知识生产者与决策者成功合作的典范。

这一建言不是拍脑袋而成的,是经过深思熟虑和科学分析当前教育发展现状,以解决教育发展问题为目的的提议。在"835建言"中,批评了国家对教育投入少的问题,强调了教育的重要作用,提出增加教育投入是解决当前教育问题的关键所在,并分析了世界发达国家如德国和日本等国家在重视教育发展方面的理念和措施,认为如果要实现赶超世界发达国家教育水平的目

---

① 龚放.高等教育研究为宏观决策服务的思考[J].高等教育研究,2008(4):18-21.

标，必须重点建设一批高水平的大学。同时，"835建言"的提倡者也给予了具体的实施策略，根据我国当时的经济实力和学校自身发展基础，认为可以将目标暂时确定在"50所左右高校"，并且这些高校应该具有"基础好、师资力量强、规模较大、教学质量好、科研水平高"等特点，有利于迅速看到成效，为接下来后续发展其他高校汲取成功经验。研究的内容和建议的可行性奠定了该提案成功被国家决策所接受的基础。

二、阶段特点分析

（一）开始认识到科学研究应为政府决策服务

在这一阶段，国家领导人对科学研究服务于宏观决策已经形成了正确认识。1986年7月，万里在全国软科学研究工作座谈会上的讲话中提出："软科学研究的根本目的是为各级各类决策提供科学依据，是为领导决策服务的……软科学研究就是决策研究，就是把科学引入决策过程中，利用现代科学技术手段，采用民主和科学的方法，把决策变成集思广益的、有科学依据的、有制度保证的过程，从而实现决策的民主化、科学化和制度化，以加快我国的现代化建设。"[①] 他也提出了决策过程中应既要尊重专家的意见，又要结合具有实践经验的干部的意见，促使两者共同发挥作用，真正发挥研究咨询的作用。这时，研究对宏观决策的贡献已经成为我国科学研究的根本目标，反映了国家对科学研究在宏观决策方面的影响开始关注。1984年，中央提出确立教育体制改革的急切需求，由时任中央办公厅主任的胡启立负责文件起草工作。胡启立在其回忆政策文件出台前后的文章中提到，当时胡耀邦书记提出"要下大力气，认真调查研究，坚持群众路线，集中全国教育工作者和广大人民群众的智慧"[②]。这体现了当时决策层已经开始将科学证据作为制定

[①] 万里.决策民主化和科学化是政治体制改革的一个重要课题[J].决策与信息，2013（7）：47-49.

[②] 胡启立.《中共中央关于教育体制改革的决定》出台前后[J].炎黄春秋，2008（12）：1-6.

政策文件的主要依据。胡启立带领教育部、中央办公厅和文件起草班子先后到四个省市进行调研座谈，总结了调研过程中了解到的教育发展问题，随后提交决策层，得到各级领导的批示和认可。但从参加调研的人员构成中不难看出，这一阶段对于专业学术研究者的依赖程度仍然较小。

（二）决策模式仍以领导的个人决策为主要表现形式

这一时期处于"文化大革命"后的恢复改革期，百废待兴，国家恢复高等教育事业的任务艰巨，需要经历艰难的拨乱反正历程，难度极大的同时也对教育决策有着迫切的改革需求。这些客观条件导致这一时期在制定高等教育政策时需要快、狠、准。在恢复重建时期中，最典型且在历史上影响深远的高等教育政策就是1977年恢复高考制度，这项决策是邓小平复出后做出的一项重大决策。虽然当时召开了多次科学和教育工作座谈会讨论此事，但这一决策是邓小平首先提出来，随后才得到一些专家学者的赞同。时任教育部部长的刘西尧在接受采访时说道："恢复高考制度的决定主要是小平同志的功劳。没有小平同志的果断拍板和大胆决策，一切都不可能发生……要没有小平同志那样的胆识和谋略，真的是不可想象。"[①] 虽然这一时期出现了几次自下而上的影响高等教育政策的事件，但大部分的政策制定仍是自上而下的形式，决策者拍板确定，专家主要扮演"支持与参与讨论"的角色。

（三）学者的社会责任感更多地促成了研究对政策的影响

这一时期，经历过"文化大革命"的学者们对于国家各项事业的恢复重建和全面复兴具有强烈的社会责任感，致力于献身学术事业，服务国家决策。这一时期的高等教育研究者普遍存在的特点是不以功利和个人目的作为科学研究的动力，为国家教育改革发展服务是研究者们的最大追求。他们具有很大的能动性，积极寻求渠道确保科学合理的研究成果能被决策层所理解和采

---

① 刘之昆．刘西尧：恢复高考前后我在教育部[J]．中华儿女（国内版），2007（6）：32-34．

纳。潘懋元先生为了促成高等教育学科的建立，整整努力了20年之久，这是发展我国高等教育研究事业的责任心在支撑着潘先生不畏艰难，不断探索，最终影响了我国高等教育的发展史。这一时期对高等教育发展做出突出贡献的潘懋元、王承绪和汪永铨纷纷被我国高等教育学会授予"高等教育科学研究开拓贡献奖"，这是我国高等教育学术界的最高荣誉之一，只有这3位获得过该奖项。再如，朱九思先生在1953—1984年间任当时华中工学院（后并入华中科技大学）的院长，在那里工作的三十多年，他不仅为原华中工学院的发展做出了重大贡献，而且为我国高等教育改革和发展提供了重要的思想支撑。可见，这一时期我国众多学者纷纷为高等教育发展出谋划策。这些学者之所以被后人所尊敬，是源于他们在这一时期的杰出贡献。

第三节 学科关键时期：1985—1999年

自高等教育学科建立之后，高等教育研究进入了飞速发展的阶段，研究成果的数量不断增加，中国一跃成为"高等教育研究大国"[①]。同时，1985年颁布的《中共中央关于教育体制改革的决定》中提出："为了加强国家对教育的宏观管理和指导，使教育决策更加科学化，对教育发展和改革中若干带全局性的重大问题进行较深入的研究已经成为一项十分迫切的任务。"可见高等教育研究的飞速发展与国家宏观决策对教育研究的需求都进入了关键时期，研究与决策都有强大的需求。1986年，国务院批准成立专门的教育宏观政策研究机构"国家教育发展研究中心"，加强了对教育研究影响宏观政策的重视。

20世纪90年代初，国家不断涌现了一批学者开始从事教育政策的分析研究。[②] 我国教育政策研究专家孙绵涛在《教育政策学》一书中提到教育政策的分析涉及内容、过程、结果、环境和价值的分析，[③] 也就是说从这一时期开始，教育政策的制定逐渐向系统化、科学化的方向发展。

一、高等教育研究影响政府决策的典型事件

1986年3月3日，四位科学家王大珩、王淦昌、杨嘉墀、陈芳允向国家建议，提出要跟踪世界先进水平，发展高技术的建议。这一建议的提出获得

[①] 潘懋元.高等教育研究在中国发展的轨迹[J].高等教育研究，1998（1）：1-7.
[②] 康翠萍.一种分析范式：中国高等教育政策研究[M].北京：人民出版社，2010：17.
[③] 孙绵涛.教育政策学[M].北京：中国人民大学出版社，2010：236.

邓小平的批示,并发布《高技术研究发展计划"863计划"纲要》报告,在我国开始施行。

20世纪80年代以来,世界上许多国家纷纷将高技术发展作为国家发展的重要内容,美国提出"星球大战计划",欧洲提出尤里卡计划,日本颁布十年科学技术振兴政策等,这些大大刺激了我国对高技术发展的追求,于是四位科学家也提出我国发展高技术的建议。同时,曾任中国工程院院长的朱光亚对这一提议十分关注,并极力倡导。邓小平对此批示"此事宜速作决断,不可拖延",并制定计划纲要。在这一过程中值得强调的是,四位科学家的提议是通过邓小平次女的丈夫张宏上交给邓小平的,张宏时任中科院科技开发局局长,他的呈送直接促成了国家对这一建议的重视和关注,而且效果显著。从此,"863计划"为我国在世界高技术发展领域奠定了基础,增强了与世界竞争的实力。[①]

这一计划的出台应归功于科学家的积极思考、同行的积极支持和中间人的引荐三方面的作用。首先,我国科学家在面临国家发展的迫切需求时,积极主动为国家高技术发展提出建议。如果科学家被动选择接受国家的决策,而不关心决策者是否意识到问题的严重性时,这一计划或许就不会出台,国家将不能及时面临国际的挑战,减缓发展速度。其次,受到同为科学家的朱光亚的极力推荐,确保了这一建议是科学可行的,也促使了该建议备受关注。最后,一项建议的提出最关键的是被领导决策层所关注,而被关注的前提是能被决策者所了解,科学家并未有直接的机会见到决策者,即便通过提交建议报告,也不一定会在短时间内从众多建议文件中脱颖而出,如果想要产生直接的效果,需要中间人的引荐。张宏在其中发挥了重要作用,一方面缘于他与邓小平的亲情关系,另一方面作为中科院科技开发局的局长,注定了他是促进该建议被领导层关注并获得批示的最佳"传播中介"。

---

① 金红梅.科学家和政治家的合作"863计划"制定过程研究[J].清华大学教育研究,2005(6):32-37,65.

二、阶段特点分析

（一）高等教育政策研究不断发展

进入21世纪之前的这个时期是教育政策研究的关键发展时期。根据本章开头提到的孙绵涛关于教育政策研究的历史阶段划分，在兴起阶段，我国的教育政策研究并不乐观，成果较少，且影响力小。自1995年之后，我国的教育政策研究出现了较大提高，高晓清和蒋小丰将1995—1999年阶段的教育政策研究特点总结为"成果数量逐年增加；研究热点扩散；对本国教育政策研究的关注度提升；教育政策基本理论研究升温"。而且这一时期我国教育政策研究与教育决策的关系不断加强，教育政策研究的影响力逐步加深。[1] 教育政策学也不断发展成为一门独立的学科，在我国的影响力逐渐增大。

随着教育政策研究的发展壮大，高等教育政策研究也随着教育政策学科的不断完善而增多。这一时期是高等教育学科不断壮大的阶段，自从高等教育学这一基础学科建立之后，一大批分支学科在20世纪80年代中期到90年代初期建立起来。李均在《中国高等教育研究史》中将分支学科大致分为三类：第一类是从高等教育学分化出来的分支学科；第二类是高等教育学与其他学科结合产生的交叉学科；第三类是运用高等教育学理论以研究不同类型不同层次高等教育所构成的学科。[2] 高等教育政策学属于第二类分支学科，是高等教育学与公共政策学的交叉学科，也是教育政策学在高等教育领域的延伸。不过当时比较有代表性的分支学科是高等教育管理学、高等教育史和比较高等教育等学科，而高等教育政策学最终并没有成为独立的学科，只是作为一种研究方向不断发展。但毋庸置疑的是，这一时期是高等教育政策研究发展的关键时期。

---

[1] 高晓清，蒋小丰. 我国教育政策研究20年 [J]. 中国教育学刊, 2007（10）: 24-27.
[2] 李均. 中国高等教育研究史 [M]. 广州：广东高等教育出版社, 2005: 221.

（二）创新型研究增多，对教育政策影响较大

这一时期是教育体制改革实施的关键时期，对于高等教育发展方向的探索需要不断创新思路，为高等教育的繁荣发展提供知识基础。4%政策的出台和高校扩招政策都对现有高等教育发展具有颠覆性的影响，它们的出台对教育政策的影响比以往任何时期都大，具有里程碑的意义。再如，1987年，厦门大学潘懋元先生第一次提出发展民办高等教育的思想，是我国建设高等教育思路的重大变革，影响了高等教育发展的结构。潘先生关于民办高等教育体制改革的思想带动了一大批高等教育研究者纷纷投入民办高等教育研究的行列，对教育政策产生了重大影响。比较有代表性的政策文件有《中共中央关于教育体制改革的决定》（1985）和《关于社会力量办学的若干暂行规定》（1987），二者都是对民办高等教育发展研究成果的最初反映。后来关于高等教育改革的重大政策文件中都有对发展民办高等教育的重要举措，如1993年颁布的《教育改革与发展纲要》、1995年颁布的《中华人民共和国教育法》、1998年颁布的《中华人民共和国高等教育法》中都对发展民办高等教育有关键的描述，除此之外还有很多具体关于民办高校办学经费、管理、中外合作办学等相关问题的政策文件。潘懋元先生在当时"公立"思想盛行的时期大胆提出发展私立高等教育的思想是开创性的，对我国后来高等教育政策的影响是巨大的。这一时期"211工程"和"985工程"政策的出台也对我国高等教育发展具有特别重大的影响。以"985工程"政策为例，陈学飞在总结"985工程"政策文件出台的过程时认为它是包含"自上而下"和"自下而上"的政策制定过程，是高校研究与政府不断加强合作和互动的过程。[①]

（三）决策层对研究的需求增大

在第二阶段，高等教育研究影响决策更多的是研究者发挥积极主动性去

---

① 陈学飞.理想导向型的政策制定——"985工程"政策过程分析[J].北京大学教育评论，2006（1）：145–157.

向决策层建言献策，而决策层对于科研成果的应用还没有形成深刻认识。这一时期，决策层开始主动与研究者建立联系，委托研究者从事相关研究，解决高等教育领域的政策问题，出现了自上而下实现的研究影响决策的模式。例如，1993年颁布的《中国教育改革和发展纲要》是被普遍认为较好体现我国教育重大决策科学化、民主化的范例。当时参加政策文件起草工作的成员由三部分构成："教委综合司局如规划司、财务司、政策研究室等部门的负责同志、在教委工作有丰富实践经验并对教育发展和改革有一定研究的司局长；从事我国教育发展战略研究并在一些领域取得重要成果的专家；地方上从事区域教育发展战略研究的教委主任和专家。"① 从文件起草队伍的构成中可以看出，具有研究经验的专家占据了较大比例。可见，决策层在宏观决策过程中对研究者的重视程度有所增强。

---

① 郝克明. 教育重大决策科学化、民主化的范例——参加《中国教育改革和发展纲要》研讨和起草过程的体会［J］. 教育发展研究，2007（10A）：44-48.

第四节　学科快速发展时期：2000年至今

进入21世纪之后，我国高等教育发展提出了建设"高等教育研究强国"的目标，① 这是对我国高等教育研究发展的美好展望，也开启了我国高等教育发展的强盛时期，高等教育研究对宏观决策的影响也步入快速发展的阶段。在研究范式上，努力形成以高等教育学科为主导范式、多种范式并存的开放、多元的高等教育研究范式。② 高等教育学科保持开放的态度，尽可能增强高等教育研究在解决教育问题时所发挥的作用。例如，这一时期以高等教育研究为主的多学科研究不断壮大，运用其他学科的理论和方法，发挥高等教育研究的最大价值。当时逐渐开始关注"中介研究"，是开始强调高等教育理论向实践转化的体现，为高等教育研究逐渐影响政策奠定了基础，为后来智库的发展埋下了伏笔。

一、高等教育研究影响政府决策的典型事件

回顾我国进入21世纪之后的重大教育决策，首先应该是《国家中长期教育改革和发展规划纲要（2010—2020）》（以下简称《纲要》）。其制定过程是我国教育决策民主化、科学化发展的一大突破，充分动员了教育研究的一切力量。作为进入21世纪以来我国教育研究影响决策的典型代表，《纲要》为接下来基于研究证据的国家决策开辟了新道路。

---

① 李均. 中国高等教育研究史 [M]. 广州：广东高等教育出版社，2005：399-340.
② 同①.

《纲要》制定之前，成立领导小组，温家宝总理任组长，刘延东任工作组组长，组织开展了大规模调研工作。例如，"组织工作小组成员单位、各省（区、市）和80多所高校开展广泛调研；邀请8个民主党派中央、4个社会研究机构、6个教育学会开展平行调研；安排60个驻外教育处（组）开展国际调研；委托相关国际组织开展专项研究；针对20个热点难点问题开展深度调研。邀请海内外各个领域100多位高层次专家组成咨询组。数千名专家和各方面人士参与了调研活动"。[1]

《纲要》的制定过程充分以调研证据为基础，综合了相关利益者的意见，向社会开展两次征求意见活动，是一次基于学术研究与民意结合的科学决策，其形成的影响力毋庸置疑。《纲要》制定的过程反映出两个特点：一是不再是对单一权威专家的依赖，而是调动更广层面的科研人员，只要研究成果质量高，就可以得到重视和应用，鼓励了广大科研人员为国家教育发展献计献策的决心。二是对社会各界人士的意见征集，反映出与人民利益息息相关的教育政策制定不再是决策层内部的事情，而是多种利益相关者的意见集合，调动了广大人民群众、企业、无党派人士、媒体等群体的积极性，为《纲要》颁布之后的完美实施打下了坚实的基础。

二、阶段特点分析

（一）高等教育宏观政策数量明显增加

2000—2009年间，我国共出台高等教育宏观政策文件129份[2]，远超自中华人民共和国成立以来任何一个十年出台的高等教育政策文件数量，如图7所示。

---

[1] 王慧.公共决策问计于民——《国家中长期教育改革和发展规划纲要（2010—2020年）》起草历程回顾[J].教育，2010（13）：24-25.

[2] 李均.中国高等教育研究史[M].广州：广东高等教育出版社，2005：373-381.

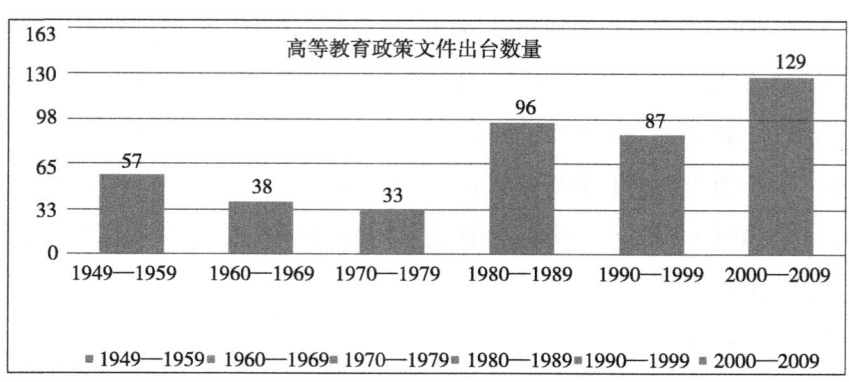

图 7 中华人民共和国成立以来我国出台的高等教育政策文件数量

数据来源：根据李均.中国高等教育政策史：1949-2009［M］.广州：广东高等教育出版社，2014. 书中的政策文件附录整理而出。注：这些文件是指中央一级的政策文件，省级地方文件无法计算。

高等教育政策文件出台数量也从侧面反映了这一时期高等教育研究发展的情况。在 1978 年学科建立之前，尤其是 1960—1979 年间，受"文化大革命"及国家大环境和方针政策等的限制，高等教育研究的成果数量和政策数量都在历史上处于低水平程度。进入 21 世纪之后，我国高等教育研究繁荣发展，向"高等教育研究强国"迈进，高等教育政策也进入全面振兴阶段，是高等教育大发展和政策法规建设的黄金时期。

（二）智库及教育智库不断发展壮大

智库又称思想库、智囊团，以上海社会科学院智库研究中心在 2014 年发布的《2013 中国智库报告》中给出的定义为例，"智库是指以公共政策为研究对象，以影响政府决策为研究目标，以公共利益为研究导向，以社会责任为研究准则的专业研究机构"[①]。智库建设逐渐成为国家提升自身决策力的重要举措，对科学研究的依赖程度加大，决策咨询工作更加科学化、系统化和组织化。2010 年 1 月，中国民主促进会中央委员会（简称"民进中央"）与北

---

① 上海社会科学院智库研究中心.2013 年中国智库报告——影响力排名与政策建议［J］.中国科技信息，2014（11）：20-24.

京师范大学共建中国教育政策研究院,旨在建成高水平的教育政策研究机构,成为国家教育决策的高级智库。2011年,中国教育科学研究院在其"十二五"发展规划中将发展总目标设定为:"到2015年,全院总体科研质量和服务水平显著提高,核心竞争力和国际影响力明显提升,初步建成中国特色一流国家教育智库。"这是我国首次以"教育智库"名称出现的文件。随后,"教育智库"在教育研究领域掀起了一大研究热潮。2012年11月,十八大报告中首次提出"坚持科学决策、民主决策、依法决策,健全决策机制和程序,发挥思想库作用"。2013年4月,习近平总书记对于智库建设做出批示,指出"智库是国家软实力的重要组成部分,随着形势的发展,智库的作用会越来越大"。[1] 2015年1月,国务院办公厅发布《关于加强中国特色新型智库建设的意见》,是进一步健全决策咨询制度的重要体现。

智库和教育智库的"研究热"和"建设热"从侧面反映了学术研究与政府需求的联系更加紧密。一方面,国家对治理体系和治理能力的现代化建设需要,是国家管理向科学化、民主化方向发展的体现,为了实现科学化和民主化,国家决策水平的提升是关键,因此对决策咨询和科学证据的需求不断加大。另一方面,对学术研究价值的追求逐渐向着问题研究为主、应用研究为主、团队合作研究为主的方向发展,高校也在不断推进高等教育研究机构向智库方向的转型发展。

(三)研究团队的跨学科性有所加强

伯顿·克拉克曾提到美国高等教育的发展壮大是基于许多学科的专家们的研究工作而实现的,他在《高等教育新论》中介绍了八种不同学科视角下的研究在高等教育政策和管理中的应用。潘懋元先生在21世纪之初主编的《多学科观点的高等教育研究》中也反映了吸收不同学科知识的高等教育开始发展起来。因此,我国在这一时期初步反映出了这样的特点,高等教育

---

[1] 王建梁,郭万婷.我国教育智库建设:问题与对策[J].教育发展研究,2014(9):1-6.

研究兼容并包，吸收多学科的研究范式，运用不同学科领域的理论基础、研究方法和视角去解决高等教育发展中的问题。《纲要》出台前就曾邀请了100多位不同领域的研究专家参与咨询和文件起草工作。其次，20世纪90年代中期，以迈克尔·吉本斯为代表的学者提出了知识生产的模式Ⅱ理论，该理论重点强调一是知识生产的应用，二是以跨学科的方式进行知识生产。进入21世纪，我国高等教育研究领域的专家纷纷受到知识生产模式Ⅱ理论的影响，更多地强调高等教育研究的社会应用价值，并加强跨学科合作的研究，这可以通过不同高校的教育学院的研究团队学科背景来了解到。例如，北京大学教育学院一直采用多元和开放的研究团队开展高等教育研究，更好地了解政府的决策需求，提升研究的科学性和实用性[1]。

但是，当前我国高等教育的多学科研究仍处于起步阶段，个体研究占据多数。[2] 而且，在已有多学科合作研究中并没有实现深度的合作，不同学科领域研究者的参与并未对高等教育学科和研究的发展产生深刻影响。

---

[1] 文东茅，沈文钦.知识生产的模式Ⅱ与教育研究——北京大学教育学院的案例分析[J].北京大学教育评论，2010（10）：65-74.

[2] 李明忠.高等教育多学科研究的现实审视与发展思路——基于《高等教育研究》2001-2010年的载文分析[J].高等教育研究，2013（3）：40-51.

第五节 本章小结

本章梳理了自中华人民共和国成立以来我国高等教育研究影响宏观政策的历史发展及阶段特点，是反映我国高等教育研究在影响宏观政策的道路上一直不断向前发展的证明。四个时期的高等教育决策发展过程和特点，为进一步科学认识高等教育宏观决策的发展提供了启示。具体如下：

一、以研究证据为基础的决策是我国政府决策的未来发展方向

经过四个阶段的发展历程，我国在 21 世纪初期的决策科学化发展速度最快，《国家中长期教育改革与发展规划纲要（2010—2020 年）》的制定过程可以称为我国向"基于证据的决策"的决策模式迈进的转折点。以经验为基础的决策是靠不住的，也无法实现大发展。对研究证据的重视，需要政府加强与学者的合作力度，为增强证据利用的有效性打下坚实的基础。绪论部分已经强调了当前证据本位的国内外决策需求，并强调了这一决策模式的重要性，因此我国宏观决策的未来发展方向必须坚持以研究证据为基础。

二、知识生产新模式给我国高等教育研究带来了发展机遇

知识生产的模式 Ⅱ 与模式 Ⅰ 有很大的不同，是由吉本斯等政策领域的专家提出的。在《知识生产的新模式：当代社会科学与研究的动力学》中，他

们首先阐述了知识生产模式Ⅱ与模式Ⅰ的区别，主要表现在：在应用情境下开展科学研究；基于跨学科的知识生产过程；异质性的特点，如进行知识创造的场所数量增加，不同场所之间的联系方式多样，研究领域的划分越来越细等；强调社会问责和反思，越来越强调知识生产的社会功能；质量控制的新形式，对于知识生产的质量评估不仅建立在同行评议的基础上，还扩大到社会上的广泛标准。[①] 这些特点都强调了知识生产模式Ⅱ的阶段开启为大学研究带来了新的发展方向，提供了更大的发展前景和机遇。

我国高等教育研究的发展具备了一些新的特点，如研究的问题以教育实践需求为出发点，更加强调应用性；研究更加容易产生政策影响；国家对研究的重视力度加大，提供的科研经费不断充足；研究队伍的人员构成向多元化、灵活性的方向发展等。这些特点都奠定了高等教育研究影响宏观决策的基础，为接下来高等教育宏观决策科学性的不断完备提供了发展思路。

三、我国高等教育研究影响政府决策仍面临巨大挑战

在知识生产模式Ⅱ的影响下，虽然应用研究已经成为大势所趋，但是当前我国的制度环境仍然是以知识生产模式Ⅰ为基础而建立起来的。首先，关于研究者的学术评价制度、研究者的学术身份认同等方面都仍是坚持以学术理论研究为评价标准，这样一来，受大的制度环境制约，高等教育研究者仍会以发表学术文章为主要目标。这样导致的结果就是"开题关注问题、结题关注文章"，而怎样跨越学术文章与教育决策需求之间的鸿沟，是未来重点要解决的困难之一。

其次，以独立单一的研究为主要形式，对于研究的开展仍缺乏集体意识。现实情况下，多数的课题项目虽然是以不同学科的研究者或者多元化的研究者参与的研究团队构成，但是在实际研究过程中，仍是以主要课题负责人带

---

① 吉本斯, 利摩日, 诺沃提尼, 等. 知识生产的新模式：当代社会科学与研究的动力学 [M]. 陈洪捷, 沈文钦, 等译. 北京：北京大学出版社, 2011：3-8.

领自己的学生开展研究,并没有实现跨学科的研究过程。

最后,教育智库壮大过程中问题不断涌现。进入 21 世纪,教育智库建设不断发展,国家给予了充分的重视,但在快速发展建设过程中,出现了一系列问题反而不利于高等教育研究者在政府决策中作用的发挥。例如,教育智库过度迎合政府的想法和需求,导致对问题的诊断不清晰,不再是独立的研究咨询机构,而成为政府利益的拥护者;智库过分强调自身的咨询功能,而忽略了研究功能,所提出的建议无法真实反映现实问题,向政府提供的政策建议也不具有可操作性;智库内外部之间的合作较少,仍主要是集中于教育智库内部的单项研究,这样一来,为政府决策提供咨询服务的能力非常有限,也容易导致问题结论的片面性。

第四章

高等教育研究者作用于政府决策的影响因素

高等教育研究者作用于政府决策的影响因素是本研究的核心问题之一。本章首先基于对原始材料的三级编码结果，对影响因素进行类属分析，形成影响因素模型；其次，根据影响因素重要性分析的结果，以访谈资料和文献法为主分析"科研中介"和"研究者与决策者的关系"这两项关键因素的理论基础、类型、作用机制等内容；最后，梳理不同影响因素与"研究者在政府决策中的作用"的相关关系。

第一节　影响因素的类属分析

一、研究层面因素

（一）研究主体

所谓"研究主体"的因素是指高等教育研究者自身特征方面的因素，这些因素包括研究者的身份、经验、能力、影响意识等方面。研究主体是主体性的体现，而"主体性"是一个哲学概念，马克思在《1844年经济学哲学手稿》中指出："当现实的、有形体的、站在稳固的地球上呼出和吸入一切自然力的人，通过自己的外化把自己现实的、对象性的本质力量设定为异己的对象时，这种设定并不是主体，它是对象性的本质力量的主体性，因而这些本质力量的活动也必须是对象性的活动。"虽然看似有些晦涩难懂，但不难理解马克思想强调的一个观点就是主体性是指主体的本质力量，这种本质力量是主体的能动性的体现，人所从事的活动是对象性的活动。也就是说，主体性体现了人的能动性的特点。人的主观能动性的表现就是能动地认识客观实践，在认识的指导下改造客观世界。因此，本研究在分析高等教育科研生产的主体因素时，将从研究者主观能动性发挥的视角来分析。依据本研究的编码所得，这部分主要从研究团队、研究者意识、研究者精力、研究者能力和经验、研究者身份等方面展开分析。

1. 研究团队

研究团队是一项研究能否成功发挥价值的重要因素。在访谈过程中，有研究者反映形成一个有影响力的研究团队非常重要，会提高决策者的重视程度。斯蒂芬·罗宾斯提出，工作团队是由利用积极协作、个人责任和集体责任以及彼此互补的技能来努力完成某个特定的共同目标的成员组成的群体。[①] 科研团队也就是一批为了实现共同的科研目标，相互合作的科学研究者，从而共同实现研究的价值。因此，高等教育研究者在一开始选择加入的科研团队，也就成为他是否能影响宏观决策的因素。如果研究者加入的研究团队的负责人是该领域的知名研究专家，而且与决策者保持着紧密的联系，那么研究者在未来发挥政策影响的概率就很大。如果研究者加入的科研团队是一批年轻的学者或者是没有政策影响抱负的科研人员，那么该研究成果最终影响决策的可能性会因此变小。

L老师在访谈中曾说道："以我现在的这种条件，如果想要将自己的研究成果宣传出去，就是参与重大课题嘛。像我参与的国家重大项目，基本上会跟国家教育咨询委员会的委员接触。所以对于我们这个角色（讲师身份）来说，主要就是这个渠道。"可见，如果能力或者经验较少的研究者想要发挥对宏观决策影响的价值的话，需要选择一个合适且有影响力的研究团队。地方高校的老师也反映如果他们想要对宏观决策产生影响，就需要以庞大的团队作为支撑，而且个人的研究力量很难对宏观决策产生影响。Q老师说道："……必须得合作，你单兵作战的话肯定是不行的，因为你没有一个持续的关注点，也没有一个整合的力量，光分散的话你没那个影响，你单个力量研究不了这种特别大的现实问题。如果你（关注）这个特别小的问题的话，但宏观决策可能更多关注的是一些比较重大的问题，而且是相对宏观的问题，如果个人去研究的话，它会有很多的障碍。"在研究团队中的参与有助于增强自身为国家做贡献的责任感。L老师在访谈中说道："来了这个大学之后参与了很多国家课题，自己提的很多政策建议，发现真的会可能被这个国家高层所接纳，然后会反映到未来的改革动态里面去啊，这主要是因为是国家队选手，我们加入了国家队，所以也会有这样的一个责任感在里面。"

[①] 罗宾斯，库尔特.管理学：第11版［M］.李原，孙健敏，黄小勇，译.北京：中国人民大学出版社，2012：353.

研究团队的成立往往也是多学科参与的体现。多学科的研究视角和方法更加容易形成政策研究，也更加容易被决策层所关注和采纳。I老师说道："做研究往往就是多学科，我们是中国问题，你很难说，从我一个理论视角去看这个问题并提出一个建议，这很可能不行了，一般都是多学科综合方法，多学科的视角，这是政策研究的一个特点。"科学的调查研究必须由团队来完成，研究团队也就决定了研究水平。D老师说道：'一般实证研究肯定是一个团队……你团队就反映了研究的水平。如果你带领一帮学生主持一个课题，可能关注度就少一些。如果是优秀的老师参加，那水平肯定不一样的，我们就认可这个东西。"Y老师认为自己之所以具有许多的成功影响政策的经验，主要原因在于他把团队的建设放在了首位。"我一个人是肯定不行的，比如申请重复课题是不行的，那么我就开始让团队的其他成员去申请，这样一来，形成的影响力还是我们团队的。……我觉得必须依托这一研究团队，利用团队的智慧。"

2. 研究者的政策意识

研究者的政策意识是研究者是否有将研究服务于政策的意识。袁振国曾经为"研究者的政策意识"下过定义，即"研究者以政策取向指导自己的研究，以参与政策制定、影响政策过程作为自己的追求、作为衡量研究成果社会效益的重要标准"。[①]

那么高等教育研究者在开展研究活动时应当持有一种什么样的意识呢？根据高等教育政策研究人员类别的不同，形成多元化意识。例如，依据研究目的的不同，研究人员主要分为两种：一种是追求生产专业水平成果的研究者，主要面向学术圈的同行，而且符合大学评价奖励体系；一种是主要为了影响政策发展的研究者。后一种又可以分为三类：从事政策咨询的研究者；通过研究伙伴寻求影响的研究者；将研究成果用于支持或批判某一政策的研究者。

---

① 袁振国. 决策者的研究意识与研究者的政策意识[J]. 国家教育行政学院学报，2001(1)：13-17.

学术追求的研究意识是指高等教育研究者在对问题的研究过程中是基于学术理论价值的实现。这一群体以自身的研究兴趣和研究基础为出发点,以发表高水平的学术论文或著作为研究目的,以获得国内外学术同行的认可为研究价值的确立,长期专注于一个领域开展研究。事实上,学术价值包含两种,一种是至真至纯的学术理想的实现,一种是社会价值。在实现学术理想的同时,持有社会价值取向的学者也会考虑如何去影响教育实践,发挥社会服务的作用,只不过他们对学术价值的追求占据了一大部分精力,花费在将研究成果应用于政策制定中的时间和精力有限,导致效果不明显。而且这一类研究者也将对第一种价值的追求放在了首位。

A老师在访谈中说道:"我可能更倾向于站在一个所谓的理性的角度,就是说,我觉得在现有的圈子里面,现在这些东西可能有它的局限性,那我可能会站在一个国际的视野,把握这样一些问题,就是哪些问题可能是具有共性的问题,哪些可能是能够让我和国际同行在一个层面来进行交流沟通的观点,那我可能不会把自己完全放在一个现实的环境中间。"因此,这一研究意识导致政策研究者选择的研究问题不一定会立即适应政策发展的需要,而且其研究过程耗时较长,也无法满足对研究成果的产出具有即时性要求的政策需要。也有研究者在访谈中说道:"我觉得如果一个研究者他有这种意识,他想有所贡献,在研究的基础上进一步服务决策,这其实并不难,不愿意就是意识问题。"因此,自我主观形成的研究意识决定了研究者是否能在政府决策中发挥作用,积极的意识有利于加强政策研究的影响,消极的意识削弱了研究者的主观能动性,作用就因此降低。

开展一项研究活动常与自身的目的定位相联系,如果你一开始做研究就坚持为了社会服务的目的,而不是为了获得名和利,那这样更加容易形成自身研究成果的政策影响力。有很多参与决策服务经验和政策贡献的P老师在访谈中说道:"我们这边,其实是一个小的学习共同体,大家是在研究的过程中不断完善这个学习共同体,共同推动工作,你要是一开始就说你(政府)不给我多少钱,我不给你做这个,据说咱们有的学者专家是这样的,没钱,咱做它干吗？我们不是那么考虑的。也就是说，作为研究者，要想使你的这个成果有社会价值，还是说要有服务意识，你服务到位了，这个事儿你就做了，而且能把它做好。你要没那个服务意识，就是说这个能不能成，能不能有名有利，这就是你的价值取向的问题了。"有服务意识的研究者更加追求研究的实用价值，开展的研究也更多的是基于实践基础的应用性研究，他们在研究之初就主要思考研究对政策制定的意义。"我们做质量保障（成功影响决策的研究成果），他没给你几个钱，你就做了，做了不给你钱又怎么样呢？如果一开始你想的就是跟他要钱的话，你说你后续怎么可能把这事儿做好啊，所以我说的这个研究者还是要有一些基本的这个境界吧。"（P老师）社会服务意识越强的研究者越容易对决策产生影响，他们的主观能动性决定了他们的积极行为。

研究意识是可以不断变化的，随着研究者的个人经历以及研究感悟的不同，他也会发生变化，由之前不关注社会价值，逐渐到关注，再到自身积极寻找渠道去产生影响，通过这种方式去体会政策研究的价值所在。"我跟你说，我有一个转变过程，这是一个切身体会。我刚毕业的时候，就是一开始，对调研一点都不感兴趣了，就是没兴趣了，为啥呢？我跟我们一个老师说，咱们研究半天有什么用啊？说你写我也写，最后写出来谁能看啊，除了自己就是说发发文章，看看别人可能写这个东西，有啥用啊。但是那位老师跟我说了一句话对我启发特大。他说你不去研究，我也不去研究。但是如果说的人多了，这个现在咱们学习政策学的时候，也就是说政策这个，一个社会问题转成政策问题的渠道是什么是吧，那一个重要的渠道就是人们社会的声音，你说得多了，可能慢慢地就是你也这样说，我也这样说，最起码可能会进入那个决策层。"（Q老师）

研究者在研究过程中会根据自己的兴趣去选择研究问题，在研究兴趣支撑下进行的研究对政府决策的影响力就具有了偶然性。O老师在访谈中说道："作为我自己来说，我一直就是说，是偏这种叫什么比较感性，比如说课程和教学、教师发展。你看这些东西都是很具体的，很微观的。而且我觉得去研究这些东西，我很乐在其中，但是对于这个宏观决策方面的啊，虽然我们在研究的时候，有时候会涉及，比如会提出它是一个瓶颈啊，或者它需要改什么的，但是我觉得好像不在我的兴趣点上，所以我觉得我的意识比较淡薄。"有研究者说道："包括我说，我觉得搞研究，我喜欢，但是比如说我研究完之后，你怎么去推这个，我觉得不在我的兴趣范围内，这是自己的内心想法。"兴趣是推动人们去做某件事的无形的力量，缺乏兴趣和意识会导致研究者消极应对研究对政策的影响。M老师在访谈中说道："前几天教育部有个文件下来，说认为我的一篇论文很好，很有价值，变成了政策建议，想问问是否合适。但是我搁在那里不管了，我不关心这些的。这有什么用吗？"

研究者的意识也会受研究者所处的地理位置影响，北京高校的研究者比地方高校的研究者的决策服务意识更强一些，因为"离教育部近，比较容易"。

3. 研究者精力

研究应用于决策是一个复杂且长期的过程，其中会被很多因素影响，需要花费研究者很大的精力去克服各种各样的阻碍从而最终实现研究的政策价值。很多研究者在完成一项研究之后没有精力再去用大量时间将它推广出去，即便考虑到研究成果具有很大的价值。O老师说："有时候我觉得啊，就是在现在的体制范围内，也不是说你想呈送就呈送的，或者说它真正地按照咱们来说，你对那个决策真正产生影响，嗯，也有一些其他的因素在里面，当然，你的研究本身是一个很重要的方面，是吧？但是比如说……我不是特别愿意花精力去做这些。"Q老师在提到自己为什么没有类似经验的时候，说道："即便我有意识，我可能会问是吧？问别人怎么怎么去送上去，但是这个肯定要花你很多时间或者是精力了，对吧？时间和精力都是有限的。"

研究影响政策的过程是一个长期且复杂的过程，需要进行深入的沟通和交流。J老师结合自己最近的影响政策的经验说："我与决策部门人员有过多次的交流，见面次数很多，交流比较频繁。"如果研究者没有足够的精力放在这些工作上面，那么产生影响就很困难了。Z2也在访谈中说道："我曾经因为一个研究报告跟研究者沟通过好多次,但是他们就是无法满足我们的要求。只能一遍遍地来说。"这从侧面反映了研究者也需要足够的时间和耐心与决策者进行互动。

4. 研究者能力和经验

研究者能力体现在三个方面,一是专业的研究能力,二是了解决策者需求的能力,三是给决策者撰写政策建议报告的能力。这三种能力都会成为促进或限制研究者将研究成果在宏观决策中发挥作用的因素。

L老师在访谈中结合自己多次参与大的研究团队的经验,以及与众多高水平学者合作的经验说道:"我们写出来的东西,他们(研究团队中的负责人或名专家)最后是要审核的。他们其实是有火眼金睛的,就是你写出来的东西,能不能被决策者接受啊,他们其实是特别有谱的。所以,你写的东西,他们其实只要经过这个稍微修改,或者是提炼,或者是怎么样的,一个完善的报告才敢发出去。"研究者对政策问题、政策语言以及决策者喜好的把握能力成为关系重大的影响因素。

当然,研究者如果想要对宏观决策产生影响,需要长期的学术积累,这不是短期内可以达到的,是对专业能力的考验。"学者的研究对实践和决策发挥作用是具有累积效应的,并不是一蹴而就的。学者需要一定的积累,随着阅历和资历的加深,对决策的理解才会加深。随后把握住恰当的时机,就可以很好地影响政策。"(W老师)

在对高等教育研究者的访谈中,部分访谈对象认为自身经验不足以及本学科在这方面的成就不大。"从功利角度来说,现在如果有40个人去申请评职称,这40个人里头我估计连两个都没有(这样的经验)。"(R老师)这是研究者缺乏经验的后果,在评价机制中也无法凸显出来,形成的影响自然就降低了。

5. 研究者身份

研究者身份是指研究者在所在单位或者社会上的职称水平、行政级别或者社会兼职等方面的体现。不同身份下的研究者在与政府合作经验的区别上尤其明显。研究者的身份就决定了其在社会上、政府机构、研究机构、大众传媒的影响力等。

职称比较低的研究者对自己持有一种不自信的态度，认为自己能够产生影响的可能性太小了。L老师在访谈中说道："如果在现实情况下，我一个小讲师能够写出来的一个东西能够影响政策？我觉得微乎其微。"她还说道："像很多媒体也会找人来写特别快的特别及时的那种短评什么的是吧，像'2011计划'，一出来就说'985''211'作废了，或者是怎么样。你像《光明日报》，就会立马有一个迅速的反应，想邀请专家来写东西，那他肯定不会找你啊，肯定找×老师（职称为教授，比访谈对象年龄大，且有较大的影响力）啊，对吧。当然，这存在一种客观的差距，×老师的看法的确比你深刻嘛。"

除了研究者自身的职位之外，与研究者所处的机构也有关系。P老师说道："在这个参与的过程中，你怎么去发挥作用，跟岗位也有关系，我觉得如果不是我前期在高教学会，而且我在这个学院就做这个事儿……跟岗位有很大的关系，这说明什么呢，就是我们作为一个研究者，你的研究也做在了前面，这样的话，才能够发挥这个（影响），如果正好你还在一个什么岗位上，它就比较顺畅了。"

Q老师也说道："……就是这个官方政策，那咱们这身份就不一样。像21世纪研究院杨东平，他就相对自由，我们经常看到他的东西产生影响，他这个身份不一样是吧；像中央教科所，它也不一样。这个身份也是个局限性是吧，可能也跟这个机构的性质属性不一样有关。"

很多研究者认为研究者自身的身份和地位在这个影响过程中"占的比重很大"，而且存在"马太效应"。也就是说，很多学者的影响力会因为经验的不断丰富和身份地位比较高而变得更加被决策层所重视，而普通的研究者因为无法获得渠道或者产生影响，越来越难将自己的研究成果在政策制定中发挥作用。

"……这个就是个马太效应，你像某教授（提到高教研究领域比较有影响力的大专家），越有影响，可能官方一下子就想到了，为什么他们都是重大课题呢，而且你看他的课题都是官方需要的吧。其实有些课题讨论的问题我也想做，你肯定也想做这个。但是你根本做不了。这个拥有的这个资源，这个就是专家资源，比如你（为了做课题）要访谈是吧？那你可能访谈到的层次是不一样的，人家可能有那个平台和资源，这个会形成马太效应的良性循环。你越没有那些，你可能就（会出现）学习兴趣萎缩。"（Q 老师）Y 老师说："不可否认，因为我前期的经历，在教育部任职，担任校长等经历，都会对我研究成果的影响力有一定的帮助。但我认为这不是重要的因素……"有影响力的人可以是有行政权力的人，或者有学术声誉影响力的人，哪怕这类人在研究中只是发挥组织者或者方向性指导的人，也比没有影响力的人组合在一起开展研究容易得多。Q 老师也说道："同样一个东西，你看我写了可能不行，但是换个有权威的人写了可能就行，其实说那东西都是一回事。"

（二）研究过程

研究者从确立研究问题，到形成研究结果的这一系列的过程构成了研究过程，其中会涉及研究选题、研究目的、研究方法、研究内容和研究资源等。

1. 研究选题和内容

选择什么样的问题去研究也就影响了未来是否能被决策者所关注和重视，如果选择了不符合当前教育发展核心的问题，可能很难进入决策层的视野当中，因为他们有着自己的工作重点，会在一段时期重点关注这一问题。

研究者如果想要将研究成果作为决策的依据，必须在选题阶段就做好工作，了解政府的需求。Q 老师说："我觉得成果转移，一个是选题，正好跟那个政府的需求相契合，就你研究那个东西，他们正好也要给什么领导汇报一个东西，你这个呢？就是说恰好跟他那个选题是非常一致的，那可能他们也挺愿意看的。" I 老师在访谈中说道："如果他（研究者）想参与的话，他在自己选题的时候呢，就刻意地去关注政治前沿，关注一些政策问题，而不是一些理论问题，或者说一些抽象的问题。"一项研究成果如果想要影响到政府决策，就必须具备以下特点："一是把握中国大趋势，研究真正的理论现实问题；二是关心热点问题；三是对策建议要有针对性，面向政府、社会和学校都是不同的。……"Y老师在提到研究内容的特点时，强调的三个特点中都与选题的标准相关。

在访谈的对象中，大家几乎都对研究的选题进行了阐述，研究应用于政府决策往往都是与选题有关系，需要的是社会关注度比较高的问题。F老师提出："在角度方面，需要研究问题具有针对性，能够很好地判断决策者需要什么。"

研究问题的选择会受研究者所在的机构和自身工作内容的影响。如果工作内容与政策服务直接相关，那么就会产生直接的积极影响；如果工作内容与政策服务相差较远，或许研究者会将更多的精力放在完成工作任务上。I老师在访谈中说道："因为我们这个机构比较特殊，这就是一个智库，它定位就是一个智库，很专业的一个智库，所以我们在选题的时候，主要的一个出发点就是政策需求。"高校中未处于智库中的研究人员受科研评价机制的影响，会将选题定位在能够提升发文数量的标准上。

因此，研究者所研究的内容也是影响其研究成果应用于政府决策的一大因素，主要是基于研究内容是否紧跟当前政策发展需要的步伐。"……比如说那种应用性的研究，他可能相对来说就得直接呈送那个成果，直接以那种报告的形式提交给某些不同级别的这个领导，但是像我们其实大部分做的就是理论研究，理论研究成果，相对来说，实际上和那种报告式的、对策性的东西还是有一定的这种差别的啊，所以说也限制了，比如说像我们这一类搞基础理论研究的，在这个转化方面，是有一定的困难的。"（B老师）

如果研究者不断更换研究内容和方向，那么研究就很难做到深入。B老师在访谈中说道："理想情况下，研究者对于研究内容不是经常变换的，而是持续关注一件事情。如果将来决策者正好需要这方面的研究，可以立刻拿去作为参考或者直接使用。但是这种情况很少，我们在坚持关注一个问题，但这个问题很难做得很深，因为没有这个时间，也没有太多的经费去支持这样做。"这样的现象如果研究者是紧跟政策前沿发展的话,那也许会产生积极的影响。但不可否认,研究内容的不断变化是对研究者能力的考验,如果无法把研究问题分析透,反而不利于产生政策影响。

但在高校智库工作的研究者认为:"政策发展是很快的,我们现在教育领域几乎是一天一个政策文件,所以我们对于这个政策要有很深刻的把握,你比如说你提的政策建议早就有了,这就是没有价值。"(I老师)这是研究者政策影响力形成过程中必须认清的客观现实。

2. 研究目的

本研究中的"研究目的"是指研究者开展一项研究所形成的研究成果最终是为了什么。此种情况的研究目的可分为:发表学术成果的研究目的、提供决策咨询服务的研究目的、解决实践问题的研究目的和获得名利的研究目的。这四类目的可以概括当前研究者从事研究的意图所在。研究目的与研究选题是相辅相成的,在研究选题确立之后,研究目的也就不断清晰。J老师介绍说:"国家对招标课题的要求之一就是要为政府决策提供咨询服务,每年我们需要提供至少两份的咨询报告,这也就决定了招标课题研究的目的,所以在政府决策中发挥作用也就顺理成章。"

虽然对研究影响政府决策具有很高的认同感,仍有很多人不将影响政府决策作为自己开展研究的主要目的之一。L老师在访谈中说道:"受现在大环境的影响,可能会更加重视发文量啊,对政策贡献可能暂时不会考虑。因为我们有发论文的压力。"在这样的压力之下,大部分研究者会倾向于以学术发表作为自己的最终研究目的,至于是否会对决策产生影响关注得较少。

研究者做好学术研究是基本要求,并不是所有的学者都需要以服务决策为出发点。G老师说:"目前教育科学的科研成果转化率是10%左右,而人文学科的转化比例就更低了,许多都是做基础性工作。一般研究者做好自己的本分就行,做好研究是根本,而且研究并不必然直接和决策对接,研究者也并不需要都服务决策。"

3. 研究方法和资源

研究过程中，研究者使用的研究方法和获得的资源多少可以影响研究成果的质量，从而影响后面对决策产生影响的可能性。

P老师在谈到他成功对省政府提供决策咨询的经验时说："这个调研时间持续比较长，我们就是走访调研了＊＊省这些有博士点的高校，然后也包括到外省去参与调研。……还有呢就是说，你做这个事，你要把它做开阔一些，把它做大一些，做细致一些。……在这成功的地方，别人是复制不了的，你比如说我做的这个事情，别人也很想做，但是前期没有这些关系的积累，他就做不成。"研究过程中细致科学的调研过程，和拥有的政府资源成了他的研究成功被决策者所采纳的关键因素。V老师在总结自己为什么有多次成功影响省政府和中央政府决策的经验时，她提到"扎扎实实调研"和"深厚的理论功底"，认为研究者应该"从调研中发现问题，从调研中发现解决问题的思路"，在寻找解决问题的对策时，研究者要基于"多学科理论去挖掘"。科学的研究方法是保障研究能顺利找到切实可行对策的必经之路。Y老师将采用科学的研究方法作为研究成果想要影响政府决策必须具备的特点之一。Z3给政策研究者提供建议时指出："研究者要运用科学的研究方法，加强实证研究，用事实说话，不能被媒体绑架，要坚持客观独立。"访谈的25位研究者中很多人认为决策者在看一篇研究成果时对研究方法的关注度较低，而且很多人认为都不应该写在对政府的报告中。但是研究方法是隐含在研究结论当中，只是与学术论文不一样，咨询报告更多的是突出结论，通过结论去吸引决策者的关注和重视。访谈的3位决策者认为虽然最后关注的是研究结果，但很在意研究是不是依据科学的研究方法。

也有研究者反映了对于数据资源的缺失导致无法完成研究项目。"连数据信息都拿不到"导致他们往往会因为这样的困难而无法选择自己想研究的问题，吐槽"很多研究都做不了"，即便该问题是当前政府迫切需要的，这也反映了我国很多教育信息数据不公开的一个弊端。作为在教育部工作的决策人员，Z3也认为决策部门应该"加强有关信息的披露，为研究者提供平台"。

研究者所进行的研究如果不是"委托"的话，会受研究经费的限制。没有获得合适的研究经费或课题项目，研究者一般不会去开展这样的研究。这在侧面反映了政府的决策者需要发挥积极主动性，投入资源支持，为研究者建立平台。Z3认为政府"要舍得在研究上有投入"。

（三）研究结果

研究结果就是研究者在完成一项研究时所呈现的结果，它主要受呈现形式和呈现内容的影响。呈现的形式主要是指成果报告的形式，如学术文章、报刊文章、研究报告、结题报告、咨询报告等形式。呈现的内容主要涉及结果内容的质量、可操作性或可行性、政策价值、难易程度等。

L老师在访谈中说道："除非你特别有成就感的、特别新的，或者特别满意的一个研究成果，可能会通过这个教育部司局级啊，给他们递交相关的报告，然后接受这个研究，会给你一个采信证明。"语句中几个"特别"的使用，强调了在研究者看来，研究成果的质量是"特别"重要的。

P老师说道："那咱们作为一个研究者，或者是一个管理岗位的决策者来讲，同样也是谁能解决实际的问题，谁的研究有价值，谁的工作推动跟得上这个步伐。……跟你的研究质量有关系，比如我们提政策建议的时候，如果我们这个报告写得质量不行，那他肯定不会采纳的，他不会因为你跟政府关系好就采纳你的。"研究成果的"有用"是决策者最为关注的。

不同的成果呈现形式决定了决策者是不是关注你的研究成果。"其实你平时可能发那种专业文章，他们根本没时间看，你提供的报告，弄得太繁杂了，他也没时间看，它就八百字，他说了你别写那个，你就123123，争取一眼能看完。他说你不需要用那么专业的词汇，领导也没空给你去琢磨这个，然后你就直接进主题，这个是非常重要的。"（P老师）在报告呈现过程中，条理性、简单易懂、总结性等都是基本标准。

"什么对我有用我就喜欢什么。"处于学校决策层面的E老师这样回应，他说得很简单，也表达了研究成果最需要重视的方面——"有用"。为政府决策服务很重要的就是要为领导决策当好参谋，提供支撑。当前文科研究的问题在于缺少科学的思维，少有逻辑解决问题的方法，结果导致提出的举措根本就是脱离实际的。

B老师也在访谈中表示："决策者他对之后你形成的这个建议，他关注的就是这个最后的结果啊。因为你像我们所有完成的这个研究报告，通常有的时候都是好几千字，有的是好几万字的东西，那你拿给领导看的话，他不会这么从头到尾去看你的。因为那个里面我们会记录数据怎么收集的，怎么去处理的，最后得到结论，会有一系列的分析，他不会有时间去看的，他最关注的就是你最后得出了什么样的结论。通常我们交的研究报告有两个版本，一个版本是全文的，一个就是一两千字，甚至更少，就把结论很清晰地表达出来，通常越高层的领导，他可能看到的是越简单的。"

研究结果最终是否能够被决策者所采纳还会基于研究结果是否"政治上正确"，是否"顺应当前社会发展的主流"。

研究者在向决策者提交政策建议时，需要注意建议的可操作性。"我们提的信息必须可以操作，就是有很多人提一些，比如说重构呀、推倒重来这种，比如说具体立法啊等，这些很多都是不可操作的。因为这个政府政策在执行的时候，它有一个操作的问题，你必须首先是经济上可操作，有这么多财力。另外呢，就是技术上可操作，有人来做这个事情，技术上可行。再有就是对这个政策议程有一些把握，哪些事情能做哪些事情不能做，这些要有一个把握。"（I老师）

综合上述分析，影响高等教育研究者作用于政府决策的"研究因素"主要从主体、过程和结果三个类属来考虑，在每个类属下面形成的范畴会产生不同程度的影响。

二、传播层面因素

研究者在完成知识生产活动之外，需要将其生产的知识"宣传"出去，也就是被学术同行、广大民众、大众传媒、政府官员等其他利益相关者所了解和应用，这是知识从生产到应用的必经过程。因此高等教育研究者试图在宏观决策中发挥作用时，需要运用不同的传播渠道，基于已有的传播条件，从而使研究成果被决策者所获知或理解，进而加快研究成果的应用和采纳。

（一）传播方式

传播方式会涉及研究者通过什么样的形式或者在什么平台将自己的研究成果公布出去，也就是传播形式和平台。有经验的研究者往往会通过比较有效且快速的方式将研究成果递交至决策层，而没有经验的研究者对平台的选择和方式的应用会限制其成果的及时性。

1. 直接递交至决策者的方式

一般来说，直接递交给决策者是最快的传播方式。"这个调研报告呢，写出来直接送给省长。"这就是说研究者在研究之初，就确定了研究报告的目标群体就是决策者本身，已经铺好了传播的道路，这样一来，研究成果产生政策影响是必然的。

Q老师说道："最快的方式，可能纵向委托是最快的。你比如说省政府就要做这个事儿，然后直接委托到你头上，他等着你这个报告去回答他的问题。"

R老师也说道："他（政府领导）直接来找我们，这种事反倒是影响决策来得最快、最迅捷也最直接，我们的很多报告直接就递到了省长手里，都不是副省长。"

2. 有中介参与的传播方式

在传播过程中，研究者与决策者之间需要有"中介"的作用存在，因为研究者与决策者因为很多客观因素不能去充分了解彼此，希望通过不同形式的中介建立两者之间的沟通。本研究会在下一章节重点介绍"科研中介"作用的发挥。

Q老师说道："我之前想看美国那些非政府组织怎么去那个决策里面产生

影响，也相当于民间向那个政府机构产生影响嘛。最后我研究完了之后呢，我想看他们怎么去影响，其实那个渠道是一样的，只不过它更加规范透明，就是说我通过个人影响的方式。美国很多就是民间组织跟这个议员关系特别熟，打比方我这个组织开什么会，我可能都会邀请这个议员参加，然后这个议员就是个中介，他听完之后就把你的意见带上去了。"寻找合适有效的中介很重要。除了通过一批"中间人"去发挥沟通的作用之外，还可以利用舆论的影响去发挥作用，通过舆论将民众发动起来，给政府不断形成压力，这在美国很普遍。中国也逐渐通过这样的形式来影响决策，比如我国的异地高考政策的变化就是在研究者的"联名上书"推动下，作为学生家长的利益相关者通过媒体不断给决策者制造压力，从而被决策者重点关注，加速了政策的出台。政策的出台是研究者、决策者和其他相关者的利益博弈的结果，往往需要借助多样的方式去推动一项合理政策的形成。Z3结合自己的决策经验说道："当前很多研究者通过在媒体上发表研究成果，利用媒体的效力，倒逼决策者进行回应。"可见，对中介的利用已经成为研究者和决策者都普遍认同的一种方式。

决策层的下属机关部门往往也成为研究通往决策的中介。B老师说道："他（决策者）关注的事情特别多，他们要处理的事情特别多，所以他在某一个方面需要这个决策的支持的话，他一定是通过他下边的一个工作部门来和这个研究机构交流，他不可能直接去交流。"决策机构的下属部门可以作为非常好的中介平台，这样的机构一般都是决策部门的政策咨询办公室，一方面对决策的需求有清楚的了解，另一方面对于当前高等教育研究者的研究情况有比决策者本身更加深入的了解，顺理成章地成了"中介"。

研究者在学术期刊发表的论文比较难进入决策者的视野。"期刊发表影响决策的可能性几乎为零"（G老师），必须在一个更加广阔的平台去发表自己的看法，才可能进入决策者的视野，"更加广阔的平台"就体现了对中介的需求。

同时充当中介角色的"高校智库"也在逐渐发挥自身的积极能动性。来自高校智库的研究者I老师说道："现在都是我们在委托，有一些是我们去观察,关键就是说你最近做了一个哪方面的研究.有利用价值的,我们认为它有政策价值,所以我们会谈啊,能不能把这个研究委托我们,通过我们的渠道来递送,这样的很多,或者说相当一部分是这样的。"

3. 对传播方式的未知和缺乏

除了对不同方式的运用之外,很多研究者反映自己不知道渠道在哪里。O 老师反映:"其实有时候我们作为一线老师啊,并不清楚渠道在哪儿,我们作为一线老师,其实有时候跟这些相距较远。"而且作为地方高校的研究者来说,即便知道渠道在哪里,他们也没有什么机会去利用这样的平台和渠道。"为什么北师大可以呢,它是有这个平台的,但下面的老师呢当然他们的水平也不一定差得太远。"(R 老师)

当前官员与学者之间的沟通不通畅,还因为政府与学者之间的"半吊子""伪专家"比较多,导致真正有水平的官员和有水平的研究者之间有一道"鸿沟",没有合适的渠道去将他们的研究成果传递到决策者的视野当中。因此,决策者认为:"当前教育研究成果质量不高,没有分量和信效度,而且滞后于教育实践。……有些专家的素质也不高。"(Z3)

(二)传播内容

传播内容是指能被决策者所关注和应用的且通过一种或多种媒介来传播的内容。传播内容是与传播平台息息相关的,传播平台会限制传播内容的深度和广度。"在媒体上发表内容,需要跟媒体的预设是一致的,不一致的话它不给你报道出来。"B 老师想到自己通过媒体宣传自己研究内容的经历时说道。很多时候,传播的内容需要是维护政府利益的内容,即便有时候研究者并不是相关领域的专家,但也不得不去做这样的工作,被"媒体"或"决策层"所利用。传播内容的数量繁多导致决策者在面临决策时拥有很多的选择,决策者的"内容积累"成为影响哪项研究被采纳的关键因素。"他们这些领导,信息来源不是你这一个,他自己还有调研团,所以他脑子里积累的东西很多,然后你这个东西呢,他看到以后会根据他自己的一个经验来看你这些建议是

否可行。"（B 老师）

（三）传播条件：研究者与决策者的关系

本研究将"研究者与决策者的关系"归为传播的条件，原因在于考虑到研究者影响政府决策主要是需要处理研究者与决策者的关系。研究者如果想要将研究成果传递至决策者层面，需要建立与决策者的联系，这种联系可以是直接的，也可以是间接的。研究者与决策者的关系是关系研究能否在决策中应用的最重要因素。在北京大学教授闵维方和文东茅等编著的《学术的力量：教育研究与政策制定》一书中，我们发现几乎所有的案例都是基于研究者当时有与决策者建立沟通联系的方式。研究者可以将自己的研究报告直接递交给决策者，这主要是依赖于其与决策者的密切关系，这是研究成果向决策者传播的重要条件。

"我个人来说，当然也跟其他人（决策层的领导）没有交流过，但是想想某老师，他是校长，跟教育部，或者是其他的一些部门，有很多这样的接触。"（L 老师）这主要是基于行政职位的便利，能够很顺利地将自己的研究成果向决策层表达出来。"我只认识你，而且我也很信任你，所以我就会倾向于依据你的想法去做决策。"（E 老师）这反映出了研究者关于影响决策者的条件的真实想法。在决策者那里，会有自己的专家库，他们遇到问题也会定期或不定期去召开研讨会，召集起来一批研究者，共同讨论教育问题。这是决策者通过研究者个人的影响力来组建的"智库"，能够产生直接的影响。

P 老师认为要充分利用好与政府合作的机会，第一次合作做好了，才能够赢得新的机会。"你做好了，一方面是价值的体现，另一方面，你没有白做，他采纳了，那么这样下次他还得找你，就是一个良性的互动，是一件好事。"因为合作的成功，研究者与决策者之间的联系更加"自然而然"，没有相互之间的"请求和被请求"，更多的是自然的交流与合作，建立起一种工作上的"感情"。F 老师说："主要是熟悉了，他们（决策者）更加信任我们，所以就会直接来找我们，而且与决策者的关系也更加密切，也比之前懂得了他们更需要什么。"研究者要学会与决策者"打交道",否则一身的"书生气",发挥不了研究转化的作用。研究者的能力需要被了解,才能被重用,因此需要让决策者"认识"。"民间有的时候,你也特别有学识,他也特别有学识,但是你们交往之前都互相不知道,就是因为,比方说,哪怕一次私人聚会,就是非正规场合里,聊一下天,有人说这个人特别有思想,那就有人会想要多了解,决策者可能就会想说那这个人可以用。"(Q老师)当然,如果要有中间人去推荐的话,需要研究者与中间人有充分的了解和认同。

O老师有过与政府合作的机会就是因为他自己做事踏实,态度认真,学校在接到这一课题邀请的时候主动推荐了他作为该课题的负责人,负责最后政策报告的撰写工作,从而将自己的研究成果成功递交至决策层。

高校智库也会定期召开一些选题会,邀请一些官员和研究者来参加,通过把他们召集起来,了解研究者在做什么样的研究,决策者有哪方面的迫切需求。高校智库在其中发挥了引荐作用,让研究者与决策者之间建立了联系,弥补了沟通不畅导致的问题。本章第三节中将详细介绍"研究者与决策者的关系"。

三、决策层面因素

一项研究成果最终能否在决策中产生影响,最终的决定权是在决策者手中,研究者只能发挥主观能动性去推动,但不能去决定,这也是研究很难在决策中形成影响的原因之一。本部分对决策层面因素的分析主要是基于高校的政策研究者的看法,即在他们看来能够对他们产生影响的因素有哪些。

(一)决策主体

关于决策主体,刘熙瑞主编的《公共管理中的决策与执行》中认为,公共管理决策主体包括影响或参与决策的制定、执行、评估与监控的人、团体或组织。① 詹姆斯·安德森把公共决策者分为官方决策者和非官方决策者。官方决策者是指那些具有合法权威去决断的人们与组织，比如立法者、行政官员、行政管理人员和司法人员；非官方决策者包括利益集团、政党和作为个人的公民等。② 但是本研究所指的决策主体是指詹姆斯所归纳的官方决策者，也就是林德布洛姆在《决策过程》一书中提到的"直接决策者"这一群体，参与决策的其他利益相关者将不纳入此研究中决策主体的范围之内。

1. 决策者更替：在其位谋其政，不在其位不谋其政

决策者作为教育行政机关的领导，有一定的任期，出于自身工作职责的考虑，决策者往往会希望做出一番成绩。但不同的决策者关注的问题是不同的，对待决策的态度也是有差别的，而且与研究者的关系也因人而异。P老师说："……影响决策还有就是你这个机会，同样是某一个处的处长，这一任是这么回事，下一任就是另一回事，他有很多那个不确定的东西。"Z1 因为职位的变化而影响了他所发起的课题研究成果的利用："我当时布置了10个研究课题，希望能够为政策提供一些借鉴。其中有个课题，关于高等教育规模和生师比的国际比较研究，我认为这个研究很有意义，也有可供利用的价值，但是因为我后来不在那个部门了，这是个特殊原因。如果我不走，我会好好利用这项研究成果。"因为决策者人员的调整和变化，关于政策的研究成果可能会因此而搁置，根本原因在于还没有形成一种"研究在政府决策中被利用"的机制，仍受很多主观性因素的影响。

2. 决策者偏好

决策者一般有丰富的工作经验，在选择参考研究结果时会根据自己以往的经验来判断是否采纳以及如何采纳，这就属于决策者的"个人偏好"因素。Q老师说："我觉得那个政策领导他的主观认识也特别重要，即使你说得特别对，但是可能他本身就不认同，对吧，所以它（研究影响决策）具备偶然性。……决策人员本身其实一开始他有个预设，他虽然对这个问题没有一个详细

---

① 刘熙瑞.公共管理中的决策与执行［M］.北京：中共中央党校出版社，2003：78.
② 同①.

的了解，但是可能他有一个自己的主张，等到你提供的这个可能正好是他的一个支撑，或者在他的基础上有一部分重合，或者一个拓展，刚好契合那就行了，否则的话我觉得可能性很小。"研究者的个人偏好是建立在自己的知识经验和工作经验基础之上的，对于任何一项决策都有自己的喜好和判断。

每个人都有自己的认识基础，研究者和决策者更甚。如果要达到两者的契合是比较困难的事情，可能两者就存在认识上的冲突难以突破。决策者会想要研究者去迎合自己的喜好。"你们（研究者）搞研究，你们先看看我们在做什么，你们那东西好发表。""你说得没错，我们（研究者）从你们的政策上去找问题，但是你们也要关注关注我们的成果，你们从我们的成果当中去找你们问题上的问题。"（资料来自访谈的 R 老师提到的自己了解到的一个决策者与研究者之间的真实对话）

决策者偏好也受其兴趣点的变化而发生变化，由于工作的需要，在不同的阶段关心的事情是不一样的，导致研究者无法短时间内把握好决策者真正需要解决的问题，研究者的成果就更难在决策中发挥作用。

3. 决策者能力

决策者能力是指决策者在决策过程中保证决策科学性的能力。目前，教育部决策者的层次水平普遍专业化和高学历化，大部分也都是博士毕业，拥有着足够的知识储备和丰富经验。"……反正你让他（决策者）谈谈的话，其实他很多的时候也挺有想法的，尤其是现在这样，因为他现在这个人员专业化呀，人员层次明显上升，他就是凭经验的累积已经不能够胜任工作的要求了，尤其是高等教育可能更明显一些，可能更专业一些。"（R 老师）决策者的知识水平和对问题的决断能力能够保证他们对问题的科学认识，在与研究者交流过程中，他们更加清楚需要的研究结果是什么，以及如何应用研究结果。这样一来，研究在影响决策过程中更加具有针对性，发挥的价值更大。

但是，决策者也有着"专业外行"和"专业内行"的能力差别。"比如搞教育的话，他（决策者）是不是一个教育的内行，因为听了太多社会上的案例了，外行搞内行，当然有时候有个案，有那种黑马的，但是很多时候有的人是搞不好的。比如我们刚去别的学校调研,发现那个学校搞得特别好,一了解发现正校长和副校长都是教育出身的,那就是不一样,之前就没有这种效果,所以我觉得这是很重要的一个方面。"(O老师)教育专业内行的决策者对研究的应用效果比专业外行更好。

4. 决策者主动性

决策者是否发挥自身的积极主动性关系着研究者是否能准确地了解决策者的需求。以纵向委托的方式开展的研究更容易对决策产生影响,这就是决策者主动性的体现。"比如我(将自己假想为决策者的语气来说)想搞改革,我关注这个,关注的话,我是坐等着别人给我送这些材料来呢,还是我主动地去阅读这些呢。……(各种报纸、文章和著作)我阅读之后,经过自己的消化,而不是别人告诉我,因为别人告诉我之后,那就经过了一层别人的理解。所以我觉得这个(主动)是相当重要的。"(O老师)决策者需要自己的努力,有很多方面是不在研究者的控制范围内的,而是决策者需要发挥主动性,去提升自己的决策能力和科研成果的应用能力。"决策者本身这个因素我觉得是很重点的,决策者本身是需要有创造性的……研究者负责分析告诉你怎么做,那就是我研究者的事情,至于你(决策者)去怎么做,那是决策者的事,不是我(研究者)的事。两者各司其职,需要决策者自身去充当这个中介因素,让研究成果在决策过程中发挥作用。"(O老师)

决策者对个人想法的准确表达也会影响研究者作用的发挥。决策者如果需要研究者的"参谋"和"帮助",必须让研究者了解决策者真正需要的是什么。如果研究者没有充分理解决策者的想法,那么最后的结果可能是研究者的研究结果无法满足决策者的需求。所以这是一个需要决策者发挥主动性的过程,也是需要研究者与决策者不断沟通的过程。

"我出版了一本著作,有决策层的领导正好看到,对里面的数据感兴趣,直接联系到我。"(F老师)"综合改革司联系我,说看到我的一篇文章写得很好,想形成政策依据,并给我发文征求意见。"(M老师)决策者主动性的发挥可以在一定程度上弥补研究者无法找到合适渠道影响决策的缺口。Z3也认为决策者应该发挥主动性,做好"政策储备,及时了解前瞻性研究"。

(二)决策过程

赫伯特·西蒙提出政策制定包括四个主要阶段:找出制定政策的理由;找到可能的行动方案;在诸行动方案中进行抉择;对已进行的抉择进行评价。[①]研究在前两个阶段发挥的作用更大;在第三阶段中,决策需要结合众多利益群体进行选择;在第四阶段,研究可以负责对已经实施的决策进行解读、合理化验证等。在决策过程中,影响研究者作用于政府决策的因素主要体现在决策程序和决策压力方面。

1. 决策程序

我国的教育决策程序具有复杂性,中央和地方的教育决策程序会有不同,而且研究发挥的作用也有不同。

R老师说道:"中国就是自上而下这种相互衔接的政策形成机制吧,可能作为省这个层面,更加关注的是中央出台了什么,而这个任务落到省一级要怎么去落实,就是怎么从中央的决策变成省的政策,然后再从省的政策变成一个个具体的操作流程,那么在这个政策来源上,它(省级)可能更加关注的是中央。"省级政府的决策是以中央的决策为依据,往往缺少了自身的调研,只是在中央决策基础上进行了"数字的变动",最终决策文本与具体实践还是有差异的。

Z1结合自己的工作经历在访谈中说道:"政府在制定教育政策的时候,或者说在出台政策的时候,它不是第一时间想到这个向研究部门要求什么研究成果,这肯定不是这样,而且很多政策的制定和出台,可能基本上就没有经过这个研究。比如十二五期间制定全国高等院校设置的政策的时候,这个是教育部提出来的,那它的依据呢,就是依据教育规划纲要的基本精神。"政府决策还没有将应用研究成果作为政策制定中一个必不可少的程序,对成果的

[①] 西蒙.管理决策新科学[M].李柱流,汤俊澄,等译.北京:中国社会科学出版社,1982:33-34.

利用仍具有很大的偶然性，政策制定的程序更多的是受政治意志的影响。

作为研究者，"无法参与到整个决策过程"，研究者的研究在决策中发挥的作用只是"非常微小的一个环节"。A 老师说道："……整个决策，如果它是一个过程的话，那么从这个问题受到关注，然后被放到议事日程，成为一个政策决策的这样一个议题，然后就会成为一个决策，那么它是一个比较漫长的过程。"决策程序的长期性和复杂性决定了研究者在整个决策过程中作用发挥的偶然性、困难性和难以确定性。有时决策是长期以来形成的学术舆论和社会舆论导致决策者将某一问题提上议事日程，很难确定是哪一位研究者的研究或者某一项研究结果所发挥的作用，也就无法估量研究在决策中发挥作用的大小，这也是本研究在探讨"高等教育研究在宏观决策中的应用"这一问题时考虑的基本前提。

研究一般只是在"决策者选择某一政策方案"的时候发挥作用，也就是说研究在决策中的"采纳"或"应用"，而真正到最后的政策制定这一步骤的话，研究发挥的作用很小。"这是决策者的事情了，研究者无法控制。"A 老师、M 老师、B 老师和 O 老师老师在访谈中同时提到这句话。

2. 决策压力

压力包含源于内在和外在的压力。决策者在进行一项重大决策时，尤其是具有较大影响力的宏观决策时，通常是在各种压力的合力下完成的。因此，压力源也成为决策者们在决策过程中是否会以科学研究为依据的重要影响因素。

"我感觉好像那个政府机构，现在也挺积极的，因为他们那个决策现在问责，其实也承担了很大的责任，他也挺希望的，就是说哪怕是有关人员去给他解决那个工作的压力。……因为首先有问责机制，决策失误之后可能自己（决策者）也会受到影响。"（O 老师）在决策过程中，决策者如果不会考虑研究者的意见和研究结论的话，一般是会基于其他政治压力的影响。E 老师说道："决策者受上级政治意志影响比较严重，研究占的比重较少。"Z1 在提到政府在制定政策的依据时说："政府在出台政策的时候，他不是第一时间想到这个研究部门有什么研究成果，这肯定不是这样的，而且甚至很多政策的制定和出台，基本上就没有经过这个研究。政策的依据主要是基于上级政策的精神。"

四、环境层面因素

高等教育研究影响政府决策在过程中还会受某些客观存在的环境的影响，例如研究者所在机构的地理位置、决策与研究本身存在的差异、当前制度的引导等。这些因素不可避免地成为影响研究者作用于政府决策的因素，必须对这些因素保持客观的认识，才能在此基础上增强研究在决策中发挥的作用。

（一）地缘结构

研究者所处的地理位置也是影响研究者是否能与决策层建立合作关系的一个方面。在访谈过程中，地方高校的研究者普遍反映这样的问题，认为这是之所以没有影响中央政府决策经验的一个关键因素。P老师说道："……那你北师大，北师大老师和教育部，这是一个得天独厚的自然联系，就是地缘优势。"O老师也认为："我个人感觉啊，可能由于我们这个地理位置，或者说我们这个学校本身它是一个省属的学校，和各个部门之间的联系比较少，有一些大家会有这方面的，或者一些委托的，但是横向的可能多一些。"

在部属高校与省属高校、首都高校与地方高校、重点高校与普通高校等之间也是存在差别的，而且差别很大。地方高校的研究者更多的是在影响地方决策。"如果能影响到省教育厅，就已经是很大的成功了。"（I老师）北京的高校具有"天然的优势"，可以直接影响中央决策，而且在资源方面，与地方高校相比，具有很大的优势。

地理位置的劣势会增加研究影响政府决策的难度，导致研究者缺乏影响宏观决策的动力，逐渐形成恶性循环。处于南部某所高校的W老师说道："决策者可能会因为我们离得远，而在决策之前的咨询过程中，不太倾向于邀请我们去参加。因为离得远，如果邀请我们还需要负担差旅、住宿等费用。如果邀请北京高校的研究者的话，则会省掉这一部分钱。"

（二）制度引导

1. 高校支持

作为身处高校的研究者来说，研究行为直接受高校制度的影响。如果高校积极鼓励某一研究，研究者会倾向于向该方向发展；如果研究者的政策研究并不会为自己在高校当中带来相应的奖励和报酬，或许研究者不会再去从事相关研究。当前，社会科学研究在政策中的影响情况，在高校评价制度当中占据着更加重要的比重。

但是，有些研究者对于高校是否存在支持"研究者的政策服务"这一项奖励并不太清楚。L 老师说道："这个奖励我不太确定。我们每年会有考核，里面需要填写教学工作量和科研工作量。科研工作量中，比如论文发表，或者是著作，也有一些老师会提交咨询报告和采信证明诸如此类的。因为我没有，我对于这个是不是有奖励不太清楚。"但是她又说道："据我了解，学校 2017 年制定的新型考核制度中将政府咨询报告作为考核评价十项中的一项，与发表论文、著作等同。我觉得这是一个开始重视的倾向。"

高校支持研究者积极与政府合作、为政府服务等也是出于高校自身利益的考虑，研究者合作得越多或许学校从政府那里获得的资源就更多。R 老师说道："当时（参与政府决策咨询活动）的校领导是大力支持我们，工资照发，可以不在学校工作，随着政府的调研团队一直在做。"

除了为研究者提供激励措施之外，高校也会为研究者提供便利条件。I 老师说道："很多学校都为研究者提供了一些渠道，像我们这儿有《教育舆情》，这个东西会每周报教育部、财政部、办公厅等单位，每天会有专人负责分发给各个领导。有的渠道是一个月报一次，将学校的优秀研究成果提交给领导供他们参考，这就是打通了（渠道）。"

北京师范大学目前设置了"智库研究员"系列，单独设立指标和标准招聘研究员，该系列是高校对研究者的评价，是决策咨询导向的。这样的聘任政策也是高校不断支持研究的政策服务的表现，但是该政策刚刚起步。虽然在访谈中很多研究者反映当前高校对于政策服务的制度支持已经存在，但是力度仍然较小。

2. 制度环境

研究者是否积极推动自己的研究成果应用于政府决策中，除了受高校支持的影响外，还会受当前国家和社会已经形成的制度和环境的影响。O老师说道："比如说领导也想怎样改革，但是教育口这儿没钱，这种外在的因素影响。……比如说经济发展程度，或者说周围的人员的素质啊、理念啊不能实现合拍，所以在说服下属来做这种工作的时候也会面临很多困难，比如说团结、协作啊，这种有时候也会影响。"当前经济发展环境也会成为决策者在采纳研究者意见时的影响因素。

除了社会发展环境之外，还有学术环境也成为一项制约因素。笔者开展访谈期间，教育部还未颁布《关于深化高等学校教师职称制度改革的指导意见》（2020年12月30日颁布），我国整个学术研究界对研究者的评价还主要是以"论文"和"著作"的数量为依据，而咨询报告在科研评价中的分量并不重，且不受大家的重视。I老师认为："现在整个高校的导向还是科研项目，更关注的是发的文章、拿到的项目、出多少著作，而且从这些专家他们本身的利益结构来说，他们也更在乎自己的学术声望、经济收入等。但是这些政策建议啊，并不能够直接带来这种学术声望或者是经济收益。"在这种制度环境的影响下，大家并不愿意从事这样的工作，而且有时候这样的工作并不能为很多人所知晓，所以无法获得大家的认可。

我国当前的制度也可以从内外部对研究在决策中作用的发挥产生影响。在内部来说，已经形成的制度将作为未来决策者在制定一项政策时的主要参考，以"与当前制度相契合"为原则。"这个制度本身的存在，实际上就是说它也是我们这个知识能够应用的一个很好的工具，它（制度）不是应用的表现，因为有了好制度，这个知识才算是完成了它（知识）在这个现实当中能够应用的一个前提。"(O老师)制度可以说是连接理念与行动的中间环节，这里所说的"制度"并不是抽象化的制度形式，而是指如果具体某一项制度，它作为研究的前提和支撑，则更容易被决策所接受和采纳。访谈中Z3也提到决策者应该完善当前研究课题的服务和转化机制，并且要"建立政策研究成果的评价机制，识别有水平的研究队伍"。

（三）逻辑差异

决策活动与研究活动在主体、过程、结果等方面存在较大差异，因此在两者之间互动的过程中，客观存在的逻辑差异制约了研究者在政府决策中作用的发挥。

1. 研究者与决策者的不同

研究者是从事研究活动的主体，决策者是从事决策活动的主体，这就决定了两者本身存在很多不同。研究者身处学术领域，决策者身处行政管理领域，所处环境的不同决定了两者之间的不同。在研究者与决策者之间的合作交流中，应该明确两者的定位。"研究者是应该站在一个所谓的理性的角度去把握问题。"(A老师)而决策者更加注重其实用价值，如何能最快最有效地解决问题，那这样的研究成果就是有意义的。

访谈备忘录："在访谈中，我访谈到的几乎所有研究者对决策者的理解和态度都是类似的。有较大学术影响力且研究成就的研究者往往会认为决策者本身的出发点与研究者的出发点是不同的，我们即便对决策发挥了影响那也是研究成果本身与决策需求的契合，而不能说研究者与决策者之间的契合，因为两者之间本身就存在着'文化冲突'。学术影响力较小且较少发挥政策影响的研究者常保持着一个消极应对的态度，认为决策者的思考角度是跟我不同的，这中间有着不可调和的矛盾，很难统一起来，或者研究能真正发挥作用。即便研究成果非常有价值，决策者也会因自身利益的损害而选择忽视研究成果，这都是决策者这一群体所必然的选择。因此，两者之间的差异是客观存在的，我们无法避免，只有想办法去接受这样的差异，寻求两者之间的沟通之法。"

2. 研究过程与决策过程的不同

研究过程是基于一定的研究目的，应用科学的方法，获得科学结论的过程。决策过程往往是需要经过确定问题、选择方案、进行决策和政策执行反馈等过程。研究过程最关键的是科学研究方法的运用，决策过程关键在于政策方案的选择。决策对方案的需求是不确定和迫切的，需要短时间内获得方案，而研究过程是不能一蹴而就的，是需要经过长期的调研和分析来获得结论。B 老师说道："比如说国家布置下来一些要求，或者说他（决策者）面临一些问题，他希望解决一个问题，他希望你这段时间能侧重研究这个东西，往往要求都很急，比如说希望三两个月就能拿出来的东西。……如果研究者之前对这个事情没有一个很好的基础的话，那我开始要进入这个事情，要调查了解，加上还有其他很多的工作要做，所以我可能在三两个月不见得能拿出一个很成熟的方案来。那么过两三个月后，他可能就又有新的工作了。"

决策者不应该过度强化决策过程对研究过程的掌控性，研究者也不应该过度夸大研究在决策过程中的作用和影响力。B 老师说道："……这个领导部门包括一些领导的理解，他认为智库完全是辅助决策的，就是说我想干什么了，你帮我去找依据来支持我要干这个事儿，或者说我要干的这个事情里面有很多的技术性的工作，比如资料的收集啊，你来帮我们，就完成了辅助决策。我觉得这是不对的。这个不叫决策咨询。……领导部门他自己应该有一批这个为决策直接提供咨询服务的团队，这个团队可以委托给研究机构，这是咨询研究，这个与咨询服务不是一个概念。"决策服务和咨询研究需要明确分开，决策过程中需要决策服务性工作，属于决策过程的一部分，但咨询研究是研究过程的一部分，是研究目标的体现，两者不能混淆。也就是说，决策者无法控制研究的节奏，研究者也不能控制政策的制定。

3. 学术语言与决策语言的不同

研究活动最终常以学术论文或著作为呈现方式，决策活动最终是以政策文件为呈现方式，学术语言和政策语言的表述存在很大差别。如果研究想要对决策产生影响，需要经过将学术语言向政策语言的转变过程。D老师在访谈中说道："你比如说我们研究的写作方式就是风格主要有观点，是不是？政府决策的意见不一样，专报的写作风格也不一样。……就是语言风格，我们学术文章，论证了半天，（可能）没有结论啊，政策建议报告的风格，你要有结论，再有就是很简明，对不对？"

C老师也说道："有好多（研究）成果，弄出来比较复杂的流程出来，官员看不懂，你可以用很简单的语言去表达。……你要让官员看，让他明白你的理解，那个语言也非常的朴实。现在的研究者使用特别复杂的语言，说出了人人皆知的道理。……真正高水平的研究者是用最普通的最简单的方式最通俗易懂的语言说出最深刻的（意思）。"学术语言向决策语言的转化是打通研究者与决策者之间沟通的一道桥梁。因此，必须认识到这一客观存在的逻辑差异。

（四）文化传统

文化传统方面的因素主要表现在研究文化和影响传统上。研究文化就是某些研究者所形成的共同的价值取向和研究氛围。影响传统是长时间建立起来的人们对于如何看待和利用研究的影响价值而形成的一种思维方式。我国的决策模式仍主要属于精英决策模式，造成我国民主决策体制的功能受到限制。[①] 在这种情况影响下，研究者对决策的影响意识不强烈，或者有些单位不重视导致长期没有形成系统化或者经验性的影响。"主要是咱们也可能不太重视，他不太重视这个事儿吧，一直以来也缺（这方面的经验）。如果你一直以来一直围绕那个来转，可能也行是吧。那现在你没有那种，猛然形成，我觉得形成不了。"（O老师）"没有形成一个指挥棒的文化，就是一个研究文化，他没有这种。……这个传统真的是很重要。"（R老师）有些研究者根本没想过自己的研究要对政策制定产生影响，或者是觉得自己的研究是不可能

---

① 李杰，吴永辉.我国决策模式剖析［J］.社会科学研究，2006（6）：58-62.

对政策制定产生影响的。这些消极的心理是长期以来形成的文化传统造成的。

作为他山之石，国外在决策方面和研究方面形成了"影响传统"。N老师说道："比如日本在做这个政策决策之前呢，还有咨询，咨询专家团队，然后他们就这个问题展开研究，有时候研究半年、一年甚至好几年，最后把这个研究结论拿出来，交给行政部门，行政部门以这个为依据制定政策，这是他们一个非常优良的传统。"Z2在访谈中也说道："像美国，政治很发达，这方面做得很好，一方面在前面骂你，结果是后面本质里是跟着你的走的。……美国学界和官方的互动机制是很完善的。而中国的智库还是差些的。"当前研究者在政府决策中发挥的影响较小也受我国决策科学化和民主化发展较晚的影响。

第二节　影响因素的重要性分析

一、影响因素模型的建立

本章通过对数据进行编码比较，逐渐概念化和范畴化，通过 NVivo8 建立了高等教育研究者影响政府决策的因素模型（图8），在该模型中，核心类属是"高等教育研究者影响政府决策的因素"，用八边形图形表示，从政策研究者的视角共形成四类因素，分别是研究层面因素、传播层面因素、决策层面因素和环境层面因素，此为三级类属，用矩形图形表示。其中研究层面的因素包含研究主体、研究过程、研究结果；传播层面的因素包含传播方式、传播内容和传播条件；决策层面的因素包含决策主体和决策过程；环境层面的因素包含地缘结构、制度引导、逻辑差异和文化传统，此为二级类属，用菱形图形表示。一级类属的因素都用圆形或椭圆形呈现。

如果研究者试图在政府决策中发挥作用，会受到四类因素的影响，且影响过程是偶然的，我们很难说是具体哪一项因素促进或者阻碍了研究在政府决策中的有效应用，因此这四类因素并不是相互孤立的，而是在影响过程中相辅相成、紧密联系的，需要研究者、决策者、传播中介和客观环境间不断地互动合作才能实现研究在决策中的转化，将 NVivo8 建立的模型进行修正和完善，从而更好地体现不同因素间的关系。研究层面、决策层面和传播层面的因素是相互交叉作用的三类因素，环境因素对另外三个层面的因素都产生影响，因此，通过"三圆图形"可以很好地将四者的关系呈现出来（图9）。

第四章 高等教育研究者作用于政府决策的影响因素

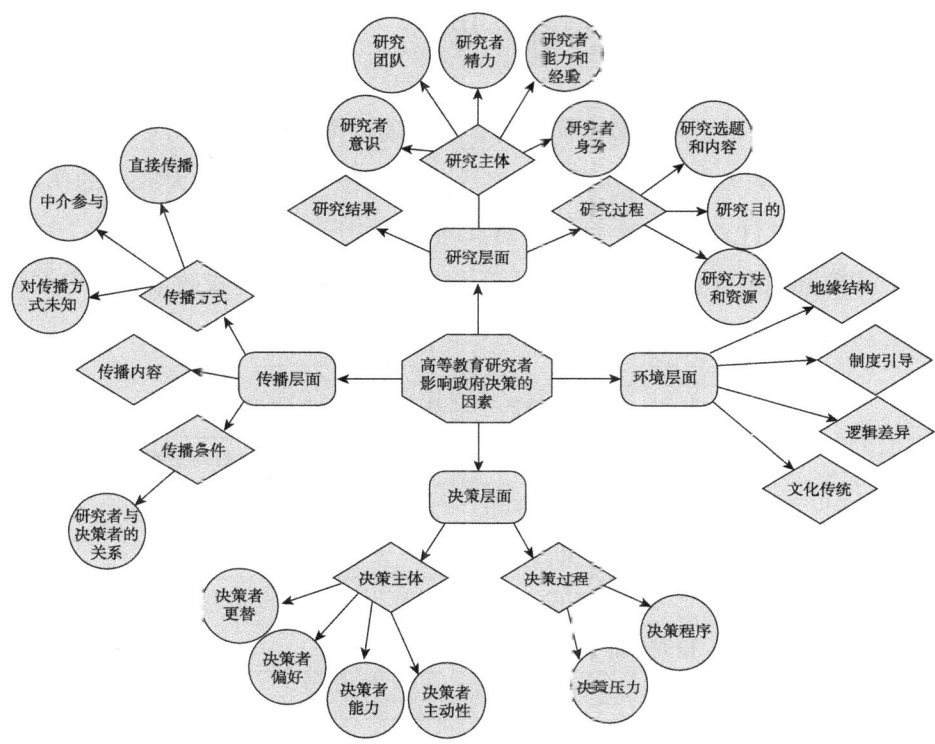

图 3　高等教育研究者影响政府决策的因素模型（NVivo8 生成）

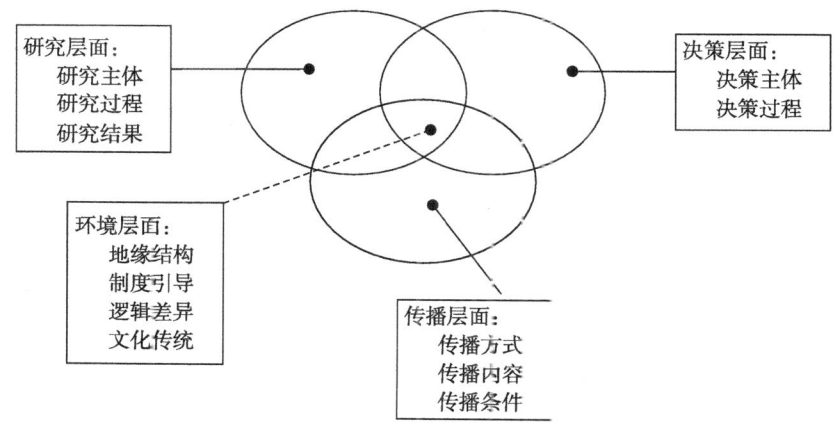

图 9　高等教育研究者影响政府决策的因素模型（修正）

133

二、影响因素的重要性分析

通过上述分析,高等教育研究者影响政府决策的因素包含四个层面,这些因素都在高等教育研究者影响政府决策的过程中发挥着或大或小的作用。运用 NVivo8 软件,根据 28 位访谈对象的资料中所反映出的参考点数,对主要的 14 项影响因素进行了排序,结果见表 8。参考点数是指政策研究者在访谈中提到的与某一因素相关的主题在文本中出现的频次。

表 8　14 项影响因素的参考点数排序结果

编号	影响因素	参考点数
1	研究者与决策者的关系	184
2	传播方式:中介的作用	153
3	研究者身份	116
4	研究者能力和经验	102
5	研究者意识	84
6	研究团队	73
7	决策主体	61
8	传播内容	57
9	制度引导	54
10	研究者精力	49
11	逻辑差异	43
12	文化传统	30
13	地缘结构	21
14	决策过程	15

通过排序结果,我们可以看出,"研究者与决策者的关系"和"传播方式:中介的作用"这两项因素的参考点数最高,也就是访谈对象所认为的最能影响高等教育研究者在政府决策中发挥作用的因素,因此将在下一节中重点分析这两项关键因素。

第三节 关键影响因素的分析

根据前文编码结果发现,影响政策研究者的"研究者与决策者的关系"和"传播方式:中介作用"具有较高的参考点数,"研究者与决策者的关系因素"相关内容出现的频次为184,排在第一位;"传播方式:中介的作用"相关内容出现的频次是153,排在第二位,反映出这两大因素是影响政策研究者在政府决策中发挥有效作用的关键因素。而且,国外学者分析"研究影响决策"的过程时对这两个因素进行了充分的验证和解释,并形成理论,可见这两个因素的重要程度。

一、研究者与决策者的关系

研究者是学究或书呆子吗?决策者是坚持自我主义或机会主义来谋私利的人吗?对于这两大群体的认识彼此会有一定的模式化看法,决策者认为研究者只是一心钻研学术,不了解现实社会,研究者认为决策者是不惜任何代价、一味追求名利的政客。这些模式化的误解需要消除,否则两者之间的沟壑更加难以填平,沟通合作也将很难实现。因此,本研究对研究者与决策者的关系进行了详细分析和解读,为缓解和改善研究者与决策者的关系提供参考。

(一)主要理论观点

在分析科学研究影响决策的过程中,我们需要始终考虑一个问题:为什么研究者与决策者之间的沟通如此困难?学者们普遍认为,两者处于不同的世界和文化当中，并且形成了多种理论来阐述两者的关系，比较典型的有卡普兰（Caplan）1979年提出的两大群体理论（the Two Communities Theory）[①]和杰克·肖可夫（Jack Shankoff）2000年提出的三种文化理论（the Three Cultures Theory）[②]，可见对研究者与决策者关系的探索持续之久且观点已经逐渐完善。

1. 两大群体理论

卡普兰提出这一理论的灵感来源于查尔斯·斯诺（Charles Snow）的《两种文化》的观点，书中说明了人文学科与自然学科之间存在的鸿沟和差异，在这个基础上他试图通过"两大群体"的角度分析研究系统与决策系统的关系，试图增强社会科学研究在解决现实问题和政策服务中的应用。

1975年，他访谈了美国204位政府高层官员，主要了解他们在政策相关问题上面对社会科学知识的应用情况。作答结果显示几乎没有产生关联，社会科学家与政府官员之间的正式的和非正式的联系都极其少。但是，调查结果也显示，作为决策层的政府官员对于科学信息在决策过程中的应用表现出了极大的兴趣，他们具有"希望理解和应用科学研究"的积极态度，从而说明了需要研究者更多地关注研究成果的应用，以及增强两者之间的交流。

基于上述调查研究，卡普兰归纳出"两大群体理论"，主要观点是：社会科学研究之所以应用率不高是因为社会科学家与决策者之间相互理解和沟通不足，两者存在于各自独立的群体，各自有自己的目标、信息需求、价值观、奖励系统和语言等。社会科学家是以发现创造知识为目的，而决策者希望利用研究去解决问题。

2. 三大文化理论

肖可夫在他2000年发表的一篇论文《科学、政策和实践：实现共同目

[①] CAPLAN N. The two-communities theory and knowledge utilization [J]. American Behavioral Scientist, 1979, 22（3）: 459-470.

[②] SHONKOFF J P. Science, policy, and practice: Three cultures in search of a shared mission [J]. Child Development, 2000, 71（1）: 181-187.

标的三种文化》中阐明了从知识到社会政策和实践是一项艰巨的任务,科学、政策和实践需要跨越边界、理解彼此的规则和语言,只有这样才能在三个世界中获得信任,并且实现知识的完整性,同时也需要互相尊重,共同完成使命。他在文中分析了科学、政策和实践三者的特点,通过了解三者之间的差异来加强三者的合作:

(1)科学(science)

一直以来,科学家从事着建构理论、试验假设、改进概念模型这些工作,就科学家个体而言,他们具有怀疑和依据实验结果的精神,在探索知识的道路上,他们从未停止过。科学家认为任何数据都具有局限性,并且强调未知的领域还有很多。

(2)政策(policy)

在社会政策领域,科学只是一个方面,而且还不是最有影响力的。这也不是说在政策领域就没有知识的地位,但是有必要理解科学不只是唯一来源。决策者和分析家往往不主要受理论或实证数据影响,他们会受当前政治、经济和社会力量的驱使。但是,研究者和实践家受知识基础的引导,决策者往往被有吸引力的故事所吸引和对证据加以选择性地利用。科学家负责生产知识,决策者利用信息从而支持一种提案。在社会政策领域,科学需要与价值、"常识"相竞争,而且决策常常是一个不同利益之间协商和妥协的过程。

(3)实践(practice)

在人类服务领域,政策决定了你必须从事多少劳动,科学提供了你如何有效使用有限的资源。广义上说,以服务实践为目的的知识是以经验为依据的。同样地,知识也受实践的影响,有时可能不一定是基于系统的数据收集和分析,比如医生可以从"临床诊断"或"职业经验"中获得知识。当科学调查受方法论局限影响时,这一方法是具有价值的。实践者与研究者有相似和不同之处,相似的是实践者需要基于最新的知识和科学调查的基本原则实施活动,但不同的是,实践者必须对具体的人类需要做出回应,也需要在信息不足的情况下做出决定。

研究者、决策者和实践者之间的紧张关系是不可避免的。科学是关于"我们不知道什么",政策和实践是关于"我们应该做什么";研究者对问题感兴趣,而决策者和实践者对答案感兴趣;研究者追求复杂性,决策者要求简单易懂;研究者建议停下来思考反思,而实践者追求行动起来;研究者难以应对混乱、行动导向的社会和政治现实,而实践者也不能做到像研究者一样耐心和认真。这三大群体之间的互动是真正的跨文化行为。

虽然科学、政策和实践之间存在较大的文化差异,但是加强三者的联系仍是至关重要的。肖可夫认为要想实现三者之间的相互联系,需要先了解其中可能遇到的挑战,只有了解这些方面才能真正理解三种文化的差异。首先,他认为需要理解证据的规则(rules of evidence);其次是理解意识形态和价值观的影响;最后是理解职业尊重和安全的重要性。

3. 理论的局限性

两大群体理论和三大文化理论都对分析问题有一定的帮助,但是在解决现实问题时仍存在不足。首先,这两大理论都是分为了两个或三个群体,无非第二种理论加入了实践者这一层面,结合起来无非就是知识的生产者和使用者。但是这样的分类忽略了当今社会活动的复杂性,涉及许多利益相关者,而这些理论对这些利益相关者的考虑不足。其次,这两大理论只是呈现两者之间的差异,并未结合具体情况下影响两者之间关系建立的因素。最后,在思考问题时,更多的是从研究者和决策者之间寻找原因,而忽略了"中介"在两者之间发挥作用的可能性。

(二)研究者与决策者之间为什么会出现鸿沟?

研究者与决策者之间存在着"文化冲突",且鸿沟巨大,如果要加强研究在政府决策中的应用,必须在鸿沟之间架起一座桥梁。在此之前,我们有必要了解是什么导致研究者与决策者之间存在这样的"鸿沟"。本研究认为主要是基于以下几个原因:

1. 对政策问题的关注点差异较大

"研究者干研究的事，决策者干决策的事。"(Z3)研究者与决策者关注同样的社会问题至关重要。但通常情况下，研究者主要关注他们感兴趣的问题，也就是那些可以帮助他们提升学术水平或者提高声望的研究问题。更糟糕的是，研究者只关注他们能够开展的研究，如研究方法和数据收集比较容易的研究，或容易获得资金支持的研究等。而决策者更加关注能够解决当前他们政策制定和实施过程中的问题，如果有相关研究可以解决棘手的政策问题，他们更倾向于提供资助和支持，并且也容易利用研究成果。可见在增强研究者在政府决策中的作用时最容易被忽略的就是对研究问题的正确把握，作为研究者多开展具有现实需求和政策需求的研究问题更为重要。需要研究者和决策者在确定研究问题前增强交流，而不是在完成一项研究之后才开始与研究的应用者去沟通，否则无法确保研究问题与现实社会最需要解决的问题相契合。"研究者开展的研究要么滞后于现实需求，要么对问题的认识停留在概念上，或停留在理念上，落不了地……如果决策者以研究者为依托，则完不成任务。"(Z3)

2. 决策者的差异加剧了研究影响的偶然性

决策的世界是复杂的，与现实的政策问题一样复杂，每一项政策并不是单单在决策部门内部制定而成的。决策者涉及不同层级、不同领域、不同阶段等方面，这就造成了决策环境下有类型多样的决策者，而且会互相制约。决策者的知识背景可能不同，比如有专业知识背景的决策者在决策过程中可能会更倾向于依赖科学研究，而没有相关专业知识背景的决策者因缺少知识积淀而无法理解科学研究的结果并充分利用起来。以决策者在决策过程中对研究的应用程度为标准的话，可以将决策者分为四类：积极热情的应用研究者；持怀疑态度的应用研究者；积极不应用研究者；持怀疑态度的不应用研究者。也就是说在决策者中间存在的态度差异，也是导致研究者与决策者之间存在巨大鸿沟的原因之一。"虽然当前我国已经不断强调在决策中要增加专家的咨询作用，但在现实情况下，决策者对待我们研究者的态度还是不同的。他们总认为研究成果是无法满足决策需求的。……他们就需要我们提出的意见是告诉他每一步怎么做,如果没这么说,那研究就是没有价值。"(D老师)所以研究发挥影响是具有很大的偶然性的,不是只要开展高水平的政策研究就能在政府决策中发挥作用。

3. 研究者的差异加剧了决策者对研究的失望

研究者也是不同的。首先他们处于不同的研究领域,关注的研究方向也不同,有些是从事基础研究,有些是从事应用研究;其次是他们使用的研究方法也不同,有些人使用定量研究方法,利用数据和试验来分析问题,有些人倾向使用质性研究方法,通过访谈、观察和案例研究等来获取信息,从而分析研究问题;最后,研究者存在于不同的机构背景。有些研究者身处研究型大学,有些本身是政策的智囊团成员,有些研究者是在政策咨询研究机构,有些研究者是在政府部门工作等。研究者所处的环境决定了他的看法,比如对研究的看法以及对决策过程的贡献等。

现实世界中,从事知识生产活动的研究者往往具有先入为主的理念、观点和价值观等,他们无法跳脱自己的个人想法去看待这个世界。映射到研究活动中时,他们对于理论的应用、数据的收集、采用的方法等方面都反映了自己的个人偏好。在这种情况下,经常会存在两个研究者对同一项政策有着不同的理解和评价,当分析一项政策如何为社会发展服务时,不同的研究者可能会采取不同的研究模型、研究变量或者研究假设等,最终的结果也就会出现解读的不同,导致决策者因此而困惑,对研究在解决社会问题时所能发挥的作用降低期望,逐渐失去重视。

Z3认为决策者目前一方面也不太看重专家的作用,原因在于:"目前专家的整体素质不高,良莠不齐,专家发挥作用的工作机制不太健全。……如果依靠专家决策,往往会造成拍脑袋决策,与现实情况脱节。"本研究访谈的三位决策者均对当前教育研究成果表示了失望的情绪,认为这些研究成果无法满足他们的需要。

4. 研究者与决策者之间的互动机制不好

研究者与决策者处于不同的世界,他们对同样的问题所采取的方法会完全不同。研究者的主要目的是发现知识，而决策者主要是利用知识去解决具体的问题，比如获得公众的支持、保障自己的职业地位等。因此，在政策世界中产生影响需要基于信任和常识。比如，谁来传递信息，信息获取的方式，信息是否与当下的价值观相一致等。产生影响是不容易的，需要使人相信研究的目的和过程是科学且有价值的，而且是与当前的政治形势相符合的。在这个过程中，需要研究者与决策者寻求最佳的互动方式，正式的或非正式的都可以，虽然不同的互动方式所需要的时间长短、效果大小是不一样的，但是都能产生影响。例如，研究者与决策者之间有很好的私人关系，他们在讨论和传播研究情况和政策需求时比那些完全依靠发表、递交报告等方式迅速且容易得多。而且，"我国当前没有一个很好的决策机制，或者说科学决策和民主决策的机制还有不完善的地方。比如，在决策过程中，平时没有政策储备，很仓促地提出一个政策命题，很快需要做出决策，在这么短时间内，很难进行高水平的研究"（Z3）。

（三）研究者与决策者的关系类型

研究在政府决策中发挥作用都是基于研究者与决策者之间的联系而形成的，无论是正式的还是非正式的，总会通过不同的方式建立联系从而保证研究影响决策。通过访谈和文献阅读分析可以总结出研究者与决策者之间在形成合作过程中主要的关系类型如下：

1. 非正式的关系

这种非正式的联系一般是来源于研究者与决策者有着很好的个人关系，不论是受个人学习和工作经验影响，还是个人的兴趣所致，研究者与决策者之间保持着彼此信任的关系。或者是研究者与决策者在共同参加某一项活动时建立的联系，决策者对研究者的研究成果产生兴趣，并因此推动研究成果在政府决策中发挥作用。这些都是非正式场合下形成的关系网络。

2. 通过正式的咨询渠道建立的关系

政府在决策时会向专门的咨询委员会、智囊团、专家库寻求意见和建议，在这些咨询的渠道中，决策者与研究者通过工作的形式建立联系，研究者向决策者提供专业知识，决策者将研究者提供的知识与当前的工作需求相融合。

3. 决策者通过参加研究者召开的论坛和研讨会建立的关系

一些研究机构和"科研中介"不定期组织召开论坛或研讨会，邀请决策者参加，论坛上研究者呈现研究结果，决策者可以在这样的平台对研究者的研究成果有所了解，对于感兴趣的研究内容进行进一步交流和合作。或者决策者也通过发言表达自己的政策需求，研究者可以将此与自己的研究选题联系起来。

4. 合作伙伴关系

研究者与决策者有着多年的合作经验，形成了合作伙伴关系，为未来继续开展合作奠定了基础。这种关系的建立通常是需要长期合作才能形成的。基于这一合作关系，决策者对研究者具有较高的信任度，并且充分依赖该研究者的研究成果，或者由该研究者所推荐的研究结果。同时，研究者对决策者也建立了长期信任，更加明晰决策者对于研究成果的态度、期待和利用，也更加愿意促成研究成果发挥更大的政策价值。

5. 委托项目的关系

政府通过委托某些研究者完成研究项目，从而与研究者建立联系，但这种联系通常是短期的，只是依托于项目而实现的，一旦项目结束，关系可能就终止了。这样的关系虽然短暂，但发挥的效果却是很好的，因为研究者是直接以最终满足决策者需要而开展研究的，研究结果具有较大的政策价值。

（四）如何处理研究者与决策者的关系？

在了解了研究者与决策者之间关系的理论基础和原因之后，我们必须寻求如何处理两者之间关系的途径，促成研究者与决策者之间的交流更加畅通，从而加强研究在政府决策中的应用。由于本研究主要从研究者视角去思考问题，因此在处理两者之间关系时，主要从研究者的角度来提出建议。

1. 了解决策者的特征以及不同决策者的特点

决策者在知识背景、政策兴趣、动机和对工作的预期等方面存在不同。同时，他们的决策态度也会随着知识以及对研究的了解而改变。在这里需要强调的是，除了中央一级的决策者之外，省、市、地区级决策者对于决策内容的需求是不一样的，他们比较关注自己管辖范围内的教育发展，而对其他地区的教育政策关注较少。因此研究者需要有针对性地将研究成果推介到合适的决策群体中，前提是需要借助科研中介或者其他方式加强对决策者和决策过程的了解。

2. 针对不同的决策者采用不同的策略

研究者要采用决策者所能接受的语言和方式来与决策者建立联系。关系导向的决策者容易对具有私人关系、来自可信来源的讨论会和研究汇报表示关注，而问题导向的决策者可能更容易接受政策简报、内部通讯和来自学科领域专家的建议等。研究者与决策者之间存在两种文化和两种语言体系，所以如果研究者试图影响决策者时，需要以他们所能接受的语言和方式来呈现研究结果。"语言上需要干净、简洁、准确、不产生歧义，角度上研究问题具有针对性等。"（F老师）

3. 与决策者以及他们的下属建立联系

与一直致力于如何向决策者传递知识信息相比，研究者应该更加努力地与决策者创建合作且信任的关系。一旦两者之间的关系建立，相互之间的资源信息分享就会更加频繁，而且也更加有利于知识的流动。

另外，如果与决策者建立直接的联系比较困难的话，研究者可以与他们的下属建立联系。金登曾在阐述学者在政府中发挥效应的途径时指出，一部分学者是通过官僚机构和国会中一些年轻人的逐步灌输来发挥其对政府的影响的，这些年轻人尽管不太有名，但是他们受过某种经济学方面的培训并且倾向于放松规制[①]。一般来说，决策者会要求下属负责收集研究情报，作为自

---

① 金登. 议程、备选方案与公共政策：第2版[M]. 丁煌, 方兴, 译. 北京：中国人民大学出版社，2004：70.

己的资料来源。因此，在中央一级的决策过程中，学者如果将联系重点放在司长、厅长，那么比直接对部长产生影响更加容易。朱旭峰曾提出"司长策国论"的观点，他认为动员决策资源能力最强的是那些处于中国政府科层结构中的司局级的官员。①

4. 熟悉政府决策过程

研究者对当前政府决策过程的了解有助于其了解决策者的习惯和文化传统。政府在决策过程中具有很强的政治性，决策者面临的是各方面的政治压力，因此在对研究成果的采纳过程中会受某些政治因素或者其他因素而限制。比如有些研究者提出的建议可能非常好，但是当前并没有充足的资源来践行这样的政策建议，或者是短期内无法实现。I 老师在访谈中说道："判断政策咨询成果的首要标准就是政治上必须是正确的。……而且需要经济上可操作，考虑是不是有那么多的财力。再有就是技术上可操作，是不是能找到人去做这样的事情，需要技术上可行。"

二、科研中介的作用

从系统论的角度分析，所谓中介，是指两个或多个系统或者系统的构成要素间的中间媒介。当前社会往往把中介与"组织"联系在一起，并对中介组织有着专门的定位和解读。教育中介组织是按照一定的法律法规，遵循独立、公开、公平、公正的原则，参与学校事务决策和学校管理的社会组织。②但是，本研究提出"科研中介"这一本土概念，与当前研究领域中使用的"中介组织"不一样，因为"科研中介"不仅包括组织，还包括充当媒介作用的个人。本章节将主要在我国高等教育研究背景下介绍科研中介的基本内涵、类型、特点和作用机制，以利于接下来分析高等教育研究者影响政府决策的

---

① 朱旭峰."司长策国论"：中国政策决策过程的科层结构与政策专家参与［J］.公共管理评论，2008（7）：42-62.

② 颜丙峰，宋晓慧.教育中介组织的理论与实践［M］.上海：上海人民出版社，2006：1.

路径时能够对传播渠道形成较为全面的理解。

(一)"科研中介"的概念分析

1. 已有研究对"知识中介"的理解

海让·兰德里(Réjean Landry)等人曾指出:"传播在研究应用中发挥着积极作用。因此,增强传播能够加强研究的应用。……连接研究者和应用者之间的机制是知识能否应用好的很好的预测者。……对连接机制的更多关注可以增强社会科学知识的应用率。"[①] 针对不同的知识应用者,应该采用不同的策略和渠道。乔纳森·洛马斯(Jonathan Lomas)的研究描述了知识经纪人(knowledge broker)的主要活动:设定研究议程(与主要利益相关者沟通,增加研究被采纳的机会,并将合作资助与系统组织联系起来);开展应用研究;传递研究成果(使用平实的语言概括,选择合适的平台,组织面对面的沟通活动);确保研究被应用(资助和评价已选择的知识经纪人,提供为了保障研究应用的工作坊形式的活动,开展决策者的团体培训项目)。[②] "知识经纪人"这一概念是充分体现知识传播活动的重要载体,也可以说是"知识中介"的另一个代名词。

知识中介是知识动员理论模型中的一个重要概念,联结生产和应用两大环境,包括直接充当媒介、面对面的、印刷式的、电子的以及通过其他设备的正式的及非正式的中介活动,它可以是个人,也可以是机构或组织,同时也可以是一种活动。本·莱文(Ben Levin)认为中介包括媒体、智囊团、说客、企业家、大众等。[③] 目前关于"知识中介"的系统研究主要集中在国外不同学科对其的探讨,焦点就是发挥研究在决策和实践中的作用。关于

---

① LANDRY R, AMARA N, LAMARI M. Utilization of social science research knowledge in Canada [J]. Research Policy, 2001, 30 (2): 333-349.

② LOMAS J. The in-between world of knowledge brokering [J]. British Medical Journal, 2007, 334: 129-132.

③ LEVIN B. Mobilizing research knowledge in education [J]. London Review of Education, 2011, 9 (1): 15-26.

"知识中介"的研究主要包括知识中介的信息载体、策略、传播机制等方面（Cooper& Levin，2010）①，而且国际上在健康、商业等领域中对知识中介的探讨已经持续数十年，但教育领域的探讨仍然处于起步发展阶段（Pfeffer & Sutton,2006）②。但是，我国对于知识中介这一概念的研究较少，一方面是单一强调智库的作用，忽略了其他知识中介的作用，另一方面是并没有深入去探析其作用机制和所采纳的策略。

目前，对于科研生产者和使用者之间的科研中介角色的认识不断深化，我们可以从最近几年不断成为热点的智库研究推测出来。但是，对于"科研中介"这一意思的表达有不同的术语，不论是在教育研究领域还是非教育研究领域，国内外有很多词汇可以表达出在研究与决策或实践中间发挥作用的意思。阿曼达·库珀（Amanda Cooper）曾总结了当前不同研究领域中表达类似含义的术语（表9），但由于中英文表达的差异，有很多英文单词可以理解为同一种中文的意思，本研究尽量通过中文翻译区分出这些词汇的不同，如有难以理解的，可以通过英文词汇进行区分。

表9 国外不同研究领域关于"科研中介"的理解

词汇	领域	含 义
中介机构 （Intermediaries）	教育	中介机构是在至少两个利益群体的"中间人"组织身份。中介机构主要协调或者管理在这些利益群体中的变化，中介组织独立于这些利益群体，并且保持清晰的价值观，超越这些利益群体单独的价值构成。同时，中介组织需要依赖这些利益群体来发挥基本功能。（Honig，2004，p.67）

---

① COOPER A，LEVIN B. Some Canadian contributions to understanding knowledge mobilization [J]. Evidence & Policy，2010，6（3）：351-369.

② PFEFFER J，SUTTON R. Hard facts，dangerous half-truths and total nonsense：Profiting from evidence-based management [M]. Boston：Harvard Business School Press，2006.

续表

词汇	领域	涵义
创新经纪人（Innovation broker）	教育	创新经纪人有助于动员创新，识别被当前系统所低估的机会，他们以经纪人的身份处理系统中不同部分的关系。这些经纪人组织协调知识和他们的客户之间的关系。（Horne，2009，p.3）
知识经纪人（knowledge broker or knowledge brokering）	健康	知识经纪人协调研究者与使用者的关系，作为经纪人的个体必须理解研究过程与使用者的决策过程。（CHSRF，2003，p.2） 知识经纪活动连接研究者和决策者，促进两者的互动从而确保理解彼此的目标和职业文化，影响彼此的工作，形成新的伙伴关系，使用基于研究的证据。经纪活动是主要支持组织中基于证据的决策。（Land & Water Australia，2006，p.7）
	商业	知识经纪人在开放的创新过程中发挥重要作用，他们充当催化剂，促进必备的知识和技能去解决创新问题，与问题解决者和需求者建立正确的联系。用这种方式，知识经纪人可以增强协作优势。（Sousa，2008，p.22）
研究经纪人（research broker）	商业	将研究领域的智力输出"打包"并"出售"至决策者一方。（Sin，2008，p.86）
	综合	研究经纪人使得思想被重视，利用他们的知识权威去验证某些形式的知识更加准确、有说服力或客观等，从而促进思想的应用，并尝试将其推向公共/政府议程。（Stone，Maxwell & Keaton，2001，p.35）
调解人（Mediator）	综合	作为知识工作者，充当思想的促成者、催化剂和经纪人。主要的特点就是协调活动的联合体，也就是将事情运转起来。（Osborne，2004，p.40）

除此之外，诺曼·杰克逊（Norman Jackson）曾对不同领域经纪人的理解进行了界定。他提出：在商业领域，经纪人就是一个代理人、促销员、经销商和商人等，主要从事买和卖的活动；在政治领域，经纪人就是外交官、调解人、中间人、谈判员等；在信息领域，经纪人就是了解如何获取信息和为

信息资源提供渠道的人；在教育领域，经纪人是积极主动的推动者，连接人、网络、组织和资源，并建立条件去创造新的东西或者为已经存在的东西增值。他将教育领域的经纪人角色与其他领域进行区分，强调了它的特点：首先是积极主动的；其次是包含一系列的方面，如人、网络、组织和资源等；最后是强调了经纪人具有增值功能。[①] 通过这一概念的描述，可以看出在教育研究领域，经纪人的作用至关重要且影响巨大。

但是，虽然有这么多的概念帮助我们去理解知识中介的作用，但是究竟什么才是知识中介一直没有明确的界定，我们无法确定中介组织是什么，它们做什么以及怎么运行，因此需要本研究去更加清晰地界定。

2. 科研中介的界定

库珀在其博士论文中对教育领域的知识中介进行了界定：知识中介主要是在教育领域的"空白区域"[②]发挥作用，跨越组织边界从而连接和促进多重利益相关者之间的相互作用。本研究中所提到的"知识中介"（knowledge mediation）近似于"科研中介"（research mediation），因为这里所说的知识就是指科研知识的生产，为了确保更加清楚地理解问题，本研究将主要采用"科研中介"这一概念。要了解科研中介的概念，需要考虑多种维度和要素，尤其是在充满多重利益相关者的高等教育研究的应用活动中，对高等教育领域中科研中介概念的理解需要确保它具有尽可能大的包容性。库珀主要考察了组织层面的科研中介，本研究在她研究的基础上认为科研中介除了涉及组织层面上的中介，还包括个人层面。也就是说，单个人也可以在研究影响决策的过程中扮演"科研中介"的角色。

基于库珀的概念基础，本研究认为，科研中介就是在科研生产和应用之

---

① JACKSON N. Introduction to brokering in higher education [M]//Engaging and changing higher education through brokerage. Aldershot：Ashgate，2003：3-20.

② 空白区域（white space）是由鲁姆勒（Rummler）和布拉什（Brache）在1991年提出的商业概念，主要是表达在业务流程管理过程中一个组织图中的框之间的区域，简单来说，就是组织中不同部门之间的区域，这个区域没有明确的负责人，导致商业组织中无法处理好这个空白区域的问题，从而无法促进组织发展进步。

间增强科研影响力的第三方主体,通过主要协调研究者与决策者之间的关系发挥催化科研知识转化活动的效果。这个界定强调了科研中介的"中间人"的位置,以及参与不同利益相关者的协调工作,再有就是打破了科研生产与决策应用的边界。

在了解了科研中介的基本概念之后,我们有必要弥补当前已有研究存在的缺漏,明确怎样清晰界定一个科研中介主体。

(1)组织层面的科研中介

从组织层面来说,库珀的研究认为作为一个科研中介组织应该满足以下要求:

目标和使命。科研中介必须谨慎地阐述自身从事科研知识动员活动的目的。虽然很多组织将这一工作作为自己临时的或者一小部分的工作内容,但是作为科研中介,其明确的任务和战略方向需要集中在增加教育研究在政策和实践中的应用。这就意味着研究知识动员活动是该组织的主要活动。科研中介不只是简单的转述,他们也参与更多积极主动的活动,例如构建关系网络等。

资源贡献。科研中介有义务将资源分配到加强教育研究、政策和实践之间联系的工作当中,包括人员分配、资金和能力的分配等。

工作人员的作用。科研中介必须有自己的全日制雇佣人员,且其主要工作职责是加强科研知识的动员工作。

政治附属性。科研中介没有公开的政治立场,但是没有一个组织是完全的政治中立的,因此一些组织可能很清楚地表达自己的政治立场,有些组织可能更加追求政治独立。

自治性。科研中介在某种程度上是独立的,而且在教育系统的治理结构中具有自治权。

信息。科研中介将研究作为主要的信息沟通载体。理想状态下,科研中介更多的是从研究机构动员知识,而不是从单个人的研究。

联系。科研中介的界定是建立研究生产者和研究应用者之间的联系,一般来说，参与的联系活动越多，知识中介的作用越强，从而促进知识中介地位的提升。

这些基本特点就构成了我们对科研中介的基本理解，要考察一个组织是不是科研中介，对这些要素的考察必不可少，也奠定了下文分析科研中介类型时的基础。科研中介组织拥有独特的能力去推动科研知识在宏观决策中的应用，将不同领域或利益相关者群体联系起来，从而推动教育的发展。作为科研中介，要面临来自不同社会环境下的挑战，他们的能力和价值不能低估。在研究环境下的专业科研人员为了确保研究的科学性和规范性，可能没有足够的时间和精力花在去推动研究成果的转化和应用上，即便这些科研人员有服务决策的抱负。在这种情况下，科研中介的角色就至关重要。

但是，库珀对"科研中介组织"的理解和界定并不能完全与我国的国情相契合。例如，我国的科研中介组织有时候是依托于政府，或者是依托于高校研究机构，很难实现政治独立性和自治。与西方国家的科研中介组织相比，国内的科研中介组织更加具有依附性，在资源的分配中缺乏主动权和独立性，在人员管理上缺乏专业性等。这些特点可以通过下文的科研中介组织的不同类型看出来。

（2）个人层面的科研中介

从个人层面来说，不是任何个人都可以成为"科研中介"，他也必须满足一定的条件，才有成为"科研中介"的可能性，具体如下：

具有较大的学术影响力。这类人群是已经在学术上有很高的造诣，无论是在学术圈还是决策圈都已经具备了很大的知名度和影响力。在这种情况下，如果该个体在向决策者宣传某一研究成果时，更加容易获得关注，因为决策者对这类人群保持高度的信任和支持。普通研究者可以通过他们将研究成果传递到决策者视野当中。

与政府关系密切的研究者。研究者如果与政府关系密切，或者合作频繁，就有更多机会与决策者接触并交流，及时了解当前决策者所关注的政策问题。在此基础上，此类研究者一方面可以通过自己开展研究帮助决策者解决问题，另一方面可以将这一消息传达给其他有能力的研究者，并且鼓励该研究者或研究团队对相关问题开展研究，为促成研究成果被决策者所关注埋下伏笔。

同时具有研究者和决策者双重身份的个体。有些个体在高校是以研究员或教授的身份工作，同时也在政府决策部门挂职或者担任职务，此种情况下，该个体具有研究者和决策者的双重身份，一方面需要本身做好角色转换工作，另一方面是发挥转化作用，包括自己研究成果的转化和他人研究成果的转化。因为这类个体熟知研究环境和决策环境下的两大语言体系，在成果转化过程中可以很好地处理两者存在的"文化冲突"，即地位不平等冲突、看问题角度不同的冲突和对学术的看法不同的冲突①。

经历"旋转门"机制的研究者或决策者。所谓"旋转门"，指的是个人在公共部门和私人部门之间双向转换角色，穿梭交叉为利益集团牟利的机制。②"旋转门"机制是美国思想库最具特色的现象，其产生和运转根植于美国的政治体制。四年一度的总统大选，卸任的官员很多会到思想库从事政策研究；而思想库的研究者很多到政府担任要职，从研究者变为执政者，这种学者和官员之间的流通就是美国的"旋转门"。③经历过"旋转门"机制的研究者或决策者能够将自己以往的经验与当前的工作要求相结合，对于研究在决策中占据更大比重具有促进作用。

综上所述，科研中介可以是以组织形式存在，也可以是以个人形式存在，只要发挥了研究向政策转化工作的个人或组织，都可以称为科研中介。

---

① 孟彦，洪成文. 从知识动员视角探析我国高等教育宏观决策有效性缺失问题［J］. 现代教育管理，2015（11）：1-6.
② 旋转门［E3/OL］. https://baike.baidu.com/item/%E6%97%8B%E8%BD%AC%E9%97%A8/12024533?fr=aladdin.
③ 王莉丽. 旋转门：美国思想库研究［M］. 北京：国家行政学院出版社，2010：98.

（二）科研中介的组织类型分析

1. 关于"科研中介类型"的研究

库珀也曾经总结了不同领域的知识经纪模式，为探索教育领域的科研中介类型奠定了基础。

表10 国外不同研究领域关于"科研中介类型"的研究

领域	模式（影响知识应用于决策和实践的因素）
健康	该模式是包含五个方面的知识动员框架：（1）信息；（2）目标群体；（3）发信人；（4）知识转移过程和支持的沟通设施；（5）评估。约翰·拉维斯（John Lavis）强调了可信度的重要性，建议研究者要通过可信任的中介（知识经纪人）作为发信人从而解决研究者可能面临的时间、兴趣和技能的局限性，同时也要增强发信人的可信度，最终增强研究被使用的概率。
健康	提出不同类别的知识经纪人，包括网络知识经纪人（Network Knowledge Brokers），是具体关系网络的成员，他们把信息在关系网的成员间相互转移；基于问题的知识经纪人（Issues-based Knowledge Brokers），主要支持特定的问题，从而响应具有高优先级的问题，而且利益相关者可以从多个研究项目中获得单一的信息联系；基于程序的知识经纪人（Program-based Knowledge Brokers），充当研究程序的协调人，确保研究项目融入多种多样的程序当中；基于项目的知识经纪人（Project-based Knowledge Brokers），属于研究项目团队中的一员，与研究团队、研究使用者共同工作，确保研究项目的预期能够满足研究使用者的需要，从而提升研究的采纳概率。（Land & Water，2006）
商业	考虑到不同背景下的认知差异和知识转移的复杂性，有学者提出了以下几种经纪人角色：信息经纪人（Information Broker），属于"小差异，低复杂"类型，核心功能就是转移，偶尔发生交互作用；知识编码人（Knowledge Coder），属于"大差异，低复杂"类型，核心功能是知识整理，偶尔发生交互作用；综合知识经纪人（Integrated Knowledge Broker），属于"小差异，高复杂"的类型，核心功能是接收和转移知识，持续发生交互作用，知识直接在双方有共享知识需求的群体中发生转移；纯粹知识经纪人（Pure Knowledge Broker），属于"大差异，高复杂"的类型，核心功能是接收、重组和转移知识，持续发生交互作用。（Cillo，2005）

2.国际标准下的教育科研中介的类型和特点

当前还没有研究对我国科研中介的类型进行分类，本研究将依据前文对科研中介的概念界定以及国外的划分标准，对我国目前高等教育领域存在的科研中介进行本土化划分，并在此基础上了解这些科研中介的结构构成和工作模式。

库珀曾对加拿大教育领域的科研中介组织按照资金来源渠道进行分类，共分为四类：政府型中介（Governmental KMIs）、非营利型中介（Not-for-profit KMIs）、营利型中介（For-profit KMIs）和会员型中介（Membership KMIs）[1]。在寻找我国高等教育科研中介过程中，主要依据官方网站搜索的方式，看该组织是否满足了两个条件：一是连接科研生产者与应用者；二是关于组织的目标和使命的描述是否有相关促进科研应用于决策的描述等。基于此，本研究试图将我国的科研中介也依据库珀的标准进行分类，可以帮助我们对当前我国高等教育领域中能够发挥科研中介作用的机构有初步的了解，具体如下：

（1）政府型中介

由政府资助的机构，包括教育部直属研究中心，如教育部高等学校社会科学发展中心，职责之一就是"编印有关参考资料，提出关于哲学社会科学研究、学科建设及有关实际工作的政策性、对策性建议"，其研究成果以工作汇报的形式直接呈至教育部决策层领导；地方研究中心，如北京教育科学研究院，主要为北京市教育部门提供宏观决策指导以及为北京市学校管理实践提供意见服务；科研资助机构，如全国教育科学规划领导小组办公室，主要负责全国教育科研的申报及管理工作，从而成为教育科研课题成果宣传和推广的主要阵地。

（2）非营利型中介

非营利型中介通过各种各样的方式获得资金来源，比如拨款、社会筹资

---

[1] COOPER A. Knowledge Mobilization Intermediaries in Education: A Cross-Case Analysis of 44 Canadian Organizations [D]. Toronto: Univ. of Toronto, 2012.

和捐赠等作为主要经费来源之一。主要包括大学研究中心、院系所，研究者本身也可以成为知识中介，他们通过发表论文、参加学术会议、申请研究课题及提交政策咨询报告等方式发挥作用。以厦门大学高等教育发展研究中心为例，其主要任务有三条，其中第二条提出"研究国家高等教育改革与发展政策，集中攻关，在一些重大问题上发挥国家级智库作用"，明确将研究与决策咨询结合在一起。智库和高校智库，如21世纪教育研究院，作为一所民办的非营利性组织，它通过出版《中国教育蓝皮书》，积极与教育行政部门、学校及企业等机构合作，提供政策咨询和管理服务。

（3）营利型中介

通过出售服务和产品而获得资金来源，主要包括出版社，如高等教育出版社，出版社有权利选择出版哪些科研成果，发挥了知识传播和推广的作用，顺理成章成为知识中介；媒体和网络技术平台，如新闻采访、报纸专栏、博客、微博和微信等，随着电脑和智能手机的普遍应用，网络发挥的作用越加明显，微博和微信的转发量成为研究成果的重要宣传载体，具有较大的影响力，尤其是对于关心教育问题的社会公众；咨询公司，如麦可思数据公司，为教育部、各省政府的教育主管部门、高校、研究机构等提供数据咨询和评估，并得到广泛应用，它也是唯一得到政府、学术界、商业机构和社会公众广泛认可的咨询公司，奠定了其知识中介的稳固地位。

（4）会员型中介

会员型中介是会员所交会费为资金来源，如中国高等职业技术教育研究会，该会现有600所会员单位，以高等职业技术学院为主，会员需要定期缴纳会费，并且具有一定的入会流程。该研究会主要开展高等职业技术教育研究活动，积极向上级学会提出政策建议，并为职业技术教育实践提供理论参考。

我国高等教育领域的科研中介机构可以在库珀的类型中体现出来，这四种类型的划分将有助于我国研究者在推广研究成果时找到适合的科研中介，便于更有针对性地确保研究成果被决策者所采纳或者服务于教育实践。但是，基于在访谈过程中对不同高校基本情况的了解以及研究者对科研中介的看法，本研究认为单纯参照科研经费来源对我国科研中介的划分不太合适，有些机构无法清晰地划分到某一类中，比如公立高校可以归为政府型中介，因为它接受政府的拨款，但也属于非营利型机构。因此本研究对我国高等教育领域的科研中介进行了本土划分，充分结合了我国国情、研究与决策的关系等方面的因素。

3. 本土化标准下高等教育科研中介的类型和特点

通过访谈，笔者了解到当前关于教育研究与决策应用的关系发展情况主要基于三类群体：第一类是政策友好型的研究者，即时刻关心高等教育政策发展，积极通过研究为政策服务的研究者；第二类是研究思维型的决策者，即决策者在工作开展中充分依据科研证据，与研究者保持着良好且紧密的联系；第三类是充当传播渠道的中间人，即这类群体既不属于研究环境下，也不属于决策环境下，而是处在两者之间，且与两者都保持着合作关系。基于不同群体类型的表现，本研究认为我国高等教育领域中的科研中介应包括研究层面上形成的科研中介、决策层面上形成的科研中介和独立发展的科研中介，因此将我国高等教育领域的科研中介分为研究型科研中介、决策型科研中介和中立型科研中介。

（1）研究型科研中介

该类型科研中介的主体是从事科研知识转化的研究者。主要行为表现是对学术成果的宣传，其中"政策企业家"[①] 发挥着重要作用，主要特点表现在：

● 对政策过程有很好的理解，具有决策经验和知识，虽然主要工作任务

---

① 所谓政策企业家就是"那些通过组织、运用集体力量来改变现有公共资源分配方式的人"。在充满风险的政策创新过程中，政策企业家愿意投入时间、精力甚至金钱，致力于打破政策平衡，向其他人兜售自己中意的政策理念并力让其变成新的决策方案。他们通常具备以下特征：(1) 愿意并能够承担风险责任；(2) 拥有专业知识和坚持不懈的创新精神；(3) 具备良好的管理和领导潜能，是有批判精神的思考者。政策企业家与其他政策参与者最大的区别是：他们参与推广政策创新方案并能成功维持它。

是开展研究,但该类型科研中介往往具有与政府合作的充足经验,或者具有直接扮演决策者角色的经验;

● 被决策者所熟知和信任,成为决策者会优先选择的渠道;

● 对影响政策相关的研究具有很高的兴趣和关注度;

● 有义务和责任积极地将研究结果传播到决策者和利益相关者群体中。

"研究型科研中介"的典型代表是高校智库、科研院所和具有较大影响力的 VIP 学者等。

(2) 决策型科研中介

这主要依靠决策者在政策环境下对自身身份的转换,从而开展科研知识的动员工作,主要形式是在政府设置的政策研究部门。主要特点表现在:

● 决策者充当研究的支持者,但不一定是自己从事研究,这种情况下的决策者往往具有学术背景或者较高的学位,能够理解研究的价值;

● 决策部门的研究团队扮演不同的角色;

● 与其他研究部门合作,将决策部门的研究团队与政府外部的研究团队建立合作;

● 与研究团队签署合作研究协议;

● 对研究成果进行翻译和传播。

"决策型科研中介"的典型代表是政府的政策研究处室、具有相关学科背景的学者型决策者等。

(3) 中立型科研中介

这类科研中介脱离于政府和学术圈,是独立发挥连接研究生产与应用的机构、组织或个人。主要特点表现在:

● 对决策环境和学术环境有很好的理解,建立相互尊重的文化,该类型科研中介不偏向于任何一方,合理平衡好研究与决策的需求;

● 中立性和独立性,科研中介不受研究或决策的任何一方限制,具有独立的运行管理模式,在选择研究成果或者提供咨询方面具有很大的自主权;

● 努力与研究生产和决策需求保持稳固的联系,并站在学术和政策的需求冲突之外，以"旁观者"的视角去处理两者之间的关系。

"中立型科研中介"的典型代表是学术期刊、出版社、咨询机构如21世纪研究院、麦可思教育咨询机构等。

（三）科研中介的作用机制

科研中介作用的发挥需要所属载体发挥积极主动性，采用最有效的方式履行职能。社会学中将"机制"理解为协调各个部分之间关系以更好地发挥作用的具体运行方式。也就是说，科研中介在对基于研究的知识信息的动员过程中，采纳了不同的策略来协调研究者、决策者和实践者之间的关系。国外学者曾提出知识中介在发挥作用过程中主要采纳三种方式，分别是产品（products）、事件（events）和网络（networks）[①]。本研究将在此基础上对我国高等教育科研中介的作用机制进行详细划分：在"产品"方面表现为研究简报和咨询报告等，在"事件"方面表现为学术会议和组织课题，在"网络"方面表现为邮件、网站和新媒体平台。具体如下：

1. 研究简报和咨询报告

研究者的直接研究结果报告是长篇大论的，在这种情况下，科研中介需要将此类研究成果简化成研究简报、政策咨询报告或者数据的总结报告等，一方面突出了研究成果的重要内容，另一方面有利于教育决策者和实践者更容易理解和接受。科研中介如高校智库在向政府递交研究成果时，会将学术语言向政策语言转化，利用简单准确的语言阐述研究结果，是科研中介的主要工作内容之一。通过科研中介形成的"产品"是经过简化、修改和语言转化过的，否则该内容很难被决策者所接受和采纳。

2. 学术会议和组织课题

科研中介定期举办相关研究领域的年会和学术研讨会，研究者在会议中呈现最新研究成果，便于科研中介收集研究成果。比如，中国高等教育学会

[①] COOPER A，LEVIN B. Some Canadian contributions to understanding knowledge mobilization [J]. Evidence & Policy，2010，6（3）：351-369.

每年定期召开"中国高等教育学会学术年会暨高等教育国际论坛",设定会议主题,吸收研究论文,实现教育研究成果的公开和推广。需要说明的是,学术会议的主办方可以是研究型科研中介或决策型科研中介,也可以是中立型科研中介,这是促成研究者与决策者沟通的最佳平台。

组织课题申报也是重要的策略方式,全国教育科学规划领导小组办公室就是这一策略的典型使用者,课题申报形式包括重大、重点招标项目以及一般申报项目,前者反映了国家对此类研究成果的迫切需要,后者反映了目前研究者的研究动向,两者有效结合,共同为教育决策和实践服务。一般是决策型科研中介能采用组织课题的方式来发挥作用,因为决策型科研中介处于政府层面,往往掌握着主要科研经费的发放权,能较大程度吸引研究者积极申请课题,为政府决策服务。

3. 邮件分享和网站信息公开

科研中介作为连接知识生产和使用的渠道,需要坚持公开透明的工作原则,及时公布所了解的研究成果和政策实践需要,作为研究者和实践者的背后推动力,提供研究的信息来源,便于决策者和实践者与研究者建立沟通联系。同时,科研中介可以定期向关联的任何一方发送邮件,分享最新的研究成果和政策及实践结果。如中国高等职业技术教育研究会向会员发送邮件,达到直接的影响效果。

学术期刊每年会结合当前国家大政方针的需要,将一段时期的文章组稿重点公开发布出来。这成为研究者可以参考的选题,帮助研究者在一定程度上了解了当前国家对哪些问题比较关心和重视,也了解了国家政策的需求,从而为研究逐渐满足政策需求埋下了伏笔。

4. 新媒体平台

联合国教科文组织界定"新媒体"为以"数字技术为基础,以网络为载体进行信息传播的媒介"。也就是说,社会大众可以利用新媒体传播和接收信息,信息可以通过网络实现广泛传播。目前新媒体主要形式载体有论坛、博客、微博、微信等,科研中介也充分利用了这些平台发挥作用。越来越多的科研中介拥有微博账号和微信公众号，成为分享信息的主要平台。同时，研究者也拥有自己的博客，可以发表关于研究和教育问题的看法，或者对论坛里随处可见的教育问题讨论和聚焦，发挥了"研究型科研中介"的作用。

（四）我国高等教育科研中介存在的问题

虽然我国高等教育科研中介一直在致力于为教育决策和实践服务，但是有效性并不高，而且我国高等教育研究的政策转化率仍然较低。基于对当前科研中介的概念、类型和作用机制的理解，笔者认为我国当前高等教育科研中介主要存在以下三个问题：

1. 自我认识有待提高

科研中介工作的成败以是否被政策采纳为标准，但是更重要的是应该了解自身的优劣势，采取最合适的策略产生影响。比如麦可思公司应该多利用技术平台，因为它的权威性已经被政府和社会所认可，需要扩大影响的范围，通过向广大公众宣传就业数据，不仅影响了公众对学生就业的认识和选择，而且会间接影响国家的政策导向。而教育部附属的研究机构，它的最佳渠道是直接向上级部门以汇报工作的方式呈现自己的研究成果或收集的研究内容等。因此，科研中介应全面考虑自身条件，充分利用最佳优势，达到事半功倍的效果。

2. 容易忽略科学研究的过程

科研中介在对研究成果的选择上，应重视研究过程的科学性，而不只是去关心所产生的研究结果。有时候研究结果虽然看起来合理，但过程却不符合科学性或研究伦理等。比如，国家教育咨询委员会秘书长袁振国在2015年华东师范大学主办的教育实证论坛上举例提到，国家在制定《国家中长期教育改革和发展规划纲要（2010—2020年）》（以下简称《规划纲要》）过程中，曾将"适当降低教材难度"写进纲要中，因为领导和学者们纷纷认为这毋庸置疑将有利于减轻学生课业负担，但这一结果是基于经验和一般性研究所得的，是否真正科学并未可知，于是，国家组织了大规模的中小学理科教材的难度国际比较研究，了解了学生负担并不是教材的难度所致，而是教学难度引起，于是修改《规划纲要》的表述为"调整教材内容，科学设计课程难度"。可见，科学的研究过程至关重要，科研中介应充分了解研究结果的产生过程。

3. 科研中介间合作不足

科研中介需要具备综合的能力和素质，有时候只依靠一方力量并不能达成目标，必须与其他中介建立合作关系，共同努力实现研究成果的高效使用。比如，大学的研究院所作为具备知识生产和推广功能的科研中介，但是受科研评价制度和研究者自身发展需求的限制，很容易将工作重点放在生产方面，而忽略了研究成果的推广和应用。在这种情况下，需要加强与政府型科研中介的合作关系，借鉴其撰写政策简报、与决策者和实践者沟通的策略等，从而实现科研中介职能的发挥。

第四节 本章小结

本章详细说明了高等教育研究者影响政府决策的因素。从整体分析来看，这些影响因素与"研究者在政府决策中的作用"之间的关系如下：

第一，从研究层面来看，研究主体、研究过程和研究结果构成了主要的内容。首先，研究者的主体性越强，在政府决策中发挥的作用越大。具体来说，研究团队越强大，研究获得的结果质量越高；研究者的影响意识越强，发挥的主观能动性越强，越能符合政府决策的需求；研究者的精力越旺盛，利用在成果转化上的时间越多，实现影响的可能性越大；研究者能力和经验越丰富，在影响政府决策过程中的效率越高；研究者身份越高，影响政府决策的方式越直接。其次，研究过程越科学，研究者在政府决策中发挥的作用越大。具体来说，研究选题和内容越符合政府的现实决策需求，越能获得决策者的关注和青睐；研究目的越与影响政府决策相契合，发挥价值的可能性越大；研究方法和资源越科学且丰富，研究出来的结果质量越高，越能为政府决策者提供更加切合实际的方案。最后，研究结果越具体可行，在政府决策中被采用的程度越高。

第二，从传播层面来看，传播方式、传播内容和传播条件构成了主要的内容。首先，传播方式越直接，发挥作用的效果越好。其次，传播内容越容易理解，被接受的可能性越高。最后，传播条件中研究者与决策者之间的关系越紧密，产生的影响越直接有效。

第三，从决策层面来看，决策主体和决策过程构成了主要内容。首先，决策者的选择决定了研究成果发挥作用的前提。具体来说，决策者更替会对研究成果的作用发挥产生积极或消极影响；决策者越偏好研究者的研究成果，研究者的研究成果越被重视，在决策中发挥的作用越大；决策者能力越强，对研究成果的重视程度和利用程度越高；决策者越主动，研究成果在政府决策过程中发挥作用的力度越大。

第四，从环境层面来看，地缘结构、制度引导、逻辑差异和文化传统构成了主要内容。首先，地缘结构会与研究者对政府决策产生影响，但无法确定影响关系。例如，当政策研究者处于省级地理区划时，可能对中央政府决策的影响产生负面影响，但对省级政府决策的影响产生正面影响。其次，制度引导越积极推动，研究者通过研究影响政府决策的态度越积极。再次，逻辑差异越大，研究成果在政府决策中发挥有效性的作用越小。最后，影响政府决策的文化传统越深厚，政策研究者对成果的政策转化越重视。

因此，不同因素与"研究者在政府决策中的作用"的相关关系具有差异性，具体如下：

- 研究主体的能动性与"研究者在政府决策中的作用"呈正向相关关系；
- 研究过程的科学性与"研究者在政府决策中的作用"呈正向相关关系；
- 研究结果的可行性与"研究者在政府决策中的作用"呈正向相关关系；
- 传播方式的直接与"研究者在政府决策中的作用"呈正向相关关系；
- 传播内容的易理解性与"研究者在政府决策中的作用"呈正向相关关系；
- 研究者与决策者关系的紧密性与"研究者在政府决策中的作用"呈正向相关关系；
- 决策者更替与"研究者在政府决策中的作用"呈正向或负向相关关系；
- 决策者偏好、能力和主动性与"研究者在政府决策中的作用"呈正向相关关系；
- 地缘结构与"研究者在政府决策中的作用"呈正向或负向相关关系；
- 制度引导的积极性与"研究者在政府决策中的作用"呈正向相关关系；
- 逻辑差异与"研究者在政府决策中的作用"呈负向相关关系；
- 文化传统与"研究者在政府决策中的作用"呈正向相关关系。

这些关系并不是孤立且独立存在的，现实情况中是多项因素共同来发挥作用的。在此基础上，本章还分析了两个关键性因素，分别是科研中介的作用、研究者与决策者的关系。科研中介可以从组织层面和个人层面进行划分，国外已经根据科研中介组织的资金来源分为了四类，本研究基于本土资料的分析，将科研中介类型分为科研型科研中介、决策型科研中介和中立型科研中介三种，并在此基础上分析了我国教育科研中介的作用机制和不足。关于研究者与决策者的关系分析，本研究结合已有探索两者之间关系的理论观点，认为研究者与决策者之间的"鸿沟"是因为研究者与决策者对政策问题的关注点不同、研究者之间的差异、决策者之间的差异以及研究者与决策者之间的互动方式差异。研究认为，研究者与决策者之间的关系类型不同，本研究认为共有五种关系类型，并为政策研究者处理好与决策者之间的关系提供了对策建议。

第五章

高等教育研究者作用于政府决策的路径

大卫·韦伯（David J. Webber）认为"研究的应用过程"是"有歧义的（ambiguous）、杂乱的（amorphous）、渐进的（incremental）和迂回曲折的（meandering）"，并且研究应用的活动形式也是多样的且不可预测的。[①] 本章拟结合文献资料以及访谈过程中获得的第一手资料来分析，试图通过类属分析和情境分析方法将复杂的"高等教育研究者影响政府决策的路径"展开分析。为何有的经过充分论证的政策研究在转变为政策时"胎死腹中"，而有的却"横空出世"？政策研究者在其中扮演了什么样的角色？研究是如何发挥作用的？本章通过对不同政策研究者的成功经验进行编码分析，归纳出现实中主要存在的三种作用路径，并提出三个本土概念，分别为"研究内驱式""决策外推式"和"中介扩散式"。由于本研究是从政策研究者的视角来考虑问题的，因此这三种路径的形成也是以政策研究者为核心主体来分析，并非是介绍一项政策如何出台的过程，而是研究者如何参与其中并发挥作用的过程。"研究内驱式"路径是研究者发挥能动性的路径类型，"决策外推式"路径和"中介扩散式"路径都是政策研究者处于被动状态的路径类型。

[①] WEBBER D J. The distribution and use of policy knowledge in the policy process [J]. Knowledge and Policy, 1991, 4（4）：19.

第一节　我国教育研究影响政府决策的方式

关于研究影响决策的方式，X老师在访谈中曾说道："研究影响决策的方式非常多，第一个是这个政策建议你可以让领导人看到，就是决策者看到，第二是你发表在一些比较高水平的学术期刊上，也有可能进入决策者的视野，第三个是你发表在媒体上然后才产生的社会影响，进而影响到决策，第四个是通过一些特殊的渠道或者是会议，直接在会议里面，向决策者表明你的一些关注或者观点，然后呢，他们把它纳入考虑范围之内。"X老师在访谈中提到了四类研究影响决策的方式，呈现了比较典型的几类影响方式。本研究在此基础上进行拓展，较为全面地分析我国当前研究影响决策的方式。

朱旭峰认为，传统上中国的专家仍然希望将自己的观点直接上交至决策者，因为这种方式最直接且有效，但是，很多情况下，专家也选择其他的方式来发表意见，原因在于直接的渠道走不通，也有可能在向决策者传递研究成果时遇到了强大阻力，只能借助其他渠道来产生影响。在当前很多讨论专家和智库的学术文章中，专家在政策过程中的参与行为都被认为是根据他们自己的资源约束去实现影响力最大化的理性策略选择。[①] 因此，研究影响决策的方式可以分为直接和间接两种方式。从直接方式上来说，主要是指研究直接成为特定政策的方案，或者决定了政策优先解决的问题和倾向。从间接方式上来说，研究可以通过影响决策者的态度和思维方式等来影响决策；或者是通过影响决策者对某一问题的理解来影响决策；或者通过稳固当前决策者的政治地位来影响决策；或者通过影响社会组织或主流媒体来影响政策；

[①] 朱旭峰.政策变迁中的专家参与[M].北京：中国人民大学出版社，2012：27.

或者通过影响媒体和群众来达到影响政策的目的等等。

一、直接的影响方式

（一）研究者直接参与决策过程

研究者直接参与决策过程的表现，一是教育研究者直接在政府部门任职，二是教育研究者直接参与政策文件的起草工作。具有一定声望和能力的学者往往会受政府部门聘任担任政府部门的领导，因此能够直接参与政策的制定。同时，由于这类学者具有研究者和决策者的双重身份，有利于自己的研究成果直接反映在决策过程中。

同时，当前国家对于政策文件的起草工作都会邀请相关领域的著名专家学者参与，作为政策科学性的保障。这个过程中，研究者很容易将自己的研究成果作为政策起草工作的研究支撑，并具备有利的时机向决策者介绍研究成果，从而体现在政策文件中，被决策所采纳。我国高等教育结构研究的成果就是由该课题负责人郝克明在作为主要成员参与起草1985年《中共中央关于教育体制改革的决定》时，将课题的阶段性成果直接体现在政策制定的精神中。[①] 这是最直接也是最迅速的影响方式。

（二）开展政府委托的政策研究

通常，研究者开展的研究是来自决策者的直接委托，并且研究的最终目的就是为政策文件做参考，在这种情况下，决策者可以将研究成果直接应用在决策过程中。在访谈中，C老师说道："前段时间我承担的一个课题，就是为了起草一个中央文件（为了对相关信息进行保密，文件名称在此不予披露），我们课题的那个结论最终是完全被采纳的。"

---

① 闵维方，文东茅，等. 学术的力量：教育研究与政策制定[M]. 北京：北京大学出版社，2010: 22–23.

(三)向决策者提交研究报告

专家通过写信或者向决策者提交研究报告的方式向决策者表达自己的研究成果对政策的影响,也有可能是通过正规或非正规的渠道以口头的方式将研究结果传达给决策者。Z2 在访谈中说道:"我们经常收到政策研究者寄过来的报告,这也是一种很好的方式,我们会给予反馈。"

二、间接的影响方式

(一)发表论文、著作等学术成果,吸引决策者注意

研究者呈现研究结果最普遍的方式就是发表学术成果,决策者在对某一问题产生关注之后,会通过各种渠道了解当前的研究情况,研究者的学术论文和著作等是决策者会主要选择的研究来源。在访谈中 I 老师说道:"决策者在研究某一个问题的时候,他们最先做的也是从文献综述开始,他们也会做文献综述,他们会看研究者最新的成果。"但是需要强调的是,在这个过程中,往往只有在核心期刊等学术平台上发表的成果才会被决策者关注,对其他非核心期刊的平台关注得比较少。

(二)通过社会组织和主流媒体传播影响

这里所说的"社会组织"就是指能充当科研中介的平台,比如教育学会等,主流媒体主要是指《光明日报》《人民日报》《求是》等会被决策者经常阅读的报刊类型及相关公众号的发布,或者研究者通过接受主流媒体的采访,如中央广播电视总台、北京电视台等。通过这些平台传播的研究成果更容易进入决策者的视野当中。

(三)利用公众,加速对决策产生影响

约翰·加尔通(Johan Galtung)[①]将社会结构分成三个层次,分别是决策核心、中心和边缘(图10)。决策核心层指决策者,也就是掌握政策决策权力的人,他们的政策主张对政府决策起到决定性作用。在核心层以外是中心层,他们主要包括具有一定政策影响能力的媒体、企业界、学术界等社会精英。边缘层主要是普通大众。普通大众往往离决策核心和中心很远,影响政策的能力较弱,所以处于边缘。根据加尔通的理论,公众虽然处于决策的边缘层,但是其影响决策的力量不可小觑,因此研究通过媒体曝光率可以引起公众的关心和注意,从而被决策层所关注。

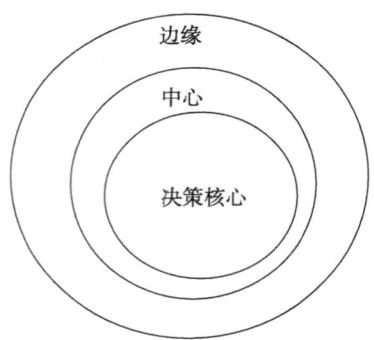

图10 加尔通提出的"社会结构分层理论"

教育问题往往与公众自身利益密切相关,因此更加容易引起公众关心,并因此引发公众表达自己的意见和看法。一旦该问题的社会讨论意见有可能会影响社会稳定和发展时,该问题就会被决策者提上议事日程。以异地高考政策为例,异地高考学生及其家长是直接的利益相关者,他们不遗余力地到

---

① JOHAN G. Foreign Policy Opinion as a Function of Social Position [J]. Peace Research Society (International), 1965 (2): 206-231.

教育行政部门呼吁和建言,在推动政策决策过程中发挥了作用[①]。

(四)邀请决策者参加学术会议和研究交流活动

研究者与决策者面对面的交流是一种影响决策者思维方式和态度的重要方式。研究者可以积极邀请决策者参与学术研讨会议,制造与决策者交流的机会,间接地将自己的研究成果传达到决策者一方,引起他们的重视,或者获得他们的反馈,为研究者下一步深入研究的开展提供方向。面对面的交流有利于得到及时反馈,同时也有助于研究者与决策者能以彼此互相理解的话语和方式交流,从而加速研究成果的传播。

除了上述影响方式之外,研究者还可以通过其他方式产生间接影响。比如研究者可以通过与其他有较大影响力的学者合作开展研究;或者研究者积极申请承担国家教育科学规划办公室的投标课题等重大课题;或者是通过与决策者的个人关系,通过两人的聊天交流,促使研究成果被决策者所知晓,从而增加被采纳的概率。而且,以上方式并不是单一发挥作用的,研究者可以综合采取多种方式施加对政府决策的影响。在了解研究者影响政府决策的方式之后,本研究重点分析研究者影响政府决策的路径,目的在于探索当前高等教育研究者成功作用于政府决策过程中都具备哪些特点。

---

① 景安磊,周海涛,李虔.多源流理论视域下的异地高考政策议程分析[J].全球教育展望,2014(3):108-115.

第二节 "研究内驱式"路径

"研究内驱式"过程典型的特征是政策研究者在完全自主研究的前提下,自下而上地把一个研究结果输送到政策制定者的手中,是指以研究者的主动性为动因和逻辑起点,以影响宏观决策为目标,从而引起决策者关注和应用研究成果的过程。这一路径的最终目标在于确保决策者对某一问题更加敏感和关注,或者改变决策者看待某一问题的方式。

根据访谈资料和其他文献案例的呈现,我们可以了解"研究内驱式"路径的基本特点。在访谈中,大多数政策研究者对政府决策产生影响的前提是以决策者的直接委托形式来开展研究的,而直接主动对决策产生影响的较少。本节以 J 老师影响政策的经验为分析基础,主要介绍研究是如何开展的,为什么要开展这项研究,是什么机会促使研究成果最后影响了政策,研究者发挥了什么作用等问题。

一、J 老师:自下而上的能动影响

2015 年 6 月 4 日,教育部社会科学司公布《关于 2015 年度教育部哲学社会科学研究重大课题攻关项目招标工作的通知》,在公布的招标课题指南中有一项是"我国社会需求变化与学位授予体系发展前瞻研究"。这个选题引起了 J 老师和他的研究团队的注意:"这个一开始是某老师提出的建议,认为我们有这样的研究基础,可以考虑尝试申报这个招标项目。"

2015 年 12 月 2 日,教育部社会科学司公布了立项结果,J 老师的课题申报最终获得了资助。这是 J 老师经过三个多月的论证研究所获得的回报,虽然本招标课题申报并不是J老师一开始提出的选题,优势并不大,但最终仍在竞争中脱颖而出。"为什么我们能成功申报?首先,我们的论证比较认真,我们花了几个月时间不断修改,我们的参与人员来自多个学科,而且还有一些企业的人员来参与,我们的人员配置比较全面。而且我们写的报告与研究目标比较吻合。再有,就是我们前期有过一个研究基础,而且与国务院学位委员会有过合作,我们的工作比较细致和认真,与他们配合比较好。在前期研究过程中,我们进行了11次国务院学位委员访谈。我有一个月的时间,多次联系人员访谈,多种途径去找人联系,最终联系了38位访谈对象,政府部门的人员都觉得很难,我们都做到了。而且对每一次联系进行记录。可能这些前期研究经历给国务院学位委员会办公室留下了很好的印象。"前期的研究基础为J老师成功申报提供了巨大的推动力。

2016年3月17日,该课题在J老师所在高校举行了开题会,除研究团队主要人员参与之外,还包括学位管理与研究生教育司的领导应邀参加。在开题中突出了该研究的政策性和实证性,与政府决策人员有了很好的配合。

在研究过程中,J老师和研究团队开展了大规模的实证调研和国际比较研究。笔者访谈期间,该研究仍处于起步阶段,核心的学术成果还没有出来,但是该课题组已经获得了三份政府采信报告。"我们经常与政府决策部门人员有交流,见面次数很多。……而且招标项目它本身就有一个目标就是为政府决策做咨询,我们要经常问他们需要我们去做什么配合。……招标项目每年都需要提供两份咨询报告。"J老师每次与决策部门之间的沟通交流会都会进行记录,现在已经有过多次交流会。研究者与决策者的主动沟通和交流研究进展为采信报告的提出打下了坚实的基础。

目前,该课题研究团队已经参与了相关政策文件的起草。2017年3月,国务院学位委员会公布了《博士硕士学位授权审核办法》,课题团队深入参与了其起草过程,做了很多贡献,作为专家团队协助了政府政策文件的起草。"除了日常会议的交流,还有国务院学位委员会的会议,学位办与不同省市委员会的会议,我们都进行了参与。"这些过程都为J老师及其研究团队为政府决策提供咨询奠定了基础。"不过这不是我们一个团队的贡献，这是集合了众多专家、政府行政领导等众多人员的参与的。"J老师在访谈中也专门强调了这个方面，政策方案的起草不可能是由一个研究人员或团队所能决定和影响的，需要考虑多方专家的观点。在与政府决策人员长期合作过程中，J老师的感触是"研究者受视野的影响，可能最终提交的报告不能满足政府决策者的需求，政府一般都是从全局着想"。

二、"研究内驱式"路径的特点

（一）研究者主动选择研究问题

研究者对问题的认知分为内部认知和外部认知，内部认知是基于自身研究基础和条件所进行的认知活动，外部认知是结合当前国家政策发展需求所进行的认知活动。研究者对当前高等教育发展问题的关心是影响政府决策的开端，他们对当前的问题具有深刻的认识，并且认识到自己的研究会对政策产生重大的积极影响。戴维斯（Davis）认为，问题的类型是影响其进入政府议程的决定性因素，议程设置过程一般包括三个阶段：第一阶段是"提出"（initiation），特定问题引起采取行动的要求；第二阶段是"扩散"（diffusion），这些要求转变成治理问题；最后一个阶段是"处理"（processing），问题被转换成议程上的事项。[1]

研究者对某一教育问题的关心是建立在研究者责任心和已有研究兴趣的基础上的。研究者有责任关心当前教育发展中的问题，并开展研究从而提出解决问题的对策。但研究者并不能做到关心所有教育发展的问题，他往往会基于自身已有的研究基础和研究兴趣去选择性地关注某一类研究问题，为进一步开展研究奠定基础。Q老师在访谈中说道："做科研，首先我自己想把这个问题弄明白。"政策研究者对问题的求知欲确定了自己的研究问题。另外，

---

[1] 杨成虎. 政策过程研究［M］. 北京：知识产权出版社，2012：136.

闵维方对内涵式发展研究的开展，也是基于自身对这一问题的主动关心意识和这一问题的政策迫切性。①V老师说："我之所以去向政府提交意见报告，是因为我发现了这个问题，我觉得这个现状需要解决，我就想研究，我想让政府重视起来。""我觉得民办教育发展是个不可忽视的重要问题，必须开展研究重视起来。"Y老师在民办高等教育研究领域取得了重大成绩，并向决策者提供了多份政策咨询报告。这是"研究内驱式"过程中的基础阶段，也是比较关键的阶段。因为这一阶段决定了下一步研究成果的形成。开展研究首先需要确立研究问题，这里的问题是指研究者试图解决的具体问题，通过了解当前高等教育发展的现状，对某些方面产生怀疑后，研究者开始运用科学规范的方法分析问题。

但是，研究者对问题的选择会受很多外在条件的限制，比如对相关数据的掌握程度。Q老师在访谈中说道："有些问题我也想研究，但是就是没有平台，也拿不到数据。"《学术的力量：教育研究与政策制定》中提到闵维方曾说，"尽管世界银行投资项目所需要的前期研究阶段已经过去，项目执行阶段不再需要如此深入的研究工作，但是通过项目取得的数据使我发现这里大有文章可做"②。可见研究者能否开展研究需要考量自身当前的研究时间和精力、研究团队和研究经费来源等因素，这些方面决定了研究问题的大小和预期能够实现的目标等。

除此之外，研究者需要将自己的研究问题与决策者密切关注的问题结合起来。金登认为，"就短期而言，政府中的政策制定者在学者的分析和建议与他们已经关注的问题直接相关时最听学者的话。对于那种希望短期内就产生影响的研究人员来说，他则必须了解政府官员在想什么"。③因此，开展研究过程中需要确立最符合决策者需求的研究问题。同时，开展研究过程中需

---

① 闵维方，文东茅，等.学术的力量：教育研究与政策制定[M].北京：北京大学出版社，2010：157.
② 同① 158.
③ 金登.议程、备选方案与公共政策：第2版[M].丁煌，方兴，译.北京：中国人民大学出版社，2004：70.

要研究者严格遵循研究伦理、科学规范等，确保研究是以实证调查为依据的，为研究结论的可行性奠定基础。闵维方曾提出："我们深知所有这些有价值的研究成果的背后都有复杂的研究设计、研究方法，都是以过程的规范化、系统化与科学化为基础和保障。我们非常看重研究过程和方法，因为它是进行有效和可靠的研究所必须掌握的工具。"①

（二）研究目标与政府决策需求相契合

研究者在对某一问题完成研究之后，会形成研究结论。研究结论的形成分为两个阶段：第一个阶段是经过科学研究形成的结论，是对研究问题的直接反映；第二个阶段是经过升华后的研究结论，该阶段形成的研究结论是决策者所需要的内容。如果研究者以影响决策为目标的话，需要经历将学术研究结论的语言转化成决策层所能接受的语言。

在"研究内驱式"路径中，政策研究者在开展研究之初就将"为政府决策提供咨询"作为研究目标之一，所以目标的确立就决定了研究在得出结论之后，必须利用不同的方式或渠道将研究成果引起决策者的关注，并被他们所接受。例如，招标课题的特点是必须定期向政府决策提供咨询报告，并且有指定的政府接收部门，在这种情况下，研究者必须将"提供咨询报告"作为主要目标，在研究过程中应与决策部门建立紧密的联系，及时了解他们的决策需求。

（三）利用不同渠道主动传播研究成果

研究者在完成一项研究之后，将以不同的形式将研究成果呈现出来，如果研究者设定了影响政策的目标的话，可以选择不同的渠道引起决策者的关注，而且不同的渠道带来的效果也不同。研究者可以直接与决策者接触，将研究结果以口头聊天或报告的形式转达至决策者，那么影响的效果可能是最

---

① 闵维方，文东茅，等.学术的力量：教育研究与政策制定[M].北京：北京大学出版社，2010：157.

大的且最直接的；可以采取研究报告、咨询报告、建言报告等形式将研究成果递交至决策层；可以通过间接的方式递交至决策层，如利用"科研中介"，影响的效果可能会因为中介的不同而有所不同，前文第四章中已经说明了"科研中介"的不同形式，详细解释可以参考第四章内容；可以在核心主流媒体上，如《光明日报》等平台上将研究报告呈现出来；也可以通过发表学术期刊论文和出版著作等方式，只不过这种方式可能达到的效果是微乎其微的。例如，《学术的力量：教育研究与政策制定》一书中提到闵维方教授的访谈资料，很好地证明了他是如何主动将自己的研究成果"宣传"出去的，他采用了研讨会发言的形式向决策者汇报了自己的研究成果。"我记得我是在教育部发展研究中心召开的一次教育发展战略研讨会上第一次系统地报告了这一研究成果的。……我们的研究方法和结论引起大家的很大兴趣和关注。……而教育部教育发展研究中心则是1993年中共中央、国务院《中国教育改革与发展纲要》的主要起草单位之一。随后我们陆续发表了一系列研究文章，并多次在国内国际学术会议上发言讨论此问题，因此研究结果传播得相当广泛。"[1]

在研究传递阶段，研究者需要做到：(1)研究成果可信，且容易理解；(2)研究结论和建议更具有操作性；(3)确保决策者对研究具有可控性，比如可以在研究结论的基础上结合现实情况进行一定的修正；(4)与决策者开展不断的互动。

研究者递交工作的完成为获得决策层的关注和认可奠定了基础。一般来说，获得关注和认可的表现有可能是决策层对该研究问题感兴趣，并且提供资金支持开展进一步的研究；有可能是直接给研究者批示；有可能是向研究者提供录用报告，直接用于决策过程的参考；有可能是直接将研究者的研究结论放入政策文本中。研究结果在传播至决策者之后，是否会最终发挥影响决策的作用，这时候会涉及很多因素。根据金登的多源流理论可知，政策出

---

[1] 闵维方，文东茅，等.学术的力量：教育研究与政策制定[M].北京：北京大学出版社，2010：156.

台是需要"政策窗口"的,同时研究要影响决策也是需要一个"政策窗口"的开启,同时还需要考虑政治因素、政策因素等方面。

三、反思与讨论

"研究内驱式"过程是一个从研究者发现问题到影响决策者的过程,它强调了研究者发挥的主观能动性。首先从研究者发现问题开始,其次研究者通过科学的研究过程,获得结论,最后研究者又将结论通过不同的渠道传播至决策层,进而为决策者所接受,最终形成对未来决策的影响。因此,一个完整的"研究内驱式"过程是经历"发现问题→研究问题→传播→决策者关注和接受"的研究驱动过程。但是,在"研究内驱式"路径中,需要强调:

首先,资源的掌握。"专家总是试图根据自己的资源选择最有效的行动去实现对政策的影响。因此,过去的研究认为,专家掌握并合理使用某些资源,促使其在该政策过程中更有机会成为最终影响政策的关键参与者。"[①] 也就是说,如果研究人员掌握了与政府建立联系的资源,那他在向政府部门递交研究报告的主动性、频率、效果等方面就比其他研究人员强,那么掌握资源的研究人员往往会采用"研究内驱式"的路径去影响决策。与其他利益相关者不同的是,政策研究人员是通过自己的专业知识去实现对政府决策的影响,而其他利益相关者往往会通过利用资金、游说和公开宣传等活动去实现。因此,如果政策研究人员通过自下而上的方式去影响政府决策时,首先是以科学的研究结果为基础的,同时利用自己所掌握的资源或其他渠道主动向政府决策部门提供建议,试图对政府决策产生实际的影响。

其次,策略的采用。为什么有些政策研究者在学术期刊上发表了很多高水平的文章,但其政策建议对政府的影响却很小?而为什么有些政策研究者的研究成果却经常被政府所接受和采纳?其中一个主要的原因在于在影响政

---

① 朱旭峰.政策变迁中的专家参与[M].北京:中国人民大学出版社,2012:2.

府决策的过程中，需要采用不同的策略才会实现对政府决策的成功影响。"如果专家不去遵循政策属性的内在规律，毫无策略性地去表达政策主张，他们成功的机会就会小很多。"① 因此，"研究内驱式"路径的实现需要研究人员认识到影响决策的最佳渠道。采用合适策略的前提是对政府决策程序有一定的了解，在访谈中，在教育部决策部门工作的Z1表示："很多政策研究者不知道决策的程序和大的政治格局。……你必须了解中国这个政策形成和出台的这种机制吧，研究者不能整天关在屋子里，就做学问，这个肯定不行，你要是想影响，必须了解政府的决策机制。"

最后，时机的把握。金登等人在提出多源流理论时采用了一个"政策窗口"的概念，目的在于强调政策的制定需要一个时机。如果研究要想影响政府决策，也必须把握一个合适的机会。但是，这里所说的"机会"与金登所提出的"政策窗口"有所区别，金登所认为的政策窗口是指根据给定的动议而采取行动的机会，而本研究中所提到的"机会"是研究人员的成果被决策者所关注和注意的机会，可以说两个"机会"存在的时间段是不一样的。在"研究内驱式"路径的影响下，研究人员需要抓住合适的时机向决策者"宣传"自己的研究成果，可以通过在有决策者参与的研讨会上阐述自己的研究成果，或者可以借助"政策企业家"的中介去向决策者递交咨询报告等。时机的把握是与策略的选择相辅相成的，政策研究人员一旦具备了影响政府决策的意愿，就不仅需要具备政策的敏感度，而且需要对影响时机和方式也具有高度的敏感，选择最佳的时机，从而确保研究成果的有效影响。

但是，"研究内驱式"的影响路径可以说是在政策研究者影响政府决策的路径中最困难的一种，因为研究者是通过自己对问题的判断而开展研究的，随后再选择合适的场合公开研究成果。从研究成果公开发表到被决策者关注是一个艰难的过程，研究成果需要经过不同阶段的"考验"，如研究成果的科学性和正确性、政策语言的合理转化、政策方案的可行性、与国家当前政策

---

① 朱旭峰.政策变迁中的专家参与[M].北京：中国人民大学出版社，2012：3.

需求的契合度等。当前我国还没有形成一种研究者主动影响政府决策的机制，研究人员主动影响政府决策的具体操作过程纷繁复杂。因此，很有必要开展研究成果主动影响政府决策的制度化建设，为政策研究人员，特别是为资源较少的政策研究人员提供明确的制度支持。

另外，当前仍有一批研究者对于向决策者传播研究成果缺乏热情，甚至持一种否定和反感的态度。他们一方面认为这不属于自己的职责范围之内，另一方面认为科学研究只要质量好了，总会产生影响的，不需要积极主动去影响政策。这是"政策研究者的研究态度"和"研究成果的政策转化"之间的冲突所在。我国必须形成完善的教育决策咨询机制和研究转化机制，确保政策研究人员不受资源、机会、语言等方面的限制。

第三节 "决策外推式"路径

戴维·伊斯顿（David Easton）的政治系统分析理论提出"决策过程中的利益要求不是由政治体系外部的社会结构输入政治体系（决策中枢），而是由权力精英自身来进行利益要求的输入，即'内输入'"。[①]"内输入"概念由戴维·伊斯顿提出，他认为，某些要求可能产生于政治系统内部的精英人物，这是一般系统理论的"输入"概念所不能解释的。因为这些要求并非产生于在社会非政治领域中担任角色的人们的经验，而是直接来自政治角色本身，即来自政治系统内部这样的要求，不同于我们一直讨论着的输入。而我们常说的"输入"概念是指环境系统对政治系统的支持与压力，即社会中的各种行为到底怎样影响政治领域中发生的事情的概括性变量。[②]从伊斯顿提出的这个观点来看，决策者自身利益要求决定了政治系统决策过程的运行，因此，如果决策者提出"利益要求"，且研究符合这一利益要求，就能够以"内输入"的形式直接影响控制决策过程的权力精英。

"决策外推式"是指以决策者的主动性为动因和逻辑起点，以依据科学研究制定宏观政策为目标，从而吸引研究者开展研究，确保研究成果在政府决策中的应用。在这个过程中，决策者作为决策系统的权力精英，他们向研究者传递政策需求，实现政府决策的"内输入"。下文主要以 P 老师影响政府决策的经验为例，分析政策研究者以"决策外推式"的路径产生政策影响的过程。

[①] 胡伟. 政府过程 [M]. 杭州：浙江人民出版社, 1998: 283.
[②] 贺武华. 中国教育政策过程本土化研究 [M]. 北京：中国社会科学出版社, 2015: 140.

一、P老师：自上而下的推动影响

P老师是地方重点大学的一名教授和学院领导，他有过多次参与省级政府重大决策工作的经历。在见到P老师并向他介绍访谈问题时，他笑着说："你算找对人了，我的经验很多，而且很有价值。"P老师介绍了很多事例，包括省十二五规划、十三五规划、省高校转型发展等重大政策的制定。在他丰富的经验中，全部都是以"决策外推式"的方式来发挥自身研究对决策的影响的。

2011年，《关于*（基于研究伦理，信息保密，下同）省国民经济和社会发展第十二个五年规划纲要的报告》发布实施，提出"高等教育大众化水平进一步提高，毛入学率达到37%以上，建成2~3所国内知名大学"。这个目标是怎么来的呢？P老师说道："当时张省长刚到我省时，他寻求制度突破口，提出建设高水平大学，因此就委托参事室，开始这个方案的调研工作，我后来就被选择作为这个调研组的学术秘书。"P老师之所以被选进去参加这个研究团队，一是因为他在高等教育领域的研究基础和影响力，"找你是因为觉得你能做这个。比如说省的十三五规划，一开始呢，找别的专家在搞，又去给各部门看，在论证的时候呢，绕了好几圈之后呢，又绕到我这里来"；二是他当时同时在省教育学会工作，与政府建立了比较密切的联系，"我在高教学会工作年头长，所以呢，我就跟厅里面或者领导处室啊，形成了自然而然的一种关系"；三是省参事室中有他的老师，他的老师需要研究人员的支撑，会倾向于寻找自己比较信任和了解的人参与进来。"我与其中的一个参事是师生关系，也有过工作关系，相互比较了解，理论功底比较深。"

"建设高水平大学"一开始是直接由省长提出决策的需求。但是"怎么建设？建设哪些学校？建设的目标是什么？"都是在决策者提出需求之初不明确的问题，必须结合现实情况和科学研究分析。

研究团队在了解了决策需求之后首先开始了长期的调研工作。"我们走访调研了6所具有博士点的省高校，同时也去外省参与调研。"调研小组成员根据政策需求有目的地开展课题研究，调研最核心的目的就是提出把哪几所高校建成国内知名大学，因此调研小组不仅在省内开展了精细调研，而且还到兄弟省进行比较调研研究，确保综合客观看待本省的高校发展情况。P老师说："我们做的调研呢，不光是省内，也包括省际这种，我们比来比去，这个在参与研究的参事们之间进行过交锋的，我们经过了详细的论证。"

P老师跟随调研组完成调研工作之后，与研究团队一起撰写了调研报告。因为一开始是政府委托，所以调研结果直接写成书面报告递交至最高决策者。"我们这个调研结果呢，最后写出来的这个报告直接呈送给省长。"P老师后来主动强调说："我们最后形成的报告是很薄的，但是我们有很厚的附件内容作为说明。"提交给政府决策者的报告是需要薄而精的，突出重点内容。参与过国家和北京市很多课题的B老师也在访谈中表示过类似的意思："我们提交研究报告，都会有很厚的附件和一份不到两千字的简短报告。"

P老师自豪地说："我们的报告最后得到了省长的高度肯定，结果也确定了，其中*大学也作为重点支持的大学。这是一个影响决策的特别好特别实际的案例。"

那最终决策者决定接受和采纳的原因是什么呢？"首先，他选择用不用那肯定是他的事情，但是跟你的研究质量很有关系的，如果这个报告写的质量不行，那他肯定不会采纳。再有就是研究水平，他不会因为跟你的私人关系好他就采用。然后就是作为一个研究者来说，你跟这些决策者打交道，你要是书生气很重的话，那你这个东西转化不了。……作为决策者，他有他自己的视野和考虑，有他自己的逻辑，必须认识到这一点。"P老师反复强调研究者不能控制决策者的选择，也不能因为他们没采用而有负面情绪。在P老师看来，做好研究就是研究者的职责，只要做好了研究，也在努力向决策者"游说"了，那就足够了，至于最终是否能"脱颖而出"，那是无法控制的。

二、"决策外推式"路径的特点

(一)决策者表达对科学研究的需求

决策者根据对当前教育问题的判断,做出制定政策的决定,这是决策者的主要职责。决策者的需求一般反映了当前真正需要解决且能够通过政策制定去解决问题或者缓解问题的矛盾等。但在选择解决问题的方案时,需要应用到众多知识、技能和经验等。对于决策者而言,获得知识的渠道是求助于相关领域的研究者,也就是向研究者提出对科学研究的需求,为决策提供依据。这种情况下,研究者需要注意:

明确了解决策者的需求。决策者表达出明确的政策要求很重要,是接下来保障研究结论能满足政策需要并进一步应用于决策中的关键基础,但现实情况是很多决策者无法实现与研究者的有效沟通,容易出现研究者无法理解决策者意图的情况。B老师在访谈中说道:"他们(决策者)常常就是说,没有特别明确的一个想法,就是说我现在要做一个什么样的事情,大概是一个什么,然后你们来帮我们参谋一下出出主意,然后这个时候呢,研究者就无所适从,那个决策者,你到底想干什么,他(研究者)不是特别清楚。他(研究者)有时候会按照自己的理解去做这个东西,做完了以后,可能跟他(决策者)的那个想法并不太一致。"

精准判断研究问题。在了解了决策者提出的需求之后,研究者需要精准判断自己的研究问题是真命题还是伪命题,从而更好地帮助决策者去解决现实问题。Y老师在访谈中说道:"有些研究者一开始确定的问题就是个'伪命题',那最终研究的结果也不可能解决现实问题。"因此,并非符合决策者需求的研究就是个正确的研究,而是需要对研究问题有科学的判断,深刻认识到怎样通过科学研究去解决现实问题,而不是一味地去迎合决策者的需求。

清晰认识研究者自身条件。决策者在选择研究团队时,会有很多因素发挥作用,研究者的能力、身份、影响力、与决策者的关系等都会成为决策者选择委托对象时考虑的方面。研究者也就需要对是否能完成决策者委托的课题进行自我审视，确保自身有完成政府委托研究的能力和条件。

问：您刚才提到的一些成功影响决策的案例中，您认为发挥主要因素的方面是什么呢？

T老师答：这些关于宏观决策的研究，很多是政府委托研究，政府对这个问题很感兴趣，所以就找些专家来论证。

T老师后来补充道："教育部办公厅直接发文，委托给陈老师，我就跟陈老师一起开展这个研究，最后研究报告直接通过校办提交给教育部。这个就是办公厅文件中直接就明确表示'考虑到陈老师的学术水平、研究领域和影响力，特委托陈老师开展此项研究'。最后该研究成果直接被写进教育部的政策文件中，影响了决策。"

（二）研究者开展委托研究

研究者在选择接受政府委托并对研究需求有明确了解之后，需要开启研究过程。在这个过程中，研究者与决策者已经建立联系，研究者的研究过程会受决策者的参与影响。

首先，开展研究的条件。研究者会与决策者共同讨论如何开展研究，这是个"求同存异"的过程，研究者和决策者的想法逐步一致，奠定了合作研究的基础。随后，决策者为研究者提供研究的资源支持。在资源支持方面，一是决策者直接为研究者提供研究资金，二是为研究的开展提供便利条件，例如国家未公开数据的获取、大规模调研的开展等。Z1虽然属于政府决策部门的工作人员，但他也意识到"数据资源"是限制研究者开展研究的一大因素。"有些问题，他（指研究者）可能想做，但很多数据很难拿到，一是没有这些数据资料，二是数据不公开，不给你提供，拿不到数据的话，就很难开展研究。"政府决策者委托的研究可以在一定程度上避免这一局限。

其次，开展研究的形式。由于决策者提出的研究需求，因此这一阶段的研究是研究者与决策者的"合作研究"，决策者会参与到研究的过程中，积极参加课题的开题会、讨论会、报告会等，及时与研究者沟通研究内容和结果，确保研究过程最大程度获得有价值的结论。X老师说道："研究影响决策的过程，有些情况是决策者直接是课题组的成员之一，他能充分了解研究的过程。"可见，在决策者发挥主动性的情况下，决策者更加期望随时去跟进研究进展，便于研究成果以高质量的形式呈现出来，并发挥最大价值。

（三）研究者向决策者反馈研究结果

委托研究的开展，研究者需要最终向委托方提供一份研究报告，这样的研究报告一方面是反映真实的研究结论，另一方面向委托方提供解决问题的方案。研究者提交的报告会尽快得到决策者的反馈，决策者提供意见和建议，从而使研究结果更好地进入政策议程当中，这种影响是直接且有效的。这些报告是在研究者与决策者的共同参与下形成的，因此考虑到了政策出台的重要问题和风险，为研究结果直接影响政策发挥了很大的推动作用。研究者在决策者委托的条件下开展的研究，其研究结果必然是直接服务于政府决策者的需求的，只要研究结果能被决策者所接受和采纳，就说明该研究实现了政策价值。C老师在访谈中说道："首先我的研究是政府的委托研究，政府直接让我们承担这一课题，然后起草中央文件时，我们课题的那个结论是完全被采纳的。"可见政府在明确政策需求的情况下，并且直接将研究任务委托到某一研究者或研究团队，更加能保证研究结论被应用的可能性和被采纳的程度。

Y老师说道："政策研究结果需要具有批判性和建设性。每个政策方案都有不同的声音，也有一定的道理，但是你必须选择其中一种。……政策方案需要具备建设性和批判性，需要对已有的问题寻找一种解决方案。"因此，政策研究者向决策者所反馈的结果也需要满足批判性和建设性的要求。首先，研究结果的批判性。批判性是指"富于洞察力、辨别力、判断力，还有敏锐智慧的回顾性反思"。因为是对现实问题开展的政策研究，所形成的研究结果必须经过多方论证，包含丰富的证据支撑，切实有效解决当前的问题。其次，研究结果的建设性。建设性是指研究结果须具有创意。研究结果在充分论证的前提下，对问题的解决有意义和价值。

三、反思与讨论

"决策外推式"过程是从决策者到研究者最后再回到决策者的影响过程，决策者通过参与研究过程，不仅了解了研究的进展，同时通过与研究者的互动和交流，实现了对研究过程中问题的把握和研究结果的实时反馈，最终在研究者与决策者的合作交流中完成知识的生产和应用。在现实情况下，决策者推动的影响路径是最为普遍也是影响成功率最大的一种"高等教育研究者影响政府决策"的路径。但是，在这个过程中，我们必须认识到以下几个方面：

首先，决策者类型的不同。"决策外推式"路径形成的第一步就是决策者表达政策需求，这一阶段会因为决策者的类型不同而出现不同。如果决策者对问题认识比较清晰且主动性较强，那决策者会积极主动地选择合适的研究者开展研究，并清晰表达自己的内在需求；如果决策者虽然认识到问题，但对于问题的解决没有清晰的思路，也无法找到合适的研究团队对问题开展研究，这种情况下，决策者即便对某些问题有疑惑，但可能会因为难度太大，或问题较复杂，或其他原因而将问题搁置，如果这时候没有合适的研究团队迎合上，那该政策需求就沉寂下来。因此，我们将决策者对于其政策需求的态度分为主动型和被动型两类。对于主动型的决策者，研究者能清晰领会到决策者的需求和目的，并且在研究过程中与决策者及时沟通，最终的研究成果被应用的可能性很大；对于被动型的决策者，如果要想实现影响，必须借助"政策企业家"的作用，通过他们将这样的需求反馈至合适的政策研究者，并开展独立自主的研究，在研究结束之后，向被动型决策者反馈研究成果，这样一来，才能正好满足决策者最初的政策需求，也比较容易被接受。

其次，官方专家的优势。可以接受政府委托开展研究的人员可以分为官方专家和非官方专家。官方专家就是处于政府决策咨询专家库的研究人员，非官方专家就是在政策领域的一般研究者。具有官方背景的专家和非官方专家在行为上确实存在倾向性的差异，这是由他们所在研究机构的行政身份所导致的行政联系上的资源的差异所决定的。官方专家更倾向于通过内部渠道向政府输送研究成果和观点，而非官方专家与政府间虽然也有联系，但比较松散，更多地通过媒体等间接渠道向社会和政府表达意见。① Z2 在访谈中说道："我们都有自己的专家库，几乎每个政府部门都有自己的决策咨询委员会，而且你可以看到，很多政策的制定背后都会明确表明自己的专家咨询委员会，那些专家都差不多的。" 因此，"决策外推式"路径下参与的研究者更多的是官方专家，因为他们与政府保持着密切的联系，也被政府决策者所信任。这也验证了前文提到的专家的能力、影响力、与决策者的关系等因素都对研究者作用于政府决策起着关键性的作用。

最后，研究结果的应用也不是必然的。虽然在"决策外推式"的作用路径下，研究者是基于政府决策者的决策需求而开展研究的，但这并不意味着研究结果就一定会被决策者所接受和采纳，而是仍然需要一个严格的论证过程。而且，决策者不是一个人，对研究结果的采纳也不是一个决策者所能决定的，需要经过民主的协商。Z1 说道："我认为我委托某老师做的关于高等教育规模和生师比的比较研究结果很好，很有必要应用到政府决策中，但后来在政策文件中没有发挥作用，当然这也与我个人后来离开这个岗位有关。"

---

① 朱旭峰.政策变迁中的专家参与［M］.北京：中国人民大学出版社，2012：5.

第四节 "中介扩散式"路径

戴维·伊斯顿（David Easton）的政治系统理论曾提出："民众的'要求'和'支持'只要通过一些有'守关人'看守的'检查站'，就能够顺利地进入政府决策系统，政策议程就是由这些守关人的行动决定的。"民众是广义的代表，当然包含研究者这一群体，民众与政府之间的"守关人"可以称为两者之间的中介。这可以从侧面反映出作为民众的研究者如果想要与政府建立联系从而影响政府，必须经过一层关卡。这是来源于政治系统的理论，该理论往往比较宏观和抽象，虽然不能真正解释研究在政府决策中的应用过程，但是它为我们理解研究者作用于政府决策这一过程提供了"守门人"这一重要的思路，可以作为理解"中介"作用的理论支撑。

"中介扩散式"路径是指以中介作用的发挥为逻辑起点，通过传播研究成果，引起研究者重视研究的政策价值的发挥，引起决策者对已有研究成果的关注和应用。中介发挥积极主动性，将研究成果与政府的决策需求联系起来，在这种情况下，研究者与决策者都比较缺乏主动性，需要中介对科研成果的积极扩散方可实现。

一、T老师："中介传播"的参与影响

T老师是北京某985院校的一名教授，但T老师评上教授年限较短，在学界的影响力还不是很大，影响政府决策的经验也不多。但是，他的研究成果也曾获得过政府的高度评价，并被引用在政府内部文件中，而且决策者还多次在重要场合表达对他的研究观点的赞赏和认同。（受访人要求信息保密，

文中不提具体文件名称。)

2010年，T老师曾在教育科学出版社翻译出版了一本世界银行的英文著作，里面涉及两大新观点：一是认为高等教育具有重大公益性，二是认为重新看待高等教育的收益率分析。除此之外，T老师2012年在《全球教育展望》中发表了关于高等教育收益的论文，被《新华文摘》和人大复印资料全文转载，并在教育部主办的中国教育与科研计算机网上转载。这些被教育部主要领导阅读到，并引起很大的重视。

"在期刊发表论文就是对自己研究的一个宣传和推广，这种宣传效果很不错，通过《新华文摘》和人大复印资料的转载，以及在教育部主流网站中的转载，都对我的研究成果进入教育部领导的视域内奠定了基础，为他们对相关问题的认识和决策提供了信息支持。"在T老师的经历中，获得众多主流学术期刊的转载和主要网站对重要观点的介绍启动了对T老师研究成果的关注，并且使T老师的研究成果逐渐进入了公众议程。

T老师的研究成果获得了很大关注，被决策者在不同场合和政策文件中采纳观点。"最终的报告被决策者所接受，虽然未公开说明政策文件中采用了谁的观点，但是我认为对政府决策的观点产生影响就已经足够了，只要决策者认为你的研究可行或者有价值，对他关于某一问题的认识有帮助，那就是对政策产生了影响。"T老师这样说道。

这一案例是现实中研究者在完全是科研中介发挥传播作用的情况下来发挥作用的，研究者在其中比较被动，而且对最后是否能对政府决策发挥作用不得而知。这是情况之一。除此之外，还有其他情况，例如研究者是被科研中介选中去开展某项研究等。本研究所访谈的研究者中大部分都具有与科研中介合作的经验。F老师、G老师和H老师分别在智库当中工作，一方面自己开展研究，另一方面积极主动与其他研究者建立联系，试图将研究者的研究与决策者的需求契合起来，更好地履行智库的职能。I老师说道："我们（高校智库）会经常召开选题会，询问研究者要不要通过我们这边递交上去。"B老师在访谈中说道："他（决策者）天天处理的工作是很多的，他不会亲自来跟我谈，很少有他直接来控制的，那通常呢，是通过教委的一些业务处室，他们来把这个事情交给我们，到时候有一些背景的情况，有一些交流啊，都是跟他们（业务处室）。"

二、"中介扩散式"路径的特点

（一）科研中介的"选择"

本研究前文已经详细介绍了科研中介的类型和作用机制，科研中介会根据自身的定位去选择要"传播"的研究成果。这里所说的科研中介都将"提供决策咨询和服务"作为职能之一，因此选择"适合决策咨询"的研究成果至关重要，这里所说的"适合"是指该研究成果具有"质量高、有重大政策价值"等特点。被科研中介选中，是该过程中研究成果向决策层迈进的第一步。

科研成果是否被选中会受以下因素的影响：首先，研究结果的质量。T老师的成果之所以最后能被教育部领导所关注，而且研究成果被多种形式的科研中介所选中，这与他的研究成果的质量密不可分。Z3在访谈中说道："当前有些教育研究成果质量不高、没有信效度，且滞后于教育实践，无法满足决策的需求。"在决策者看来，研究质量仍是第一位的，这也是科研中介在选择时所主要依据的标准。其次，研究人员的水平。研究人员在某一领域的科研成就和水平决定了科研中介在有相关意向的时候会想到他。"我们前段时间想提交关于农村教育的政策咨询报告，我们自然就想到了东北师大的邬志辉老师，虽然他并不是身处北京，但他在农村教育研究方面的成就很高，我们自然会找到他。"（I老师）最后，频繁进入科研中介的视野。T老师的科研成果之所以被重视，是在著作、期刊和网络媒体等不同形式的中介共同作用下才被关注的。科研中介会根据某一研究成果被认可的程度来选择是否发挥传播的作用。例如，智库会将自己认为有价值的成果宣传出去；报纸和网站会频繁报道有价值的成果；"政策企业家"会积极鼓励有价值的成果发挥更大的影响等。另外，当前有很多"中介"本身就充当研究者一方，如高校智库、政府下属的政策咨询机构等，所以他们也会针对当前政策的需求去确定自身的研究内容，这也是选择的一种形式。

（二）研究者的积极"配合"

中介在与研究者建立联系之后，研究者对于中介提出的"传播想法"给予反馈。如果研究者希望自己已经完成的成果能达到决策层，去影响政策制定，从而影响高等教育改革，中介才有进一步发挥作用的可能性。如果研究者没有想法或者反对将自己的研究成果应用于决策当中，中介就无法通过该研究发挥为政策服务的价值。因此，高校政策研究者的积极"配合"是推动这一路径的关键之处。在现实情况下，"只要与政府合作的研究，研究者都是比较积极的"。（X老师）D老师在访谈中说道："我给中国科协做过两个课题，当时是科协公开招标一个题目，我们就去申报，申请下来之后就做，最后通过我们的调查研究形成专报，上报相关部门。"中国科协扮演了中介的角色，一方面鼓励研究者开展研究，并获得积极反馈，另一方面将研究成果上报至决策层，从而产生影响。在这个路径中，虽然研究者最初的主动性较弱，但他们会在科研中介的推动下，去积极关注如何将研究在政府决策中发挥作用，研究者会经历主动性从弱到强的变化历程。

（三）研究成果的"加工"

在"中介扩散式"路径中，研究者的研究成果需要经过"加工"之后才得以对决策发挥作用。为什么要经过"加工"？决策者经常抱怨研究者的研究报告总是在将简单问题复杂化，抱怨研究者用几句话可以阐述清楚的内容却用晦涩难懂的话语来表述，造成决策者无法清楚理解研究结果，也就无法将其应用到实践中，这就是两者之间出现了"冲突"，在前文深入分析"研究者与决策者的关系"时，也强调了这一"冲突"的存在。因此，需要对研究成果进行"加工"，确保研究成果在决策中应用的有效性。

在对研究者和决策者访谈的过程中可知，以下两个方面最需要进行"加工"：

1. 话语体系的变化

在"中介扩散式"过程中，研究者与决策者"往往无法建立直接的联系，因为通过这种过程的研究者不清楚政府决策的程序和话语体系，决策者也可能无法充分理解学术话语以及研究结果"（X老师），因此，中介是将两方想法和意见进行转化的关键要素。例如，研究者通过"智库"提交报告时，智库会对研究者提交的研究报告进行把关，会将学术语言转化成决策者所容易接受和理解的语言。V老师说道："当时政府方面说只要是我提交的报告或者经我修改过的稿件就可以直接报批。当时看有的研究报告，觉得选题还可以，但是写得不行，或者说逻辑上有问题，或者说表达上有问题，或者说还不够精练，或者说主题的意志没有实现，但是选题不错。像这种情况下，我都会把它们修改得符合要求，提交之后省长或副省长一定批。"这里面的V老师以个人的形式发挥了"中介"的作用，根据自身经验将研究报告用一种容易被决策者所接受的方式修改出来，很好地架起了研究者与决策者之间的沟通桥梁。

2. 提升政策方案的可操作性

在访谈中，政府决策部门的人员和有过多次成功经验的研究人员都认为，如果希望研究成果最后能发挥影响政府决策的作用，必须确保最终提交的政策建议是可操作的。"很多研究成果不接地气。"（Z1）"我跟研究人员商讨过很多次他们提交的研究报告，他们说的都太难实现，不是我们想要的东西。"（Z2）很多政策研究人员不了解决策者的真实需求、不了解政府的决策程序、不了解现实中的关键问题等，这都导致研究者提供的政策方案不具有可操作性，也就是"不接地气"。在科研中介的帮助下，研究成果可以在一定程度上避免这些问题的出现。但是，并不是所有的科研中介都可以发挥这样的作用，只有那些"政策企业家"、智库或者其他科研中介组织才能发挥作用，像期刊、著作、网络媒体等类似形式的科研中介并不能发挥这样的作用。

科研中介在与决策者建立联系之后，决策者也会对中介提出的"建议"给予反馈。中介会向决策者推荐已经成熟的研究成果或者优秀的研究团队。如果决策者想要借助研究证据的支撑，那中介是很好的桥梁；如果决策者出于其他利益的考虑，在制定政策时已经形成了方案，并没有打算去参考科学研究的结果，那可能中介在联系决策者时也无法发挥为政策服务的价值。这其中存在很多不可控的因素。

三、反思与讨论

"中介扩散式"过程是从科研中介去实现研究影响决策的"中间扩散影响过程"，主要作用是填补研究者与决策者之间存在的沟通鸿沟，这个过程可以避免研究者因苦于没有渠道而放弃将研究成果发挥其应有的政策价值，也是调动研究者影响政策积极性的过程。对于决策者来说，中介起到了提醒决策者实现"决策科学化"的作用，也是丰富决策者"知识储备"的过程。在"中介扩散式"路径中，我们必须认识到：

首先，科研中介的推动具有偶然性。案例中 T 老师也没有想到自己的研究成果会受到决策者的关注，科研中介也无法确定研究成果就一定能被决策者所关注和接受。他们更多的是在发挥联系的作用。Z3 说道："研究实现对决策的影响有时候是通过媒体的报道和效力倒逼决策者必须做出反应……从某一研究成果中获得启发。"因此，究竟科研中介在多大程度上发挥了推动作用，很难去追溯。本研究旨在强调在研究有效影响政府决策的过程中，科研中介发挥了至关重要的作用，不容忽视。

其次，非官方专家影响政府决策的机会。"机会"是研究者作用于政府决策的关键所在。如果缺乏机会，即使研究成果质量很高，可能也无法受到决策者的关注和重视。在"决策外推式"路径中提到，政府决策者在选择委托对象时，会倾向于选择那些具有影响力的官方专家，而非官方专家则很难有机会获得决策者的直接委托研究。科研中介的存在，为非官方专家发挥政策影响提供了机会和渠道。朱旭峰通过多个政策变迁过程中专家参与的案例表明，当前中国政策的决策体系已经具有相当高的开放程度，官方和非官方专家之间不仅不是竞争对手，而且已经形成了一种分工与合作关系。[①] 可见，非官方专家已经寻找到了合适且有效的影响政府决策的途径，不断提升自身的影响力，与官方专家共同推动政府决策的科学性。

再次，上下互动的过程。科研中介在与研究者建立联系时，也会同时与决策者建立联系，确保研究能及时且准确地满足决策者的需求。在这个过程中，虽然本研究以政策研究者为主体来讨论，但在现实中，我们无法确定这个路径的源头在哪里，有可能是科研中介通过知晓决策者的需求，从而寻找合适的研究者，也有可能是科研中介通过对研究成果的宣传而迎合了决策者的需求。这些都是在整个过程中不断交织和融合在一起的，最终的目的就是确保决策者对研究成果的接受和采纳。

最后，科研中介类型的差异导致影响的差异。在本研究第四章中已经阐述了科研中介的类型，分为组织层面和个人层面的类型，并在此基础上进行了本土化划分。在"中介扩散式"路径中，更容易发挥作用的是研究型科研中介和决策型科研中介，而中立型科研中介更多的是发挥"传递"的作用，属于信息传播平台，例如期刊、媒体和网站等，无法与研究者、决策者建立深入的沟通和交流，所以推动作用的发挥存在偶然性，仍然需要研究型科研中介或者决策型科研中介去发现。例如，我国著名的退役军人教育资助政策的出台就是"中介扩散式"路径的典型代表，虽然一开始也是通过王书峰的博士论文获奖以及《解放军报》《人民日报》等媒体的公开报道而引起广泛关注的，但真正发挥作用的是财政部副司长孙光奇，他成了后期研究和政策制定的关键推动者。[②] 在这个过程中，他属于决策型科研中介，将研究者与政策制定联系在一起。

---

① 朱旭峰. 政策变迁中的专家参与 [M]. 北京：中国人民大学出版社，2012：179.
② 闵维方等著. 学术的力量：教育研究与政策制定 [M]. 北京：北京大学出版社，2010：160–175.

第五节　本章小结

　　澳大利亚社会学家布莱恩·W.海德（Brian W.Head）曾指出："Research is vital, but is only part of the policy story."（科学研究是至关重要的，但只是政策故事中的一部分。）意思是指研究在对政府决策产生影响的过程中不可避免地会与其他因素共同发挥作用。本章采用"扎根理论"的研究方法，将研究影响政策的过程采用了类属分析和情境分析方法，虽然看似每个类属都是基于一条特殊的案例归纳出来的，但都能反映出每个路径共同的特点。不可否认，我们无法建构出任何一个能涵盖所有研究影响政策的过程，这也是不可能实现的。因此本研究是基于访谈寻找类属，通过类属寻找案例，通过案例进行情境分析，通过情境分析寻找特点，从而实现对三种作用路径的分析。

　　本研究是基于政策研究者的视角出发来思考这三种路径的，是帮助研究者了解他们能够对政策发挥影响作用的路径。这三种路径可能会单独发挥作用，也可以共同发挥作用。当研究者能动性较强的时候，则主要以"研究内驱式"的路径产生影响；但当研究者处于被动选择的时候，如果研究者是受决策者需求影响的话，那就是"决策外推式"的路径；如果研究者是受科研中介的推动的话，则是"中介扩散式"占主导的影响路径。虽然这三种影响路径是不同的，但是其中却包含着相同的元素，例如研究者、决策者、中介、研究结果、政府决策等。通过将这些元素建立联系（图11），我们可以形成能够说明政策研究者视角下高等教育研究者影响政府决策的路径类型。

第五章 高等教育研究者作用于政府决策的路径

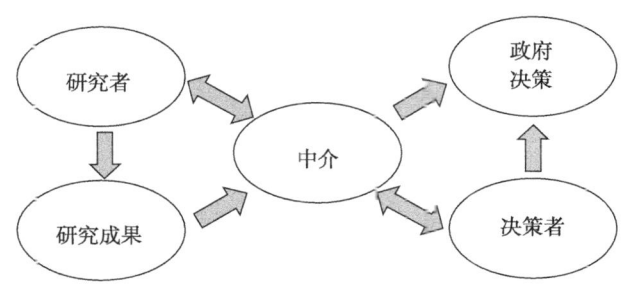

图 11　政策研究者视角下高等教育研究者作用于政府决策的路径元素及其联系

回顾这三种路径，我们可以总结出以下几大特点：

1. 不论是自上而下或自下而上，还是从中间向外扩散，都是研究者们、政府决策者们和科研中介对我国决策科学化、民主化所进行的不断探索和努力。我们国家研究者对政府决策的影响虽然不像国外那样有规范的运行机制、多样化的渠道和开放自由的联系，但是研究者在我国科学化和民主化的发展进程中正发挥着越来越重要的作用。

2. 三种路径的作用程度具有差异性。研究内驱式的路径研究者具有最大的主观能动性，但是这种影响发挥作用的难度最大，因为他们需要用研究结果主动影响决策者的想法，从而有助于推动政策的制定；决策外推式的路径主要依靠决策者去主动委托研究者来开展政策研究，研究者虽然主动性比较弱，但是他们一开始就明确了解决策者的想法，并且与决策者有很好的沟通方式，最容易对政府决策产生影响；中介扩散式的路径是研究者在科研中介的作用发挥下，才得以将研究成果对政府决策产生影响，这种影响一方面是研究者主动性经历了由弱变强的过程，另一方面是影响具有偶然性，会因为科研中介的类型不同而发挥作用的难易程度也不同。

表 11　三种路径中研究者主动性与对政府决策的作用难易程度的关系

	研究内驱式	决策外推式	中介扩散式
研究者主动性	强	弱	由弱变强
对政府决策的作用难易程度	难	易	因科研中介类型不同而不同

3. 所有的作用路径都必须在很大程度上建立起研究者与决策者的联系。第四章的内容表明，研究者与决策者的关系是影响研究者作用于政府决策的最为关键的因素，研究者必须与决策者之间建立起联系才能发挥影响。研究内驱式路径中，研究者主要通过个人的研究能力和社会影响力与政府建立起联系，从而扩大研究成果的影响；决策外推式路径中，研究者是通过一种体制内的行政联系来将研究影响政府决策，主要原因在于政府主动通过联系研究者来表达利用研究成果的意愿；中介扩散式路径中，研究者是通过外界力量来与决策者建立联系，比如社会媒体、大众、"政策企业家"、科研中介机构（如智库）等。

在此基础上，本研究建立了高等教育研究者影响政府决策的路径模型（图12）。因素是在路径中发挥作用的，基于此本研究对路径模型的建构是将其与影响因素结合在一起来分析。四个层面的因素在三种路径中共同发挥作用，其中环境因素作为一个外围因素，对所有方面产生影响，而研究层面的因素倾向于对研究内驱式路径产生影响，决策层面的因素倾向于对决策外推式路径产生影响，传播层面的因素倾向于对中介扩散式路径产生影响，但并不是绝对孤立的。

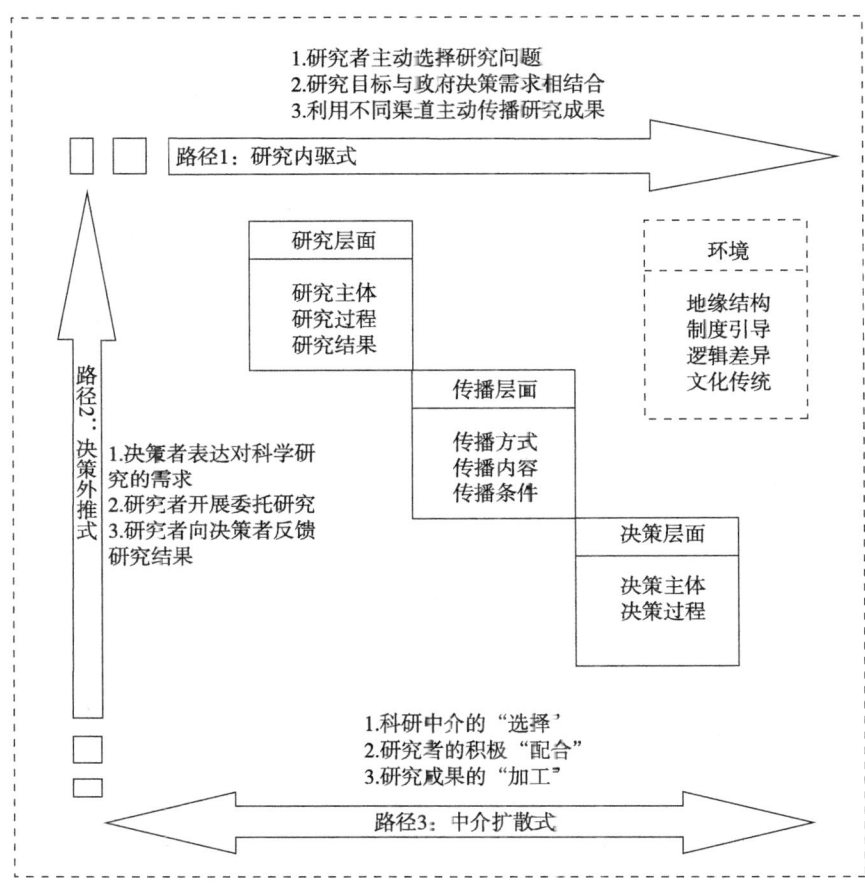

图 12　高等教育研究者影响政府决策的路径模型

第六章

高等教育研究者作用于政府决策的理论构建

基于本研究第四章和第五章的分析，结合四类影响因素和三大影响路径，本章试图构建能说明我国高等教育研究者影响政府决策的理论内容，用于解释提升高等教育研究者在政府决策中发挥作用的实践，从而提升高等教育研究在政府决策中的应用率，最终增强高等教育决策的科学性。在建构扎根理论的指导下，理论构建需要与已有理论文献进行对话和比较，因此，本章首先与"研究应用的基础理论""研究者作用于政府决策的影响因素理论""研究者影响政府决策的路径理论"进行对话和比较，在此基础上对理论进行修正和完善，并最终形成理论构建的主要内容。

在进行理论构建前，我们有必要对"理论构建"的含义有一定的了解。"研究人员以概念化为基础，寻求对数据的解释，进而提出理论框架，所以理论构建与概念化数据的关联非常密切。……理论不仅仅是一组研究结果；理论提供了理解、解释和预测现象的框架，不仅能增长我们对有关现象的知识，还可以用于制定政策或进行实践。"[①] 施特劳斯和科宾将理论定义为"一系列充分建构的类别（如专题、概念），彼此之间存在系统性的关联，这些关联被揭示出来，因而形成了一个理论框架，用以解释一些相关的社会、心理、教育、护理或其他现象"[②]。根据莫妮卡·亨宁克（Monique Hennink）等人的观点，理论构建分为归纳性理论和演绎性理论。数据分析过程从描述到概念化，直至理论构建，逐层递进，最终提出的理论综合了此前各项分析任务的成果，这些任务都是归纳性的，最终导致归纳性理论的构建。也就是说，研究人员可以经由前面总结的分析过程，提出全新的归纳性理论。[③] 本研究所采用的

---

① 亨宁克.质性研究方法：引进版［M］.杭州：浙江大学出版社，2015：224-225.
② STRAUSS A, CORBIN J. Basics of qualitative research: grounded theory procedures and techniques［M］. 2nd ed. Thousand Oaks: Sage, 1998.
③ 同① 225.

理论构建方法属于归纳性理论构建,因为"高等教育研究者影响政府决策"的理论内容是综合前文对"影响因素"和"作用路径"的分析结果构建而成的。

第一节 文献对话与比较

根据建构扎根理论的观点,"对于扎根理论家来说,写一个论述充分而又聚焦的文献述评常常意味着要跨越几个领域和学科"[①]。这说明扎根理论方法下形成的理论在与之前理论进行对话时,并不是限定于一个单一的理论依据,而是常常跨越多个领域的理论,与不同领域的理论进行对话,从而补充完善建构出来的理论。因此,本研究在选择理论依据时,是以研究问题为基础,对相关的理论文献进行梳理。首先,选择与"研究的应用"相关的基础理论进行比较,如学习理论、知识管理理论和创新扩散理论,这些理论都可以解释"研究的应用"问题;其次,选择与"研究者作用于政府决策的影响因素理论"进行比较,这一部分是分析了当前已有关于影响因素的研究文献,在此基础上与本研究所扎根出来的影响因素进行对比;最后,选择与"研究者作用于政府决策的路径理论"进行比较,如"基于证据的政策制定"理论、多源流理论和知识动员理论。在对话与比较的基础上进行反思,为本研究的研究问题和研究发现提供启示。

一、研究应用的基础理论

关于"研究的应用"(research use)这一活动,如果要对其进行深入的了解,必须对其背后可能涉及的理论进行深入探讨,从而作为分析研究应用的

---

① 卡麦兹.建构扎根理论:质性研究实践指南[M]边国英,译.重庆:重庆大学出版社,2009:256.

影响因素和路径的重要参照，寻求促进"研究的应用"的策略。因此，本研究试图将"学习理论（Learning）""知识管理理论（Knowledge Management）"和"创新扩散理论（Diffusion of Innovation）"作为研究应用的基础理论。因为，学习理论主要是为了了解知识的获得，知识管理理论是为了了解知识被获取和分享的方式，创新扩散理论是为了关注想法的传播和采纳。也就是说，这三种理论构成了知识的获取、传播和应用，对于理解"研究应用"过程的复杂性、动态性和互动性有很大的帮助。

（一）学习理论

学习是指获取知识的过程，学习分为个人学习和组织学习两种。当"研究的应用"被看成一种个人学习时，研究的应用就是决策者或者实践者从研究那里获得和应用新知识的活动；当"研究的应用"被看成一种组织学习时，就需要超越个人学习来考虑组织怎样获得和利用新知识。那么这些学习是如何发生的呢？

1. 个人学习

个人学习是基于三种理论流派而存在的，分别是行为主义学习理论、认知学习理论和社会认知学习理论。行为主义学习理论假设行为是学习者对环境刺激所做出的反应；认知学习理论是通过研究人的认知过程来探索学习规律；社会认知学习理论是指人们通过观察他人和模仿他人的行为来学习。行为主义学习理论强调了外部动机和学习回报的作用，而认知和社会认知学习理论是内部动机的体现，对人的影响更大，尤其是在解释和塑造成人学习活动时。

认知学习理论分别会关注儿童学习和成人学习，但是儿童学习和成人学习是完全不同的。由于本研究关注的问题是成人层面的行为活动，因此只进行成人学习理论的介绍。马尔科姆·诺尔斯（Malcolm S Knowles）等人在理解和设计成人学习过程框架时，认为成人学习者具有以下特点：成人需要知道为什么要学习以及要学习什么；成人具有自我概念，尤其表现在他们自主性和自我指导的程度；具有先前的学习经验，包括他们已经发展成熟的思维模式；做好了学习的准备，可能是生活相关的学习，也可能是任务相关的学习；确定了学习的方向，常常是为了解决某一问题，或者当前所处环境所要求的；具有学习动机，比较清楚学习可能收获的回报。成人学习把知识获取看作是一种经验引导和社会控制的过程，这种过程可以通过新的体验和批判性反思的机会来刺激形成。①

萨沙·巴拉布（Sasha Barab）和托马斯·达菲（Thomas Duffy）认为个人学习理论不仅强调的是从经验中学习的重要性，而且把学习看作是一种社会文化现象，而不是一种被隔离的活动。② 学习被看作是要求与他人协作解决问题的一种社会过程的结果，该观点迎合了增强研究应用的社会影响过程。阿瑟·雷伯（Arthur Reber）认为学习不总是一个有意识的过程，它有时候是明确的且有意的，但很多时候是隐含的且偶然形成的。③

2. 组织学习

协作学习以及"学习共同体"的概念都强调了对个人学习的超越，因此组织内部要充分利用学习所带来的好处并相互分享。如果知识和经验变得有意义的过程与社会环境和集体文化价值观相关，那么我们需要关注这些过程。在工作环境下，组织的安排可以促进或者抑制成人学习的过程。组织结构和文化可能会塑造组织里的人们用什么样的方式去进行个人学习或协作学习（Nutley & Davies，2001）④。在考虑组织学习的时候，我们会不可避免地问这样的一个问题，组织有必要学习吗？如果组织只是个人的集合，那么组

---

① KNOWLES M, HOLTON III E, SWANSON R. The adult learner [M]. 6th ed. London: Elsevier Butterworth Heinemann, 2005.

② BARAB S A, DUFFY T M. From practice fields to communities of practice [M]//Jonassen D H, Land S M. Theoretical foundations of learning environments. Mahwah NJ: Lawrence Erlbaum Associates, 2000: 25-55.

③ REBER A S. Implicit learning and tacit knowledge: An essay on the cognitive unconscious [M]. New York: Oxford University Press, 1993.

④ NUTLEY S M, DAVIES H T O. Developing organizational learning in the NHS [J]. Medical Education, 2001, 35 (1): 35-42.

织学习可能被看作个人学习的集合，但是，组织作为一个整体，可能知道的比个人拥有的少，也就是说，组织只是个人学习的部分总和。海德伯格（Hedberg）认为组织中的个人会有更替，但是组织是持久的，个人累积的一些知识已经留在了组织中，并影响组织的运行模式和规范。在组织学习中，学习并不总是指知识的获取，很多情况下是基于惯例和实践，但在有些情况下也会出现不学习先前已经建立起来的行事方式。①

克里斯·阿吉里斯（Chris Argyris）和唐纳德·舍恩（Donald Schön）将组织学习分为了适应性学习（adaptive learning）和生成性学习（generative learning）。简单来说，适应性学习就是组织保持之前已经形成的路径，而生成性学习是指组织打造新的路径。目前大部分组织学习是适应性学习。②

组织学习理论中有一个重要的概念就是对"学习型组织"的理解。彼得·圣吉（Peter Senge）是这个研究的典型代表，他将学习型组织定义为"一个能为人们提供持续创造他们现实的场所"。他认为学习型组织的主要工作内容分为三层：第一层是产品或服务的生产、开发与营销；第二层是生产与经营系统的开发与设计；第三层是组织思考与人际互动。除此之外，他对学习型组织需要坚持的五项原则进行了总结：提升个人能力；团队学习；更新思维模式；拥有凝聚力；开放的系统思维。③

3. 反思及启示

首先，重视社会文化的影响。

无论是将"研究的应用"限定在个人层面来理解，还是基于组织层面去理解，个人学习和组织学习都强调了社会文化在学习过程中的作用。研究者和决策者无论是作为独立个体还是身处某一组织的成员，在"学习"的过程

---

① HEDBERG B. How organizations learn and unlearn [M] // NYSTROM P, STARBUCK W. Handbook of organizational design: vol 1 [M]. Oxford: Oxford University Press, 1981.
② ARGYRIS C, SCHON D A. Organizational learning II: Theory, Method, and Practice [M]. NJ: FT Press, 1996.
③ SENGE P M. The fifth discipline: The art and practice of the learning organization [M]. New York: Doubleday Currency, 1990.

中都需要考虑当前社会文化环境的作用，因为研究的应用是一个复杂的过程。对成人学习的研究表明，如果个人学习是目标，"研究的应用"的策略和干预应该采取研究使用者的视角，并且鼓励对话、反思和实验。他们强调研究者与研究使用者之间合作的重要性，特别是那种关注使用者需求的合作。组织层面的学习概括了组织学习文化的价值观，也就是说有必要加强组织文化对研究的拉动。

一方面，在本研究中利用扎根理论分析"影响因素"时，基于原始数据获得的影响因素中包含对"社会文化"这一因素的分析，在"制度环境"和"影响传统"这两类的分析当中都强调了文化的作用，只是存在不同的文化表现形式，这从侧面印证了扎根理论研究结论的可信度。另一方面，已有理论强调了组织文化的概念，在分析"路径"时，有必要了解决策者所处的组织——政府与研究者所处的组织——高校之间的文化交流，要加强两者之间的对话，通过组织间的联系去加强研究者与决策者之间的联系。

其次，重视组织在"研究者作用于政府决策"中发挥的作用。

根据我们通常的认知，要想促进"研究的应用"，我们往往会将焦点放在实践者或决策者个体身上，组织有时候只是在"个人学习和行为"中发挥一个"辅助者"和"中介者"的作用。但是，组织学习理论强调了组织在促进"研究的应用"中所扮演的角色，组织学习中强调了对"集体感知、集体行为、共享记忆和支持系统"理解的重要性，它强调需要更多地关注如何在团队层面、组织层面和跨组织层面来促进"研究的应用"。本研究在分析"影响因素"时也考虑了组织因素的作用，但更多的是强调了高校方面的因素，而未强调"政府"这一组织的作用，主要原因在于一是访谈的对象多是没有政府工作经验的研究者，二是研究者单方面多认为没有实现"研究的应用"是决策者个人的因素，未充分考虑到决策者所在组织的因素。

（二）知识管理理论

知识管理就是创造、获取、捕捉、共享和使用知识的过程或实践，从而增强组织的学习和绩效。(Scarborough et al, 1999)[①] 研究的应用是指知识的生产和采纳,与知识管理有重合的部分,因此本研究把知识管理理论作为基础理论之一来探讨。知识管理的主要核心观点如下:

1. 知识驱动方式和知识拉动方式

在知识管理中,存在两种主要的方式,分别是知识驱动方式和知识拉动方式。知识驱动方式假设知识管理的基本问题是组织内知识和信息的有限流动,目的在于通过捕获、编纂和传播知识等来增加流动。知识拉动方式主要关心在知识共享和搜寻过程中组织"员工"的问题,因此,该方式集中于奖励系统和其他鼓励"员工"共享、搜索和应用知识的机制。这两种方式之间的区别详见表12:

表 12 知识管理理论中两种主要方式的区别

	知识驱动方式	知识拉动方式
目标	捕获信息	导航作用
使用者	消极	积极
技术	一直积极	使用时积极
适用于	持续的知识需求; 时间相关的信息; 形成什么知识可以被拉动的意识	一次性的知识需求; 执行研究; 细节信息
主要优势	将重要的材料引起使用者的注意	允许使用者接触到需要的信息

2. 隐性知识和显性知识的相互转化

了解显性知识和隐性知识的相互转化是理解知识创造和使用的基础。关于这两种知识的转化观点,比较权威的是野中郁次郎(Ikujiro Nonaka)和竹内弘高(Hirotaka Takeuchi)[②],他们提出组织知识是由个体之间的相互作用而

[①] SCARBROUGH H, SWAN J, PRESTON J. Knowledge management: A literature review [J]. People management, 1999: 68-74.

[②] NONAKA I, TAKEUCHI H. A knowledge-creating company: How Japanese companies create the dynamics of innovation [M]. Oxford: Oxford University Press, 1995.

形成的，这些相互作用表现在：

社会化：隐性知识向隐性知识转化，产生交感性知识；

外化：隐性知识向显性知识转化，产生概念性知识；

内化：显性知识向隐性知识转化，产生操作性知识；

组合：分散的显性知识不断组合，产生系统化知识。

因此，组织知识的创造可以被看作显性知识和隐性知识之间的持续且动态的互动过程，野中郁次郎和竹内弘高将这个循环过程称为"知识螺旋"（Knowledge spiral）。

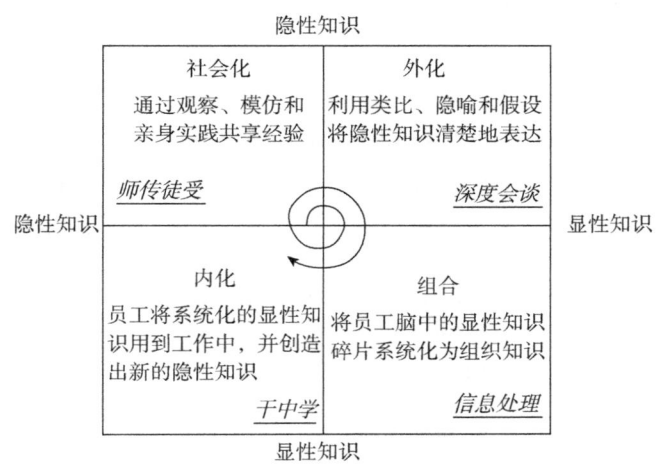

图13 显性知识和隐性知识的"知识螺旋"

资料来源：王润良，郭秀敏，郑晓齐. 知识管理的维度与策略[J]. 中国软科学，2001（6）：43-47.

3. 反思及启示

首先，知识管理理论提出了"知识驱动"和"知识拉动"两种方式，知识驱动是研究使用者消极时采用的方式，知识拉动是研究使用者积极时采用的方式。依据对这两种方式的理解，我们可以认为这两种方式与前文依据原始资料形成的过程模型的"研究内驱式"和"决策外推式"相一致。但是知识管理理论中没有考虑中间人的作用，也没有提出一种将两者综合起来的模型，无法概括在知识生产者与使用者都不积极的情况下如何实现知识共享和应用的情况。本研究中基于原始资料的扎根研究，探索出来一种"中介扩散式"的应用过程，是研究中的一大创新。

其次，知识管理理论中提到了知识在组织中的转化螺旋，也就是显性知识与隐性知识的不断转化过程。"研究的应用"过程就是研究者隐性知识经过社会化、外化、组合和内化，逐渐成为决策者的隐性知识的过程，从而应用到工作当中。研究者通过研究获得隐性知识，这是一个社会化的过程，也是知识创造和传播的起点。在此基础上，研究者通过将隐性知识进行清楚的表达，将研究成果转化成他人容易理解的形式，这一过程需要借助网络、出版物等技术和媒体进行传播，实现隐性知识的外化。经过社会化和外化的过程，这些知识对于决策者来说仍是"零碎知识"，他们需要将这些知识经过重新组合，形成自己的语言表达出来，完成组合的过程。这些经过组合后的显性知识被决策者运用到政策制定中，成为决策者或其所在组织的经验，并创造出新的隐性知识。本研究中提到的三种路径就是这样的"社会化—外化—组织—内化"的过程，是研究者与决策者之前知识相互转化的表现，与本研究总结的三种路径的特点相辅相成。

（三）创新扩散理论

创新扩散理论是对个人和组织中思想、技术和实践的传播的研究，而"研究的应用"也主要关注研究结果的传播，因此通过"创新扩散理论"来更进一步理解"研究的应用"有较大帮助，一方面帮助我们理解研究结果的扩散，另一方面也有助于我们理解如何去通过组织的重构来支撑更好的"研究应用"。除此之外，创新扩散理论还可以为我们提供一种意识形态，就是"研究的应用"需要被重视和扩散开来。

1. 创新扩散理论的核心内容

埃弗雷特·M.罗杰斯（E. M. Rogers）在《创新的扩散》一书中将创新扩散的过程分为五个阶段：认知阶段，即个人（或其他决策单位）了解到某项创新的存在并对它的功能有所认识；说服阶段，即个人（或其他决策单位）对创新形式赞同或者反对的态度；决策阶段，即个人（或其他决策单位）忙于对创新做出采纳或者拒绝的选择行为；实施阶段，即个人（或其他决策单位）将创新付诸使用；确认阶段，即个人（或其他决策单位）为已完成的创新—决策寻求进一步的证实，或者是改变先前做出的接受或拒绝的决定。①

在此基础上，罗杰斯还比较了中心化扩散系统和非中心化扩散系统这两种扩散系统的特征②。通过比较来看，中心化扩散系统是线性的且单向的沟通模式，而非中心化的扩散系统是聚合式沟通模式，参与者分享信息实现互相理解的过程。

表13　中心化扩散系统和非中心化扩散系统的特征差异

扩散系统的特征	中心化扩散系统	非中心化扩散系统
决策以及权力的集中化程度	国家政府及管理人员、相关领域的技术专家对决策的全过程实行全面控制	扩散系统的成员权力的共享；地方的扩散系统由客户控制；许多扩散都是自发的，没有事先计划的
扩散的方向	从专家到创新的地方用户自上而下的扩散	通过周围伙伴扩散，属于水平式的传播
创新的来源	创新来源于相关领域的技术专家的正式科研开发成果	创新来源于非专家的实践或试验，这些非专家通常就是创新使用者
由谁来决定扩散何种创新？	高层管理人士和相关领域的技术专家来决定	地方单位根据他们对于创新的非正式性评估做出决策
客户的需求在推动扩散过程方面的重要性如何？	以创新本身为中心，通过技术推进强调已有的创新产生的客户需求	以客户面临的问题为导向，通过技术推进，从当地客户的需求和面临的难题为出发点来寻求技术上的解决方案
再创新数量	在采纳者之间扩散的过程中，再创新的程度很低，通常不会根据当地的情况做相应的改进	在扩散过程中，根据当地的条件和实际要求不断地改进和再创新

关于"创新"的理解，罗杰斯将"创新"的属性概括为五个方面：相对

---

① 罗杰斯.创新的扩散[M].辛欣，译.北京：中央编译出版社，2002：190-227.
② 同① 355-356.

优势、相容性、复杂程度、可试验性和可观察性。相对优势是指某项创新相对于它所替代的原有方法（方案）而具有的优点，其程度可以通过经济利润、社会威望及其他一些收益来衡量。相容性是指创新与现有的各种价值观、以往的各种实践经验以及潜在采纳者的需求相一致的程度，相容性高的创新对潜在采纳者来说比较容易把握，也更符合潜在采纳者所处的现实情况。复杂程度是指理解和使用某项创新的相对难度。可试验性是指创新在有限的基础上可能进行试验的程度，可以分期试验的新想法通常都比那些不可分的创新更快地得到采纳。可观察性是指创新成果能被其他人看到的程度，某些新想法的成果显而易见并能很容易地传播出去，而有些创新则很难被人觉察或很难向其他人描述。① 关于"采纳者"，罗杰斯将采纳者分为五种理想型的创新采纳者：具有冒险精神的创新者；受人尊敬的早期采纳者；深思熟虑的早期大多数；持怀疑态度的后期大多数；墨守成规的落后者。②

2. 反思及启示

创新扩散理论强调个人或决策单位对创新的应用，创新代表了新知识的生产，也就是说决策者在利用新知识时会经历认知、说服、决策、实施和确认阶段，而且决策者利用知识的过程存在中心化和非中心化的差别，中心化的扩散过程是研究者向决策者的扩散过程，中间会经过一个"创新代理人"③，也就是我们说的研究者主动的建言献策等，非中心化的扩散过程是决策者通过自己对创新的需求来开启扩散过程，也就是我们说的决策者的委托研究等。罗杰斯在《创新的扩散》一书中也提道："可以综合中心化扩散系统的某些成分和非中心化扩散系统的某些成分，形成一种混合扩散系统，设置

---

① 罗杰斯.创新的扩散[M].辛欣，译.北京：中央编译出版社，2002：190-227.
② 同①246-248.
③ 罗杰斯提到的"创新代理人"是指按照创新代理机构期望的方向影响客户创新决策的个体。创新代理人主要扮演以下七种角色：（1）帮助客户发现创新的需要；（2）与客户建立信息交流关系；（3）问题诊断；（4）激发客户创新的欲望和意愿；（5）将客户的欲望和愿意转化为行动；（6）防止创新的间断，确保创新的顺利实施；（7）确立最终关系，达到最终目标。

一个'中心型协调员'。"① 这与前一章提出的三种模型也比较契合。

罗杰斯分析了"创新"的五种属性,也反映出一项研究成果如果想要被采纳,需要具备的条件。第一,一项研究成果要有超出其他研究的独特优势,例如具有批判性和建设性。Y老师在访谈中说道:"你比如说高考英语考试改革,是一年两考,还是一年一考,还是一年多考,这些都存在不同意见。那为什么最终采纳一年两考的意见?那是因为这一改革结果比其他是有建设性,你不能不改吧?"第二,研究结果应与当前社会发展的大政方针相符合的。第三,研究是容易被人理解的。第四,研究是具有可操作性的。第五,研究的应用是可以看得出未来效果的。另外,本研究在分析"研究者与决策者的关系"时,就强调了决策者之间的差异性,罗杰斯将"创新采纳者"归为了五种,可见,决策者之间的差异的确对研究成果的应用具有很大的影响,越保守的决策者越不容易促成研究成果的应用,导致研究者无法在政府决策中发挥作用。

二、研究者作用于政府决策的影响因素理论

Nutley,Walter& Davies(2007)在《应用证据:研究怎样实现公共服务》(Using Evidence: How Research can Inform public services)② 一书中通过对当前已有文献中影响"研究的应用"因素的分析总结了四个方面的因素,可以作为当前影响因素理论的典型代表。具体如下:

(一)研究成果的特征

研究的质量是在确定研究能否被使用时的一项关键因素。决策者说他

---

① 罗杰斯.创新的扩散[M].辛欣,译.北京:中央编译出版社,2002:190-227.
② NUTLEY S M, WALTER I, DAVIES H T O. Using evidence: How research can inform public services[M]. Bristol: Policy Press, 2007.

们更可能会在意研究是不是高水平的。(McKenna et al,2004)[1] 也有决策者反映他们在考虑是不是选择采用一项研究时,会考虑研究方法论的适切性。(Sheldon & Chilvers,2000)[2] 但是研究质量与研究的应用不是直接的关系,因为有时候无法界定研究的质量问题。比外,决策者对于研究质量的标准不同。卡罗尔·韦斯认为决策者判断研究成果时会更加重视研究是否能承受住政治批判。一项大规模的美国政策社会研究中表明,研究结果的相关性和及时性对于研究是否能被决策者所采纳是更重要的。[3]

国外也有研究表明,决策者更喜欢接受定量研究的成果,因为定量研究可以提供大量统计性的客观数据(Landry et al,2001)[4]。但也有研究者得出研究结论表明决策者更喜欢质性研究的结果(Oh,1997)[5]。朱利叶斯·考特(Julius Court)和约翰·杨(John Young)认为发展中国家的决策者更喜欢接受有过参与的研究结果。不同的学科领域和不同的决策系统对于研究成果的选择和采纳也有不同。[6]

研究的可信度也至关重要,当研究是来自一个可以信赖的个人和组织时,研究更加可能被接受,因此,研究来源的声誉是关键的。珀西-史密斯等人(Percy-Smith et al,2002)在研究中提到,英国地方政府官员更可能借鉴来自权威机构的研究,比如中央政府委托的研究等,地方政府认为其他研究要么

---

[1] MCKENNA H, ASHTON S, KEENEY S. Barriers to evidence-based practice in primary care: a review of the literature [J]. International Journal of Nursing Studies, 2004, 41 (4): 369-378.

[2] SHELDON B, CHILVERS R. Evidence-based social care: A study of prospects and problems [M]. Lyme Regis: Russell House, 2000.

[3] WEISS C. Chapter 3 The haphazard connection: social science and public policy [J]. International Journal of Educational Research, 1995, 23 (2): 137-150.

[4] LANDRY R, AMARA N, LAMARI M. Utilization of social science research knowledge in Canada [J]. Research Policy, 2001, 30 (2): 333-349.

[5] OH C H. Explaining the impact of policy information on policy-making [J]. Knowledge and Policy, 1997, 10 (3): 25-55.

[6] COURT J, YOUNG J. Bridging research and policy: Insights from 50 case studies [J]. Evidence & Policy: A Journal of Research Debate & Practice, 2003.

太过于政治性要么太过于商业性，这些研究不能被信赖。决策者是否信赖一项研究也与该研究结果是否符合决策者当前的知识和经验基础有关，他们可能不太愿意采纳超出他们的知识范围和立场的研究。[1]

委托式研究和目的明确的研究更容易被决策者所接受[2]。研究成果需要具有适时性。珍妮·珀西–史密斯（Janie Percy-Smith）等人认为由于研究需要较长的时间，与决策需要的不对应是影响研究不被决策所应用的主要阻碍因素。这也就是说是否正好符合当下决策者的需求。决策者一直以来在抱怨研究者不能满足决策的需要。主要表现为一方面研究可能并没有回答决策者在工作中遇到的问题，另一方面是研究没有提供实用的、行为导向的以及决策者需要的研究结果。[3] 丽贝卡·威尔逊（Rebekah Wilson）等人提出决策者经常希望研究者所提供的是决定性的答案、严谨的建议和清晰的行动方案，但是研究者无法做到这一步[4]。卡罗尔·韦斯认为这对于社会科学研究来说是一个独特的问题，因为社会科学研究倾向于不是简化问题而是揭露新的复杂问题，其研究往往依据于过去，而且对未来的推断总是不确定的，所以社会科学研究不可能提供明确的答案。[5]

除此之外，研究成果怎样被"包装"以及语言的如何应用也可能成为影响决策者是否采纳一项研究的因素。语言必须是决策者能接受且理解的，而

---

[1] PERCY-SMITH J, BURDEN T, DARLOW A, et al. Promoting change through research: The impact of research on local government [M]. York: Joseph Rowntree Foundation, 2002.

[2] COURT J, YOUNG J. Bridging research and policy: Insights from 50 case studies [J]. Evidence & Policy: A Journal of Research Debate & Practice, 2003.

[3] 同①.

[4] WILSON R, HEMSLEY-BROWN J, EASTON C, et al. Using research for school improvement: The LEA's role [M]. Slough: National Foundation for Educational Research (NFER), 2003.

[5] WEISS C. The circuitry of enlightenment: diffusion of social science research to policymakers [J]. Science Communication, 1986, 8 (2): 274–281.

且数据的呈现是清晰明了的(Court & Young, 2003)①。

(二)研究者与研究使用者的个人特征

许多研究已经探索了作为研究使用者的决策者和实践者的个人特点。索尼娅·布斯(Sonia Booth)等人②和马克·迪金森(Mark Dickinson)③都在研究中表示,那些具有较高教育水平的决策者或实践者,尤其是参与过研究过程的,更有可能应用研究结果。这些使用者可能更加熟悉和理解研究,而且关于研究的作用保持积极的态度,并认识到研究对其工作的意义。

除了积极因素之外,还存在一些消极因素。如决策者在理解和解读研究成果时存在困难。一些有过相关研究经验的人更容易掌握某些技能,而缺乏相关经验的决策者在应用研究成果过程中存在困难。(Walter et al, 2004)④同时,作为研究者一方,他们也反映自身缺乏专门知识去参与成功促成研究应用的活动,比如调整研究结果去适应目标群体,或者确保有效地传播至决策者群体。(Tang & Sinclair, 2001)⑤

个人的态度也可能影响研究的应用。决策者可能不愿意去改变当前的状况去试用研究所提供的观点。而且决策者可能就对研究本身产生厌恶情绪。(Funk et al, 1995)⑥他们可能在一定程度上认为研究并不能为他们的工作带

---

① COURT J, YOUNG J. Bridging research and policy: Insights from 50 case studies [J]. Evidence & Policy: A Journal of Research Debate & Practice, 2003.

② BOOTH, S.H., BOOTH, A. AND FALZON, L.J. The need for information and research skills training to support evidence-based social care: a literature review and survey' [J]. Learning in Health and Social Care, 2003, vol 2, no 4, pp 191-201.

③ RICKINSON M. Practitioners' use of research [C]//NERF Working Paper 7.5. London: National Education Research Forum (NERF), 2005.

④ WALTER I, NUTLEY S, PERCY-SMITH J, et al. Knowledge Review 7: Improving the use of research in social care practice [M]. Bristol/London: The Policy Press/Social Care Institute for Excellence, 2004.

⑤ TANG P, SINCLAIR T. Exploitation practice in social science research [J]. Science and Public Policy, 2001, 28(2): 131-137.

⑥ FUNK S G, TORNQUIST E M, CHAMPAGNE M T. Barriers and facilitators of research utilization: an integrative review [J]. Nursing Clinics of North America, 1995, 30(3): 395-407.

来什么帮助。个人关于研究应该怎样被应用的想法和理解也是至关重要的。

（三）研究与使用者的联系

缺乏自然接触研究的途径（lack of physical access to research）可能是被决策者和实践者普遍认为的影响研究的应用的一个主要障碍，比如，他们在进入图书馆、数据库和其他研究资源时渠道有限，如果能在网上搜索到的研究往往质量不高。（Sheldon & Chilvers，2000）[1] 在组织间和组织内部缺乏传播也可能是导致研究无法到达使用者那里的原因。

费德曼（Feldman）等人认为知识经纪人[2] 可能对促进研究的应用有所帮助。知识经纪人作为研究和使用者之间的桥梁，并且解决一些研究相关的障碍。比如，他们"翻译"研究结果从而更加迎合决策者的需求，并且能确保研究在合适的时间被合适的人所应用。[3]

对于研究的应用能做出最好预测的因素之一是研究者与决策者之间联系的程度。个人联系是关键的，这些联系可能是非正式的或特别的形式，如电子邮件交流或电话交流，可能是正式的，如会议或者工作坊形式。个人决策者往往依靠自身的研究者关系网络来鉴定研究结果。（Willinsky，2003）[4] 这些通过个人联系的方式是极其有效的。卡罗尔·韦斯还曾表示研究者与决策者的面对面交流是最可能实现研究在决策中应用的方式。[5]

不间断的互动和对话，两种方式的交流和持续的传播努力都会在很大程度

---

[1] SHELDON B, CHILVERS R. Evidence-based social care: A study of prospects and problems [M]. Lyme Regis: Russell House, 2000.

[2] 知识经纪人就是指在研究和其潜在使用者之间充当中介角色的个人或机构。

[3] FELDMAN P H, NADASH P, GURSEN M. Improving communication between researchers and policy makers in long-term care: or, researchers are from Mars; policy makers are from Venus [J]. The Gerontologist, 2001, 41 (3): 312-321.

[4] WILLINSKY J. Policymakers' online use of academic research [J]. Education Policy Analysis Archives, 2003, 11 (2): 1-17.

[5] WEISS C. Chapter 3 The haphazard connection: social science and public policy [J]. International Journal of Educational Research, 1995, 23 (2): 137-150.

上增加研究应用的机会。这种情况下，研究可能更加符合使用者的需求，有助于提升研究结果在使用者中间的所有权（ownership）。同时，研究者与使用者之间可以建立信任关系，并在一定程度上克服一些障碍。（Court& Young, 2003）

（四）研究应用的环境

研究应用的环境也是影响研究应用的一项关键因素，而且纳特利（Nutley）等人认为不同的应用环境对研究的应用有不同长影响，包括宏观决策层面、微观决策层面、实践层面和研究实施层面。由于本研究主要考虑的是宏观决策层面，因此微观层面和实践层面的环境因素将不在本部分研究之内。

关于决策环境的影响因素，卡罗尔·韦斯曾用4个词总结了主要因素，分别是兴趣（Interests）、意识形态（Ideology）、信息（Information）、制度（Institutions）。兴趣是首要的因素，参与政策过程的群体要么是基于政治兴趣（提出一个特定目标），要么是个人兴趣（发展个人事业）。意识形态是指引导决策者行为的信仰、道德、伦理价值观和政治方向。信息代表了一系列来自多重来源的知识和想法，聚集在一起试图引起政策领域的关注，从而被决策者所应用，并解决当前的问题。制度是决策者在组织内基于他们自身的历史、文化和约束条件而活动，反过来这些将导致决策者如何限定兴趣、意识形态和信息，以及政策制定的方式。[①]

关于研究环境的影响因素，有许多是抑制研究结果向决策者流动的因素。例如，缺少动机和奖励机制来促进研究的传播和应用活动；研究者往往会关注传统的学术期刊的发表；研究者缺少时间和资金支持去投入研究应用的活动当中；有些研究者认为宣传研究不属于他们职责范围。

（五）反思及启示

除了上述因素划分之外，国外还有一些学者就这一问题进行了研究，比

---

① WEISS C. The interface between evaluation and public policy [J]. Evaluation, 1999, 5 (4): 468-486.

如凯奥尔·欧（Cheol H. Oh）提出了三类影响因素，分别是研究的特征、决策者的特征和组织的特征。其中研究的特征因素包括来源、数量、类型和形式以及研究者与决策者之间的互动；决策者的特征因素包括政策过程的认知和关于研究的态度，以及年龄和教育水平；组织的特征因素包括规范、结构和动机以及决策者在组织中的地位等。[1]

不论什么样的因素划分，不难发现，基于原始数据形成的扎根理论因素模型包含了上述提到的所有因素，可见，本研究扎根理论研究所得结论具有较高的可信度。但是，由于本研究是基于我国高校研究者的研究情况，而上述文献分析中更多的是基于国外文献的分析（因国内研究较少），所以本研究所形成的因素模型更加基于本国国情。例如本研究的扎根理论模型中涉及的传播方式和内容、地理位置、影响传统、决策程序和压力等也都成为主要的影响因素，而在国外已有研究文献中并未体现。

三、研究者作用于政府决策的路径理论

当前已经形成很多阐述研究影响政策的理论框架，本节将简要介绍几种典型的框架模型，一方面了解已有理论中如何阐明研究与政策的关系，另一方面为本研究接下来的理论构建提供借鉴。

（一）基于证据的政策制定

2004 年，奥德怀尔（Lisel O'Dwyer）撰写了一本报告，名为 *A critical review of evidence-based policy making*，其中分析了基于证据的政策制定过程。[2] 在她建构的过程框架中，共将基于证据的政策制定分为了七个阶段，如图 14 所示。

---

[1] OH C H. Explaining the impact of policy information on policy-making [J]. Knowledge and Policy, 1997, 10（3）: 25-55.

[2] O'DWYER L. A critical review of evidence-based policy making [R]. Melbourne: Australian Housing and Urban Research Institute Limited, 2004.

第六章 高等教育研究者作用于政府决策的理论构建

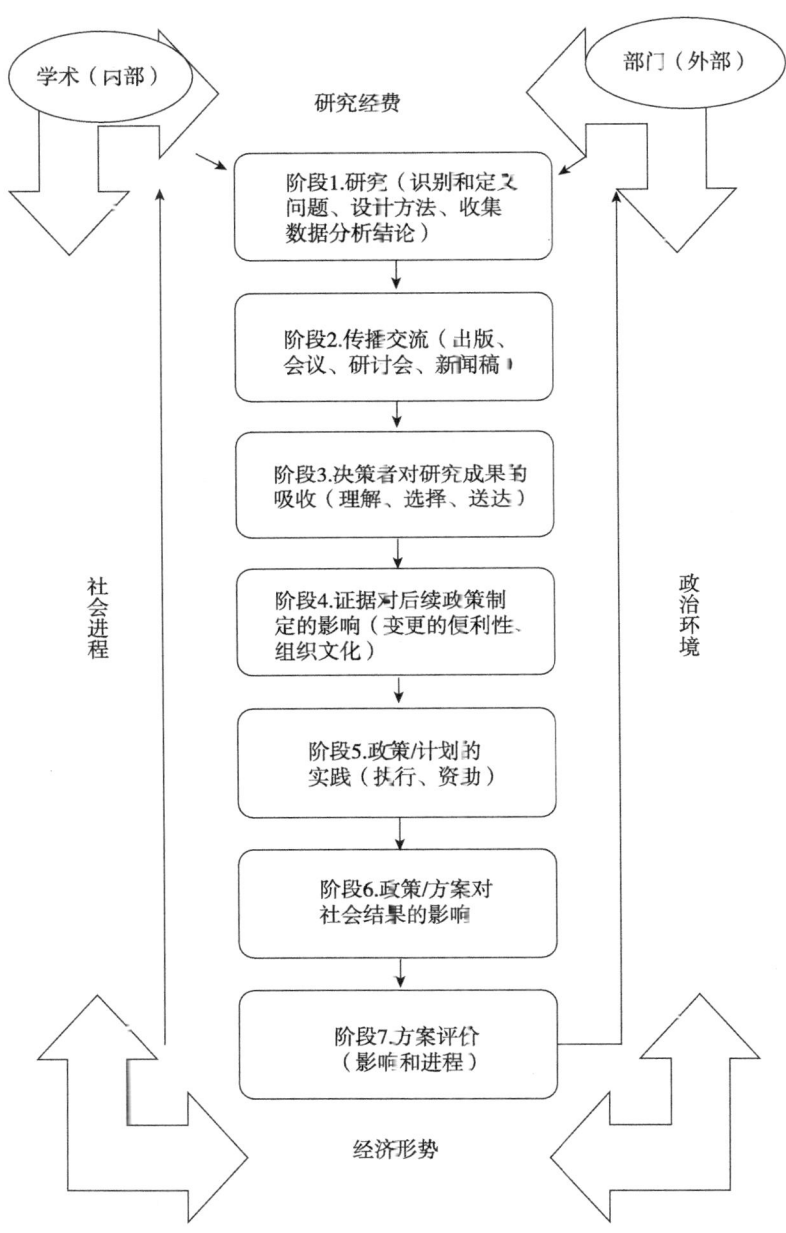

图 14 基于证据的政策制定过程模型

在这七个阶段中，社会过程和政治过程共同发挥作用，并且将学术研究理解为外部因素，政府理解为内部因素。这个过程受到了当时很多学者的批评和质疑，主要原因在于奥德怀尔提出的过程太简单，未反映出其中不同因素的影响，只是单纯地呈现了研究证据如何在决策中发挥作用。因此，本研究试图建构的理论框架是结合不同影响因素和不同形式的影响路径而建构的，避免形成过于简单化的模型。另外，该模型中强调了决策者接受研究成果之后对研究的实际应用阶段，但这不在本研究的分析范围之中。

（二）多源流理论

1984年，美国著名公共政策学家金登出版《议程、备选方案与公共政策》（Agendas, Alternatives, and Public Policies）一书。书中，金登在科恩（Michael Cohen）、詹姆斯·马奇（James March）和约翰·奥尔森（Johan Olsen）的"垃圾桶模型"的基础上提出多源流理论，该理论主要探讨的是政策制定的前阶段——议程设置的过程。金登认为："一个项目被提上议程是由于在特定时刻汇合在一起的多种因素共同作用的结果，而并非它们中的一种或另一种因素单独作用的结果。这种共同作用也就是多源流理论所讲的问题流、政策流和政治流三者的连接与交汇。"（图15）[①]

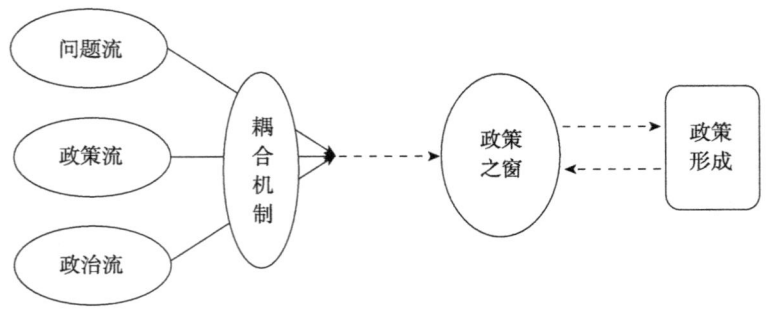

图15 多源流理论模型图

---

① 金登.议程、备选方案与公共政策：第2版[M].丁煌，方兴，译.北京：中国人民大学出版社，2004: 105-111.

多源流理论模型具有目标模糊、流动性参与等特征。目标模糊意味着目标可以根据即时的情况加以调整。流动性参与是指参与决策人员具有一定程度的流动性。[①] 危机决策的问题流是指需要政府进行决策并采取行动来解决的事件。问题流的来源主要是危机，危机的发生可能是突发性事件，也可能是政府关注的某些指标的重大变化使问题凸显出来。塑造问题流的方法有很多，专家可以通过发表著作或文章引导舆论；通过参加媒体采访，可以影响普通大众，以达到促使政府相关部门将问题提上议事日程，从而促使问题流成型。[②] 政策流是指危机决策讨论、产生、形成的过程。这个过程大多是在"政策共同体"中发生的。"政策共同体"主要是指某一特定领域的专业人员，包括高层领导者、危机预测人员、信息采集人员、政策分析人员、数据评估人员等。政治流"由诸如公众情绪，压力集团间的竞争、选举结果、政党或者意识形态在国会中的分布状况以及政府的变更等因素构成。既不同于专业人员共同体中所发生的事件，也不同于使问题引起政府内部及其周围人们的关注，政治流中所发生的是诸如国会中出现新的多数党或者产生新一届政府这样的事件"。[③] 问题流、政策流与政治流在某个特定的时间点有机地结合，其中任何两个流相结合都可能会改变正在形成过程中的政策议题。一旦问题与解决方法或解决方法与政治结合起来，该问题被提上议程的机会就会大大提高。[④]

耦合是指两个或两个以上的电路元件或电网络等的输入与输出之间存在紧密配合与相互影响，并通过相互作用从一侧向另一侧传输能量的现象。这

---

① 李杨. 多源流理论视域中的危机决策框架构想 [J]. 决策与信息，2015（11）：13，15.
② 林芯竹. 为谁而谋——美国思想库与公共政策制定 [M]. 北京：知识产权出版社，2007：165.
③ 金登. 议程、备选方案与公共政策：第2版 [M]. 丁煌，方兴，译. 北京：中国人民大学出版社，2004：184.
④ 吴越. 多源流理论视野中的教育政策议题形成分析——以《民办教育促进法》为例 [J]. 现代教育管理，2010（1）：23-27.

是软件工程领域的专业词汇。① 在多源流理论中，金登将政策系统中的问题流、政策流和政治流彼此在政策之窗的汇聚或结合称为耦合。在很多情况下，问题流、政策流和政治流的耦合是不完整的，比如：解决方案与问题耦合，但是缺少合适的政治气候；政治流与政策流耦合，但缺少紧迫性问题的出现；政治流和问题流要求采取适当的行动，但缺少可行性的政策方案。因此，只有当三者在政策之窗打开时形成完整耦合，研究问题才能被提上政策议程。②

（三）知识动员理论

2004年，基于对现实情况的理解和讨论，本·莱文（Ben Levin）认为研究的影响需要包含三种要素（图16）：

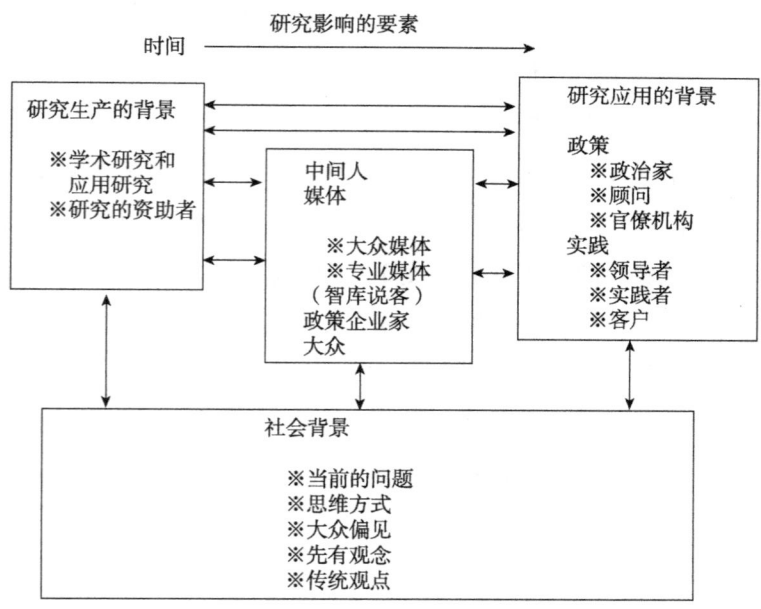

图16 本·莱文（Ben Levin）2004年提出的"研究影响框架"

数据来源：LEVIN, B. Making research matter more [J]. Education Policy Analysis Archives, 2004, 12(56)：1-20.

---

① 耦合. 百度百科：https://baike.baidu.com/item/%E8%80%A6%E5%90%88?fromModule=l-emma_search-box.

② 阮蓁蓁. 多源流理论视阈下中国公共政策终结研究 [D]. 长春：吉林大学，2010.

1. 研究生产：介绍正在实施什么研究、谁从事研究、怎样从事研究、实施了什么样的交流活动等。他认为研究生产大部分是产生于大学，除此之外在各种各样的组织中也存在。

2. 研究应用：介绍研究应用的利益相关者，包括政府、各种教育组织、教师、父母、学生和其他与教育相关的社区组织。他认为，利益相关者的观点、能力和结果都会有助于或者阻碍研究的发现和使用。

3. 中介：连接其他两个要素，包括各种各样的直接的或者中间的、面对面的、印刷的、电子的以及正式或非正式的方式。这些联系之间或强或弱，而且会不断增强或变弱。虽然有些是研究者与使用者之间直接联系，但大部分是通过第三方而实现的沟通。有时候，研究生产与中介之间的联系也会受使用要素的影响。

4. "环境"（contexts）表示这是一项不只是一个人能完成的任务。研究者到实践领域可能并不是研究的最大应用者，因为他们所处的新领域不提供方法或者缺乏应用这些研究结果的能力。研究生产的组织可能发现自身与政策要求不同步，因为研究有时候不是在正确的时间产生正确的结果。

5. 图16试图说明与研究影响相关的因素即联系。从图16中可以看出整个过程是发生在不断变化的社会背景之下，研究应用要素与中介要素的框比研究生产的框大，是为了提示我们，研究者的行为很重要，但是只是影响实践和政策的一部分原因而已。

但是，2004年提出的框架存在一定的弊端，也就是说他将研究生产和研究的应用完全分离开。在实际情况下，有很多人或组织是同时存在于这两个背景之下的，比如大学研究者同时也担任着大学教师的角色，从事着教学实践。

基于上个模型存在的缺陷，莱文教授对这一模型进行了修正，提出了研究的知识动员（Knowledge Mobilization）模型，认为生产、使用和中介三大因素之间相互交叉联系，并通过箭头的粗细来表示两者之间联系的强弱（图

17）①。知识生产和使用之间的联系相对较弱，而知识中介与知识使用之间的联系最强，同时知识生产与知识中介间也形成了稳固的联系，可见知识中介在整个知识动员活动中的重要作用。

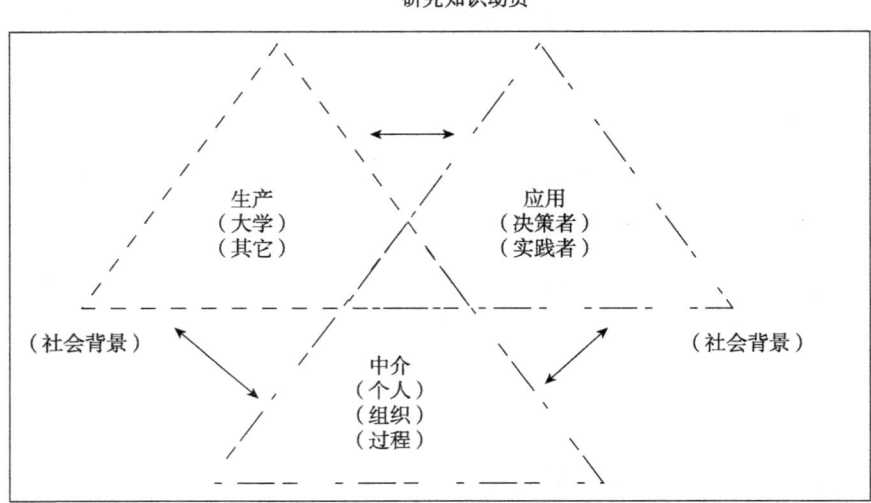

图 17　本·莱文（Ben Levin）2011 年修正后的"研究知识动员模型"

数据来源：LEVIN B. Mobilizing research knowledge in education［J］. London Review of Education，2011，9（1）：15-26.

关于知识动员概念的理解主要是存在于国外研究中，维基百科中把"知识动员"理解为"可应用的研究（通常是正式的研究）发挥实际作用的过程"②。加拿大人文社会科学委员会（Social Sciences and Humanities Research Council of Canada，SSHRC）在 2004 年给出官方的解释③：

---

①　LEVIN B. Mobilizing research knowledge in education［J］. London Review of Education，2011，9（1）：15-26.

②　https：//en.wikipedia.org/wiki/Knowledge_mobilization.

③　SSHRC. http：//www.sshrc-crsh.gc.ca/funding-financement/programs-programmes/definitions-eng.aspx#km-mc.

知识动员是研究知识在研究者、知识经纪人和知识使用者之间所形成的互惠互补的流动和采纳过程，涉及学术界内外，通过这样的方式将给使用者带来好处，并且在加拿大本土或者国际上产生积极的影响，并且实现人文社科研究的影响。根据研究领域和项目目标、背景和目标群体，知识动员需要至少解决以下问题中的一个：

在学术界：

报告、推动或者改善：研究议程、理论或方法

在非学术界：

报告：公众争论、政策或实践；

加强或改善服务；

通知企业、政府、媒体、实践社区或民众的决策及过程。

这一概念可以说包含了知识动员的所有内容，完整地介绍了知识动员所包含的主要要素：生产、应用和中介。知识动员就是研究知识的应用过程，通过在学术界严谨的研究过程来影响非学术界的政策、实践或者其他方面的决策服务。在这一过程中，研究生产者与使用者之间存在一个"经纪人"，将两者联系起来，打破两者之间的鸿沟和沟通障碍。这些就是理解知识动员概念需要强调的方面。

（四）反思与启示

基于证据的政策制定理论框架突出了"研究证据"在政策制定中的作用，但在前文已经表示出该框架的简单化倾向，未能将研究影响政策制定这一复杂过程凸显出来，只是呈现了单一的线性模型。

通过对多源流理论的了解，我们不难发现，研究的作用并没有在这个模型中体现出来，或者说很难看清楚"研究"在决策过程中发挥的作用。不过这从侧面反映了研究不可能简单地参与到传播过程和应用过程，相反研究需要经过多样的间接的路径去影响决策。

知识动员模型是在社会环境下从知识生产、知识中介和知识应用三大领域来呈现研究在决策中的应用过程，该模型以"知识"为主体来考虑，从它的不同阶段来引发出研究、传播和应用的阶段。在不同的阶段由不同的群体来主导，知识生产阶段是负责知识生产的研究者，知识中介阶段是负责知识传播的不同相关者，如智库、说客等，知识应用阶段是控制知识应用的决策者。这三个阶段不断互动，建立起直接或者间接的联系。

除此之外，我国国内也有学者对影响模式进行了分析，比较典型的是朱旭峰的研究成果，在前文"文献综述"部分已经进行了阐述。他曾将专家参与政策的模式分为了四种，分别是"迂回启迪模式""直接咨询模式""外锁模式"和"专家社会运动模式"。本章将高等教育研究者作用于政府决策的路径分为了三种，是主要基于政策研究者的视角来考虑问题，与朱旭峰从专家参与的视角是相似的。但与朱旭峰分类不同的是，本研究所进行的分类考虑到了研究者作用于政府决策的过程中，决策者、科研中介会因为发挥主动性而产生影响，而朱旭峰的分类主要是从专家发挥主动性的角度出发将参与模式进行了细分，这为本研究接下来继续深入讨论三种路径的不同表现形式提供了思路借鉴，是本研究未来的研究方向。

第二节 理论修正与完善

一、本土概念：政策机会

在访谈过程中，从访谈对象那里经常听到"没有机会去影响""偶然的机会""这是需要看时机""政策是有时效性的，你需要等机会"等，基于对这些资料的分析，形成本土概念"政策机会"。"机会"是指具有时间性的有利情况，政策机会是指高等教育研究者作用于政府决策过程中的有利时机。而且，"政策机会"概念是建立在金登提出的多源流理论的"政策之窗"的概念基础之上的，但与"政策之窗"并不完全相同。

（一）政策机会与政策之窗的异同

金登在多源流理论中提出，在关键的时间点，问题源流、政策源流和政治源流汇合在一起，问题就会被提上议事日程，这样的关键时间点就是政策之窗。政策之窗开启的时间非常短暂，一般来说政策之窗之所以开启是因为紧迫的问题或政治源流中的重大事件。从根本上来看，一扇政策之窗之所以敞开，其原因在于政治溪流的变化（例如，行政当局的变更）；或者说，政策之窗之所以敞开，其原因在于一个新的问题引起了政府官员以及周围人们的关注。关于政策之窗关闭的原因有很多种：'第一，参与者可能觉得他们已经通过决策或者立法把问题处理了。即使他们还没有把问题处理了，业已采取了某种行动这一事实也会使人们暂时不再谈论那个问题。第二，与此密切相关的是，参与者可能没有争取到行动。如果他们没有争取到行动的话，那么他们就不愿意投入更多的时间、精力、政治资本或者其他资源。第三，促使政策之窗打开的事件可能会从舞台上消失。导致政策之窗打开的资源可能不会长时间地持续增加。第四，如果人事的变动打开了一扇政策之窗的话，那么人事就可能再度发生变化。第五，政策之窗有时之所以关闭，是因为没有可行的备选方案。"①

本研究所提出的"政策机会"与金登提出的"政策之窗"有相似之处，但并不是等同的。首先，政策之窗是具有开启和关闭的两种情况的，而且有时候政策之窗的开启也不一定会实现对政府决策的有效影响，而政策机会不同，它的出现是积极且有利的，是研究者作用于政府决策的必要条件。其次，政策之窗的开启是政策机会出现的结果，后者是前者的基础。当政策之窗开启时，那一定是抓住了合适的机会。最后，政策机会也是稍纵即逝的，如果政策研究者没有利用好这些机会的话，那么就必须等待下次机会的出现。

（二）政策机会发挥作用的条件

政策机会作用的发挥必须满足以下两个条件，一是政策研究者能够清晰识别政策机会，二是政策研究者能够采用合适的策略利用政策机会。

1. 政策机会的识别

机会识别是创业研究领域的核心概念，在分析政策机会识别时，我们可以借鉴创业研究领域对机会识别的分析。"机会识别"作为创业活动过程的起点，是价值创造过程中的一个重要环节，也是以机会为核心的创业研究中的关键过程。对政策机会的识别也受很多因素的影响。例如，有研究认为机会识别有赖于拥有的知识和信息。大部分活动是机会识别驱动的，而不是基于资源掌控的。也有研究认为当前对机会识别需要具备三个特点：一是工作之余搜索大量的信息；二是对于信息的来源都给予高度的关注，具有较大的广度；三是高度关注新机会的风险线索。当前影响机会识别的重要因素有警觉

---

① 金登. 议程、备选方案与公共政策：第2版 [M]. 丁煌，方兴，译. 北京：中国人民大学出版社，2004：213-214.

性、个体特征、先验知识和社会资本。①

因此,研究者对政策机会的识别并不容易,需要认识到:首先,对政策机会具有警觉性,及时洞察当前具有潜在政策价值的研究,也是研究者政策敏感性的一种体现。研究者可以在从事科研和教学工作之余,投入时间和精力思考当前我国教育政策中的发展潜力,只有具有一定敏感度的研究者才能更容易识别政策机会,从而提升研究者作用于政府决策的能力。其次,对政策机会的识别受研究者个人特征影响。研究者在年龄、性别、身份地位、工作经历、动机、创造性等方面具有差异性,这些个人特征对于研究者识别政策机会产生影响。在访谈的 25 位研究者中,对政府决策产生作用较大的研究者均为男性,且他们都具有相应的行政职务,例如学院院长、研究所所长,再者他们拥有的政府委托课题居多等。这些都为他们较好地识别政策机会奠定了基础。再次,研究者的先验知识。研究者拥有的知识和信息是不同的,只有少数人会知道可以利用哪些资源来发挥作用。这些先验知识中,研究者的研究兴趣形成的知识和工作经验积累的知识更加有利于促成对政策机会的识别。最后,研究者的社会资本。研究者的社会资本可以理解为研究者社会资源的丰富程度,这在前文已经阐述过。研究者与决策者的关系是影响研究者作用于政府决策的最为关键的因素,对研究者识别政策机会也发挥着关键作用。社会资源越丰富,对政策机会识别得越准确,越容易对政府决策产生影响。

2. 政策机会的利用

在对政策机会进行识别之后,需要有效地利用政策机会。与政策之窗相似的是,政策机会的出现也是短暂的,必须在政策机会出现之后立即采取行动。首先,研究者需要时刻做好准备,为政策机会的出现和及时利用打好基础。有时政策机会的出现和可利用的时间很短,必须在此之前有充足的准备,并且迅速地采取行动。其次,研究者需要考虑到利用机会的结果。在对机会

---

① 郭晓丹.基于机会异质性的创业机会识别模型修正[M].沈阳:东北财经大学出版社,2010:24-28.

进行识别之后，研究者需要判断此次机会被利用之后会出现什么样的结果，有时候看似合适的机会但并未达到预期的效果，这就需要研究者及时对政策机会进行合理评价，从而真正在政府决策中发挥作用。最后，对政策机会的利用有时是多次共同发挥作用的。研究者对一次政策机会的利用有时并不能达到对政策的影响，需要利用多次机会，最终推动在政府决策中发挥有效作用。

"建设世界一流大学"议案的提出就是把握并利用了合适的机会。1998年5月4日，江泽民同志《在庆祝北京大学建校一百周年大会上的重要讲话》发布，提出建设世界一流大学的目标。之前，"学术界对世界一流大学进行了一定的研究，高校也提出了建设世界一流大学的目标并得到了江泽民的题词肯定，但仍处于公众议程阶段"。[①] 这也就是说，当时关于世界一流大学目标的研究已经相对成熟，但缺乏一个"外推力"去促成该目标向政策转化，北京大学百年校庆可以说是一个关键的"政策机会"。研究结果和高校目标获得了决策者的积极反馈和重视，上升为国家领导人的意志，促成了"建设世界一流大学"政策的出台。

二、研究者和决策者的知识转化

基于野中郁次郎和竹内弘高提出的知识创造和传播的阶段理论观点，可以将本研究第四章提出的三大路径的具体内容统一为社会化、外化、组合和内化四个阶段，来呈现研究者作用于政府决策的主要阶段，将复杂的路径简单化。

在"研究内驱式"路径中，研究者关心当前高等教育领域的问题并针对该问题开展研究，最终得出关于该问题的认识和看法。这是研究者生产知识的过程，也是社会化的过程，而且所有参与该问题研究的研究者之间也是一

---

① 闵维方，文东茅，等.学术的力量：教育研究与政策制定[M].北京：北京大学出版社，2010：105.

个不断社会化的过程。研究者将得到的研究结论以学术论文、著作、研究报告、报刊文章等形式宣传出去，或者采用交谈对话的形式宣传研究成果，这是一个外化的过程，是让更多人了解研究成果，从而让研究知识从隐性逐渐向显性转变。但需要强调的是，这里的显性并不是针对所有人的显性，而是主要针对其他研究者和科研中介的显性，因为在这个显性的过程中，并不是所有人都能够理解这一显性知识。通俗点来说的话，不是所有人都能读懂学术文章。因此，在外化的基础上，需要对显性知识进行组合，这时候研究者本身或科研中介在发挥作用，研究者可以用通俗易懂的方式将研究结论重新组合，便于决策者所接受和理解；或者某一类中介对研究结果进行重新解读整理，传达到决策者视野当中，为接下来决策者理解和内化奠定基础。在内化过程中，决策者接触经过组合后的研究成果时，一方面将该研究成果转变为自身的知识经验，以隐性知识存在，另一方面可能会直接将研究成果应用在决策过程中，从而实现研究对决策的影响。

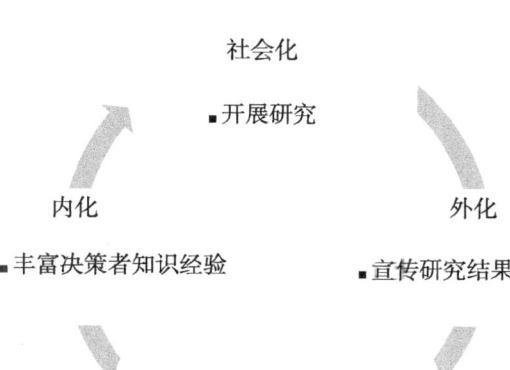

在"决策外推式"路径中，决策者在工作过程中，会针对所面临的政策问题进行思考，在与周围人讨论过程中，确定对科学研究的需求，这是一个社会化的过程，因为决策者开始寻求外部经验来解决问题。决策者会委托研究者开展研究，将自己的政策需求向研究者转达，可以通过面对面的交流，

也可以通过中间人的转达等形式,从而将决策者自己的思考外化为研究者可以理解的研究问题。研究者开展对问题的研究,对问题不断深挖和分析,形成研究结论。在这个过程中,决策者大多会跟踪研究过程,将自己的知识与研究者的知识、研究生产出的知识组合在一起,从而形成研究者与决策者都互相理解的显性知识。这些显性知识会对研究者、决策者和中介的知识结构产生影响,从而内化为他们各自的隐性知识。

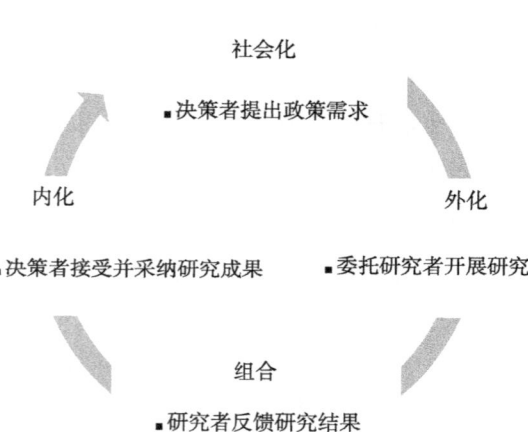

在"中介扩散式"路径中,科研中介是同时能联系到研究者与决策者的"中间人",他们会选择合适的研究者和决策者,并试图帮助决策者解决问题,或者调动研究者的积极性。研究者从科研中介那里获得信息后,会针对相关问题开展研究,而决策者如果从科研中介那里获取所传播的科研成果时,会进行一定的思考。这就构成了一个社会化的过程,也就是隐性知识生产的过程。研究者在得出研究结论时会向科研中介反馈他们的研究结果,决策者也会将思考的结果反馈给科研中介,这一过程就构成了研究者与决策者隐性知识的外化,逐渐变成科研中介接受的显性知识。在此基础上,科研中介对从研究者和决策者那里获得的知识进行重新组合,继续将研究结果转化成决策者所能接受的知识,将决策者需求转化为研究者可以理解和研究的问题,发挥"中间人"的作用。在不断地交流过程中,决策者会接受满足政策需要的政策咨询报告，并应用于决策过程中，从而完成决策者的内化过程。至此，"中介扩散式"的知识转化过程结束。

在这里需要强调的是，研究者与决策者的很多活动是同时进行的，因为中介往往不只是单独联系一方，而是通过与双方的不断联系，才能发挥"中间人"的作用，从而保证研究者与决策者之间联系的畅通，也便于自身及时寻求应对双方的对策。由于本研究主要是基于对研究者的思考，因此在"中介扩散式"中重点突出研究者积极参与知识转化的过程。

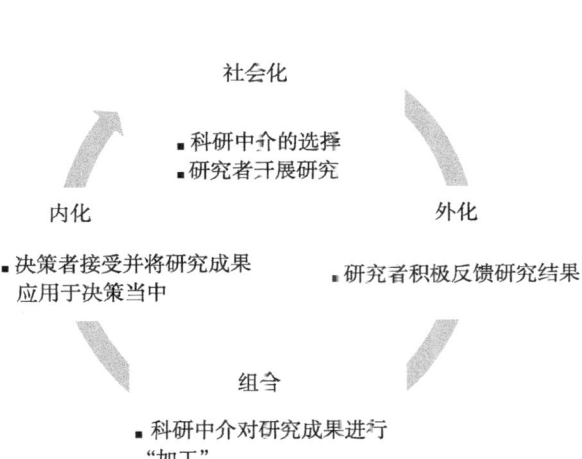

综上所述，无论研究者在政府决策中发挥作用通过哪种路径，都需要经历社会化—外化—组合—内化的知识转化过程，只有知识最终内化为决策者的理解时，研究才能真正发挥作用。因此，无论是哪种作用路径，都需要经历从研究者的隐性知识向决策者的隐性知识的转化。科研中介在其中更多发挥组合的作用，帮助实现知识的转化。

三、研究者、科研中介和决策者的相互交叉

通过知识动员的模型可以看出，构成知识生产、知识中介和知识应用的三个三角形是有相互重合的部分的，这个重合的小三角形主要是指能够与研

究、中介和决策同时进行沟通联系的一部分。根据前文对科研中介的重点介绍，本研究认为这部分包含研究型科研中介、中立型科研中介和决策型科研中介。

（一）研究与中介的交叉：研究型科研中介

研究者在"研究因素"的影响下，如果想要对决策产生影响，可以通过研究型中介去协助发挥作用，因为他们与研究型科研中介具有共同的交流语言和理解方式，能够较为容易地理解研究成果的价值，在向政策转化时达到事半功倍的效果。

例如，在研究选题方面，研究型科研中介可以为那些无法直接与决策者建立联系的研究者提供更加清晰准确的政策研究方向和思路；在研究团队方面，研究型科研中介可以为研究者提供人员支持，这些专业人员一方面能够协助研究工作，另一方面可以在研究成果的转化方面提供帮助；在研究者精力方面，有些研究者更加专注于科学研究，而对研究的转化工作不感兴趣，或者是繁重的研究工作压力使他们没有时间和精力去实现成果的政策转化，这时科研中介可以弥补这方面的缺失。除此之外，在其他研究因素方面，我们也不难看出与研究型科研中介的合作将大大降低这些"研究因素"的阻碍作用。

（二）决策与中介的交叉：决策型科研中介

决策型科研中介更多的是与决策层建立联系，直接为决策层服务，是决策者发挥主动性过程中所依靠的中介群体，研究者与决策型科研中介的联系比直接与决策者建立联系更加容易。本研究从研究者的视角出发分析了决策方面可能会对研究成果在决策中产生影响的因素，为了避免受"决策因素"的影响，研究者可以加强与决策型科研中介的合作和交流。例如，在决策程序方面，研究者可以从决策型科研中介那里充分了解决策的过程，同时对研究在决策中发挥作用的过程也有一定的认识；在决策者偏好方面，如果无法清楚了解决策层对哪些政策研究有所偏好或者对哪些政策有强烈的需求等，研究者可以从科研型中介那里获得信息，从而使自身研究的方向和内容有一定的侧重，更加容易实现研究的政策价值。

（三）中介的独立性：中立型科研中介

中立型科研中介或者是独立于研究者和决策者之外的群体，或者是同时在研究层和决策层具有一定地位的组织和个人。他们没有明显的倾向，只是发挥了重要的"传播作用"。研究者受"传播因素"的影响，往往无法了解传播渠道和传播条件，中立型科研中介可以很好地弥补这方面的缺失。在研究者有意向但是渠道受阻的情况下，中立型科研中介需要发挥主动性，尽可能地向研究者和决策者共同传递信息，尤其是确保研究者了解研究成果的"宣传渠道"，并在科研中介的协助下完成成果的转化。

四、突出社会环境影响的广泛性

个人学习理论和组织学习理论中都强调了社会文化的作用，知识动员理论也将社会环境作为重点放在模型当中。因此，需要在模型当中突出社会环境的作用，并将其放在更大范围内，因为社会环境影响着研究在向决策转化过程中的所有步骤。

社会环境是一个抽象的概念，是与自然环境相对的概念，是人类在自然环境基础上所创造的人工环境和人文环境。现实社会中，社会环境除了物质因素和组织因素外，更重要的内容是广泛而丰富的制度和精神因素。[①] 社会环境涵盖了方方面面的内容，并且具有多样性、稳定性、动态性和整体性等特点。多样性的表现是社会环境的内容构成涵盖了社会的各个领域和不同层面；稳定性就是对于个体来说，社会环境是相对稳定的；社会环境会随着时

---

① 彭华民.人类行为与社会环境[M].北京：高等教育出版社，2014：6-8.

间的流逝而不断向前发展进步,这是动态性的体现;虽然社会环境包含多个方面,但是社会环境的不同构成都是以一个整体来存在的,人类的某个行为是受社会环境这个系统来影响的,而不是受单个社会环境因素的影响。

结合对社会环境概念和特点的理解,我们可知社会环境渗透到研究影响决策过程中的方方面面,不应只是作为影响研究者、决策者和中介的因素而存在,应该升华对社会环境的理解。在知识动员模型中,社会环境被放在了知识生产、知识中介和知识应用的外部,被社会环境所包围着,就是强调了社会环境影响的范围之广。因此,本研究在理论构建过程中也将环境层面的因素作为"研究者影响政府决策"的外围因素,对不同参与者、作用过程都产生一定的影响。

第三节 理论构建的内容

基于对影响因素和路径的分析，结合理论对话的启示，本研究致力于建立一个解释我国高等教育研究者作用于政府决策的理论。陈向明认为，自下而上建构理论比较普遍的做法是：（1）用简单的理论性语言对资料进行初步的描述、分析和综合；（2）根据资料的特性建立初步的理论框架；（3）按照初步建立的理论框架对资料进行系统的分析；（4）在原始资料与理论框架中的概念和命题之间不断进行比较和对照；（5）建立一个具有内在联系的理论体系或一套比较系统的理论假设。① 本节就是在践行第五步，建立理论假设。最后的理论建构可以作为对研究问题的回答。本研究认为，基于影响因素和路径分析的"高等教育研究者影响政府决策"理论主要包括以下内容：

一、四类影响因素

在政策研究者看来，高等教育研究者在政府决策中发挥作用受研究层面、决策层面、传播层面和环境层面四个维度的因素影响。其中，科研中介的作用、研究者与决策者的关系是最为关键的两项影响因素。

本研究通过质性资料的分析，论证了决定政策研究者的研究成果能够有效影响政府决策的因素涉及研究、决策、传播和环境四个层面。基于不同影响因素参考点数的排序结果，研究者与决策者的关系、科研中介是决定他们在政府决策中发挥作用的最为关键的因素。不同层面的具体因素与对政府决

---

① 陈向明. 质的研究方法与社会科学研究 [M]. 北京：教育科学出版社，2010：326.

策的影响有效性相关关系是有差异的，研究主体的能动性、研究过程的科学性、研究结果的可行性、传播方式的直接性、传播内容的易理解性、研究者与决策者的关系紧密性、决策者偏好、能力和主动性、制度引导的积极性、文化传统等因素与"高等教育研究者在政府决策中的作用"呈正向相关关系，逻辑差异等因素与"高等教育研究者在政府决策中的作用"呈负向相关关系，决策者更替、地缘结构等因素随着环境的变化而呈现的关系发生变化。而且，环境因素的影响范围较广，是整个作用过程中不可忽视的重要因素。

二、三种路径

在政策研究者看来，高等教育研究者影响政府决策的路径包含"研究内驱式""决策外推式"和"中介扩散式"三种路径。在不同的路径中，他们的主动性是不同的。在研究内驱式路径中主动性最强，但最难发挥作用；在决策外推式路径中主动性较弱，但最容易发挥作用；在中介扩散式路径中研究者的主动性经历了由弱变强的过程，发挥影响的难易程度也会随着科研中介的类型而有所不同。

三、四个转化

高等教育研究者影响政府决策离不开研究者、决策者和科研中介的参与，是三者之间不断经过社会化、外化、组合和内化的知识转化而实现的。三种路径的转化过程出发点是不同的，"研究内驱式"路径是从研究者的隐性知识向决策者的隐性知识转化的过程；"决策外推式"路径是从决策者的隐性知识向研究者和决策者的隐性知识转化的过程；"中介扩散式"路径是从研究者与决策者的隐性知识向决策者的隐性知识转化的过程。每个路径中都经历了社会化—外化—组合—内化的过程，科研中介在其中发挥着催化作用。

四、一个机会

本研究根据多源流理论中的"政策之窗"概念,提出了"政策机会"这一本土概念,强调在"政策之窗"出现之前"政策机会"的重要性,与"政策之窗"的含义不同。高等教育研究者在政府决策中发挥作用的前提是对政策机会的识别和利用。政策机会是本研究建构的本土概念,在"政策之窗"开启之前,政策研究者需要有效识别政策机会,并采用恰当的策略利用政策机会。

五、三类科研中介

研究型科研中介、中立型科研中介和决策型科研中介在研究者作用于政府决策的路径中发挥作用的方式不同。研究型科研中介与研究者联系比较密切,决策型科研中介与决策者的联系比较密切,中立型科研中介没有明确的利益倾向。研究者对不同科研中介的利用也就决定了其在政府决策中作用的难易程度。如果研究者只是选择将研究成果以学术论文或著作的形式发表出来,那被决策者所关注的可能性较低;如果研究者积极主动将研究成果以咨询报告的形式递交给决策者,则较容易产生影响;如果能通过有影响力的"政策企业家"传播,影响则更加容易。

这五大内容之间是相互联系的,系统地阐释了高等教育研究者影响政府决策的过程,足以为高等教育研究者如何在政府决策中发挥作用提供理论认识。在社会环境影响下,高等教育研究者影响政府决策需要研究者、科研中介和决策者的共同配合才能得以实现(图18)。

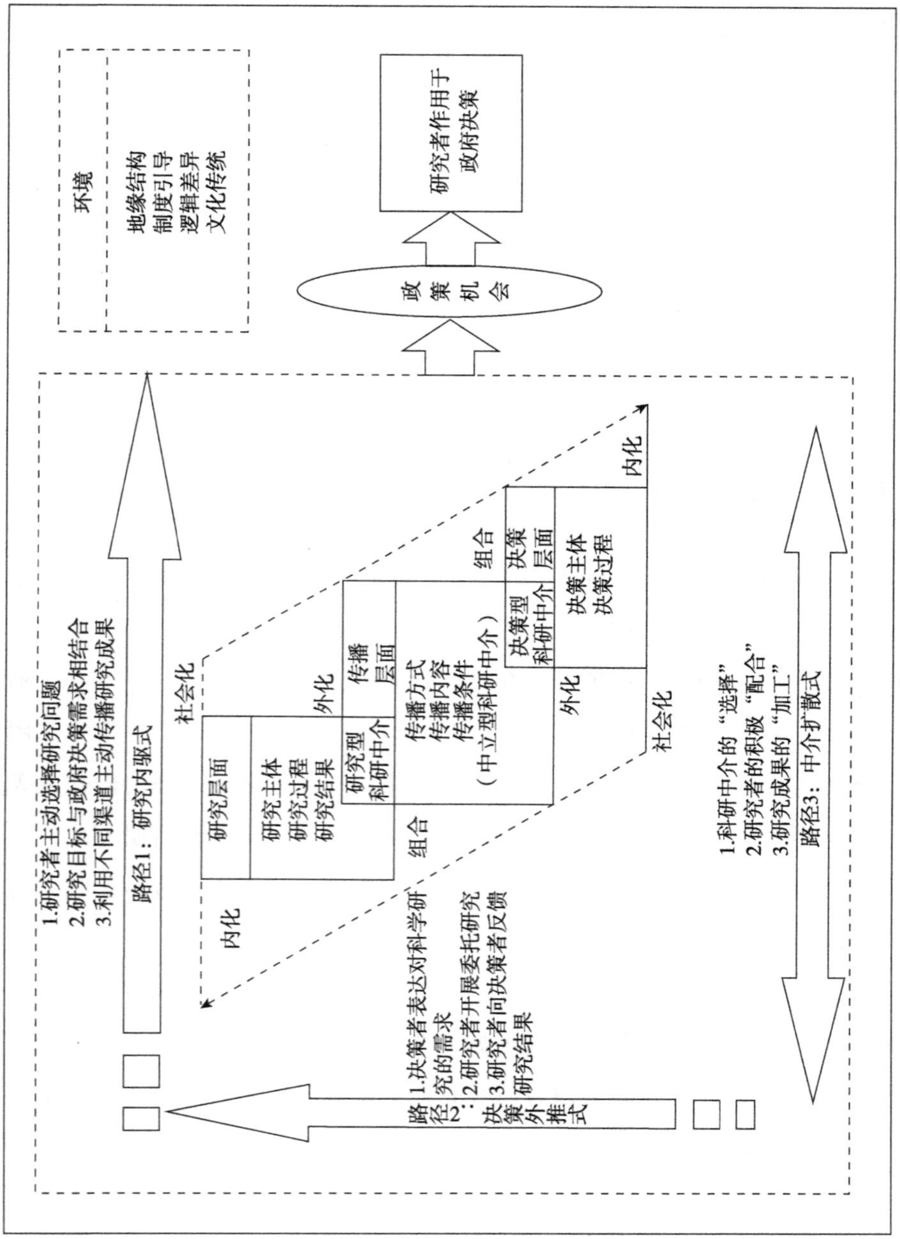

图18 高等教育研究者影响政府决策的理论构建内容图

第七章

高等教育研究者作用于政府决策的机制探索

综合前几章的分析，对于"高等教育研究者作用于政府决策的影响因素和路径"有了较为系统的理论认识，基于此，我们有必要设计出一套提升高等教育研究者作用于政府决策的能力机制，以促进研究者更好地在政府决策中发挥作用。通过前文的理论构建，我们已经发现，研究者在政府决策中发挥作用不能只依靠研究者的单方面努力去完成，而是需要研究者、决策者和科研中介的相互配合才能实现。因此，在探索机制时，本章首先综合考虑了高等教育研究者作用于政府决策这一行为中三大参与者的角色定位，其次分析了高等教育研究者在政府决策中发挥作用较小的主要原因，最后初步探索了提升高等教育研究者作用于政府决策的有效机制。

第一节 参与者的角色定位

虽然本研究主要的研究对象是高等教育政策研究者,但通过前文的分析可知,研究者作用于政府决策的过程与决策者、科研中介是密切相关的,因此非常有必要对这一过程中主要参与者的角色定位进行分析,从而更好地确定如何提升研究者在政府决策中作用的发挥。

一、研究者的角色定位:思想的提供者

《学术的力量:教育研究与政策制定》一书中,闵维方等人将学者的作用分为了四类。一是"情报员"和"信息加工员",为政策提供充分准确的信息;二是"价值中立者"和"社会的良心",增强政策的价值理性;三是"智囊"和"参谋",提供、评价政策备选方案,帮助决策者理性决策;四是"宣传者"和"解释者",保证政策执行的有效性。该分类强调了研究者在整个决策过程中的参与性。[①] 皮尔克在《诚实的代理人:科学在政策与政治中的意义》一书中提到了科学在政策与政治中的四种理想化的角色,分别是:纯粹的科学家;科学仲裁者;观点的辩护者;政策选择的诚实的代理人[②]。依据皮尔克的观点来看,前两种角色主要是发挥为决策者提供信息资源的作用,并不试图去控制决策者的决策结果,而后两者是直接告诉决策者哪些选择是好的,

---

[①] 闵维方,文东茅等.学术的力量:教育研究与政策制定[M].北京:北京大学出版社,2010:258-262.

[②] "诚实的代理人"的明确特征是努力扩展(或至少阐明)决策选择的范围,使决策者可以根据自己的偏好和价值观去决策。政策选择诚实的代理经常通过集合具有广泛见解、经历和知识的一起工作的专家来最好地得以实现。——《诚实的代理人:科学在政策与政治中的意义》

应该选择哪些内容等。不过他又提出:"观点辩护者试图操纵特定的决策,而政策选择的诚实代理人则努力赋予决策者选择的自由。"[①] 因此,借鉴皮尔克的观点,科学在政策中发挥作用的表现应该以"诚实的代理人"为主要角色定位,不要试图去控制决策,也不要漠不关心,而是以一种相对中立的价值观去充当决策的智囊团,确保决策的科学性。

(一)研究者负责提供备选方案,不能决定是否被采纳和政策出台

"我们提供对策建议,至于是否被采纳,能不能被采纳,那是决策者的事,我们控制不了,我只是把我的研究结果呈递上去。这也是我力所能及的范围,那至于决策者是不是采纳,我没法控制,也不能控制。"(Q老师)访谈中很多研究者表达过类似的看法。研究者能做到的最大范围是将研究成果让决策层所了解并关注,至于是否能产生影响,根据上一章提出的理论模型可知,需要一个在多方因素影响下形成的"政策之窗",一项方案才能成为政策的备选方案,进入政府议程。而从政府议程到决策议程的阶段,会受到更多其他的因素影响,研究者在其中发挥的作用会变得比较小了。"……这个建议是不是被采纳了?那完全是决策者的事,他认为你的建议是有道理的,或者某一部分是合理的,他愿意采用什么,他不采纳也没有关系,就是说研究按照研究的这个规律和推广来说,我提供给他们的仅仅是作为一个产品,就是作为他决策依据的一部分,我也不要求他去决策,所以这样的话,我觉得双方能够保持好一个比较良性的互动。"(B老师)

(二)研究者是政策咨询者不是决策服务者

研究者最主要的责任和活动是学术研究,与真正的决策过程应该保有一定的距离。B老师在访谈中说道:"我们从做研究的,这个研究者能够在一个领域里面,我持续地去做这个,而且做得相对比较深入一些,然后呢,当遇

---

① 皮尔克.诚实的代理人:科学在政策与政治中的意义[M].李正风,缪航,译.上海:上海交通大学出版社,2010:1-3.

到这个决策的问题的时候,领导提出了这个决策问题,我站在我的角度提供一个看法,提供我自己的一个建议。"研究者开展的研究是为当决策需要时提供咨询和支持的。但是,当前有些决策者把研究者当作决策辅助的一部分。"有一些这个领导部门包括领导的一些理解,他认为智库完全是辅助他决策的,他这个就是说我(决策者)想干什么了,然后呢?你帮我去找依据来支持我要干的这个事情,或者说我要干的这个事情里面有很多的技术性的工作,比如资料的收集啊,这东西你来帮我们完成。我觉得这是不对的。"研究者不是决策过程的服务者,而是一个咨询者,是提供智力支持的。首先研究者对自己要定好位,在与政府合作过程中,坚持学术研究自由和研究价值的中立性。

(三)研究者要保持研究的中立性

虽然本研究强调科学研究的政策服务功能,但并不是说要使研究者迎合政府决策者的意志去开展研究,研究者在开展研究过程中仍须保持中立性,不受行政意志的影响。因为,一旦研究者以政府意志为研究标准时,会不可避免地沦为政府的附庸。如果研究者只是一味地拥护决策者的想法,就无法达到科学决策的目的。过度行政化的科学研究可能带来一些弊端,如研究者更加依附于决策者,科研中介的多元性无法发挥作用,决策者的思想愈加狭隘等。因此,研究者要科学理性进行自我定位,一方面发挥研究的政策服务价值,另一方面确保研究的科学性和中立性。

二、决策者的角色定位:保障者

"在政策过程中,政策目标的理性和政策过程的理性主要是由政策制定者和执行者的理性决定的。……决策者理性地认识到自己与其他每一个个体一样,在信息搜集和把握、分析问题的角度、对政策结果的预测等方面都必然存在着缺陷和不足，因此需要依靠'外脑'和'智囊'。"① 为了"智囊"能够最大限度发挥对决策的帮助，需要政府在"研究者作用于政府决策"中扮演好"保障者"的角色，具体表现在：

（一）资源支持

资源包括资金和数据资源。国外有研究者把"研究资助者（research funders）"作为一个单独的概念在"研究与政策的关系"中凸显出来②，可见资金的支持在研究影响决策过程中发挥重要的作用。

问：您以往成功将研究影响决策的经历，都是政府委托您做的还是您主动做的？

C 老师答：我们主动做的很少。这两方面原因吧：一个是就做，肯定要有经费的，可能不是委托的话，没有经费；第二个呢，就是承担的事情很多……有些一般不会做得很深，因为没有太多的经费来支持这样做。

因此，决策者要给予研究者更多的经费支持，确保研究的深入性和彻底性。

除此之外，研究者开展一项研究，有时候会需要利用政府掌握的一些数据来作为研究来源，政府一方面要保证数据公正公开，另一方面对于敏感数据在签署保密协议的情况下，也要保证研究者对数据的最大程度利用。"拿不到数据，什么也做不了。"这是研究者在研究过程中经常会遇到的情况。

（二）学术自由的保障

"政策过程实际上是各种利益、各种观点碰撞交流的过程，如果这个过程中没有多种不同的声音，也就不存在选择和决策，或者说只有独裁和专

---

① 闵维方，文东茅，等.学术的力量：教育研究与政策制定 [M].北京：北京大学出版社，2010：252.
② LOMAS J. Improving research dissemination and uptake in the health sector：Beyond the sound of one hand clapping [J]. Policy Commentary, 1997.

制。"① 也就是说，决策者要给予研究者充分的学术自由。"不可能出现一个人的研究或者一项研究结果能影响决策的情况。"（X 老师）如果决策者希望保证政策过程的科学性和合理性，必须理性对待来自不同研究者对同一问题的不同看法。当前我国政府在决策过程中，可能当于自身利益的维护，在对待研究的态度上，只认可维护自身利益的研究，而忽略那些可能损害利益但对教育发展有利的研究，或者直接不给予资源支持，破坏了学术自由。

（三）决策能力的提升

政府决策能力是政府的核心软实力，是科学决策的重要保障。"从应然状态看，政府决策能力的本质，是政府能够使用其所动员、获取、整合和配置的决策资源实施高效理性决策，以实现政府服务社会的使命之能力量度。"② 决策能力的构成十分丰富，有学者总结了八项子能力③，其中"决策资源动员整合能力"和"决策技术应用与创新能力"都能反映出决策者利用外部资源的能力，其中包括教育科学研究。因此，政府决策能力的提升有利于决策者对研究资源的有效利用，这也就成为教育研究应用于政府决策过程的重要保障。

（四）政策需求的释放

政府应及时反映自身的政策需求，便于研究者和科研中介了解政府真正关心的问题。首先，政府在决策之前或者针对当前某一问题的重视程度，通过正规渠道向研究者传达获得政策依据的需求。这些渠道可以是通过科研中介寻找合适的研究者，也可以是直接联系当前在相关领域具有突出成就的研

---

① 闵维方，文东茅，等.学术的力量：教育研究与政策制定［M］.北京：北京大学出版社，2010：263.
② 黄健荣.中国若干重要领域政府决策能力论析［J］.南京社会科学，2013（1）：71-80.
③ 八项子能力分别是：决策价值导向能力、决策目标获取与锁定能力、决策资源动员整合能力、决策制度完善与运行能力、决策环境协调能力、决策学习与适应能力、政策供给能力以及决策技术应用与创新能力。

究人员，也可以是以课题招标等形式来找到合适的研究人员，也可以是通过主流媒体表达想法等。这些都可以作为政府将政策需求传达出去的渠道和方式，而不是将信息封闭起来，只是单方面地去寻求政策解决方案，而忽略了科研中介和研究人员的主动性。其次，在反映政策需求时，政府应保证传达信息的准确性、传达内容的可理解性、期待达到的目标等，确保研究者能正确把握政府的信息传播，不会出现理解偏差、最后浪费研究资源的情况。

三、科研中介的角色定位：沟通者

科研中介是在研究者与政府决策者之间充当桥梁作用的角色，在定位中应明确"沟通者"的身份，将两方的要求有机地结合起来。科研中介作为一座桥梁，会接触到不同的群体，因此需要不同的沟通模式。

（一）沟通研究者

科研中介需要了解当前接触范围内的科研情况，召开座谈会，了解研究情况。I老师在访谈中说道："现在的研究有一些是我们去观察，关键就是说你最近做了一个哪方面的研究，有利用价值的，我们认为它有政策价值，所以我们会谈啊，问能不能把这个研究委托我们来通过我们的渠道来递送，这样的很多。"可见，科研中介需要具有研究敏感性和主动性。"我们会经常开一些政策调研会……我们会把这个学校里教育学科中对决策有兴趣且有积累的研究者召集起来，去开座谈会。……我们也会关注学术期刊，也会关注这些重大项目，然后跟这些学者去对接。"

（二）沟通决策者

科研中介需要了解目前决策者最迫切的需求，利用参与行政部门会议、与决策部门的密切关系、科研中介领导者在决策部门任职等方式，强化桥梁作用。I老师说道："我们也会定期召开座谈会，那也会邀请决策者来参加。"F

老师说道:"因为合作多了,决策者会直接找我们智库,所以联系就建立起来了。"科研中介需要加强在政府决策层的信任度,从而提升联系的紧密性,保证及时了解决策需求,寻求合作的机会等。

(三)自我能力的提升

科研中介作为高级的"传话人",需要提升自身决断能力,正确理解研究成果的重要内容,合理诊断当前教育发展的问题和研究需求。事实上,科研中介除了中介功能之外,它本身也会有自己的研究力量。因为如果本身没有研究力量,那么就难以与其他研究成果产生对话交流,难以发现研究的政策价值。因此,科研中介如果要想提升自身能力,就需要充实自己的团队,并提高团队成员的学术水平。

第二节 研究者在政府决策中发挥作用较小的原因

在探索机制之前,我们有必要对当前研究者在政府决策中发挥作用较小的主要原因进行总结,主要是基于对前文原始资料的分析,确保研究者发现其中的问题,才能有针对性地提出解决方案。

一、学术研究没有为决策者提供实际的帮助

学术研究者通常主要是阐述当前教育发展的事实和问题,而决策者需要的是能够实际解决问题的方案。研究者必须遵循学术标准,决策者主要以政治为标准。政府人员有时候需要准确认识当前教育发展的现状,所以他们会依赖于科学研究。但是他们最基础的需求是寻求行动方案,而不只是停留在认知方面。为什么学术研究无法为决策者提供实际的可操作的行动方案,主要原因在于:

(一)决策与问题研究的不同

研究虽然在政策分析中发挥着重要的作用,但也只是次要的作用。它发挥的作用主要是鉴别出选定某一项行动方案可能出现的结果。但在分析可能出现的结果之前,必须提出政策问题,这往往更多地依赖于政治性,也就是说决定一个问题成为政策问题,是需要多种因素发挥作用的,其中主要的因素就是政治性在发挥作用。有时候,政府选择做某一件事情,是因为提供的方案是可行的。因此,问题的界定以及对所提供方案的评价是相互依赖的。

也就是说，研究者在确定阐述某一研究问题时，如果能同时提供一份切实可行的解决方案，那会在很大程度上加快研究在决策中的影响和应用。但多数社会研究只是提供了研究者有限的建议，并不具有可操作性。

当然，研究者可以不负责所有政策方案的具体细节，但是他提出的建议必须保障合理性、可行性和实践性，而且研究者也有必要了解决策过程。缺乏对决策过程的了解也会导致研究者在开展政策研究时很难将研究成果去影响决策。

（二）研究与决策的关注方向不同

学术研究往往会回顾过去，是为了理解造成当前现实问题的原因，而且研究数据也是来自过去。学术调查也强调理论高度，去追寻问题的成因。但是，在政策领域，决策者是往前看的，而不是回顾过去的。他们的关注点是在未来，更在意的是如果现在选择了某些方案，那以后会发生什么。

学术研究体现了不确定性，因为研究数据来源于过去并且数据收集是有限的。但是未来充满了不确定性，如果情况发生变化，结果可能与预期的差别较大。这一不确定性使得决策者对学术研究结果的预测存在担忧。当然，决策者也会关注过去，他们会对过去的政策进行分析，会结合过去决策的经验来作为当前决策的依赖，而且他们对自己经验的依赖比对学术成果的依赖更强。所以现实中会有很多政策的制定并不是来源于学术研究。

（三）时间长与短的不同

研究者倾向于从一个长远的视角去看待教育问题，而决策者需要应对的是短期的且突发的问题，因此需要以最快的速度寻求解决方案。而一项研究的开展需要花费很长的时间。同时，由于决策对时间和时机的把握比较严格，有时候研究还没有提出问题解决的方案，决策者的兴趣和重点就发生转移了。B老师在访谈中说道："研究者有时候会按照自己的理解去做这个东西，做完了以后呢，可能跟他的想法并不太一致，或者说他的兴趣点已经发生转移了……研究者之前如果能够有比较充分的这个时间去了解决策者希望解决的问题,这个很重要。……还有就是,决策者的兴趣点老是发生变化,这段时间他在观察或关心这个事儿,到下一阶段,他可能就关心别的事情了。"

二、决策者难以理解研究者所使用的"语言"

制约政策研究最终没有被政府所关注的原因之一就是研究没有使用决策者所了解的术语去呈现研究结果。研究者所提供的建议大多产生于对当前社会状况的分析,研究者使用数据库以及统计模型等来呈现研究结果,导致他们递交的研究结果无法引起决策者的注意。虽然有些政府官员能理解一些专业模型,但更重要的是,这样的学术研究成果缺少政府真正需要的内容。也就是说,政府需要的是行动方案,而研究中关于政府的政策实践阐述的较少,导致决策者不能确切地理解和采纳研究成果。

三、研究者缺乏对政治系统和政府决策过程的了解

很多从事政策研究的人员并没有政府工作的经验,缺少了这样的背景,导致研究者很难去理解并解决决策者真正面临的问题。而真正能产生影响的是那些具有多重背景的研究者,比如在政府部门兼职、做政府项目等。与政府决策者有过多年合作经历的B老师说道:"我不知道他们做什么,不知道他们怎么做决定,但是我有一个感觉就是这不是我们研究者所采用的一步步的决策方式,与我们做决策的过程完全不一样,他们考虑很多其他的因素,不是我们所能清楚了解的。"决策过程甚至可以在信息不完备的情况下发生,而研究者通常认为决策过程是谨慎的且必须有证据可参考的,这是研究者与决策者两大群体的文化不同造成的。

四、社会大环境缺乏对研究者的政策贡献给予鼓励

虽然已经有许多政策研究认为如果要想更多地在政府决策中发挥作用,需要做出改变,但是由于研究者更多地是以研究者的身份存在,必须满足学术工作的要求以及职称晋升的目的,而当前我国关于研究者工作的评价仍主要以学术发表为参照标准,这样就导致很少有研究者会在意哪些是真正能影响政府的研究内容和结果。研究者更倾向于关心那些能帮助他们带来学术发现的研究问题,而不是政府需要解决的问题。他们的目标群体是其他学术同行,而不是政府。

第三节　高等教育研究者作用于政府决策的有效机制

根据对高等教育研究者作用于政府决策的影响因素分析可知,若高等教育研究者想要在政府决策中发挥有效作用,就离不开研究者、决策者、科研中介和环境的共同保障。因此,不同层面应该做好各项工作,保障研究者在政府决策中的作用,形成"保障机制"。高等教育研究者作用于政府决策有三种路径,均牵涉到研究者、决策者和科研中介这三大主体,且三大主体之间是相辅相成的关系,三大路径也不是相互独立分割的,必须建立政策研究者、科研中介、决策者之间的协作关系,才能保证高等教育研究在政府决策中的应用,称为"协作机制"。根据本研究建构出的理论可知,一项研究成果如果想要对政府决策产生影响,必然需要政策机会的出现,对政策机会的识别和利用需要形成政策研究者背后的动力,称为"动力机制"。

一、保障机制

（一）组织保障

这里的组织不仅是指研究者所在的高校,还包括政府、科研中介组织等不同的组织形式。

首先,高校应创建多样的影响决策的渠道,并鼓励研究者积极申报研究成果。研究者对高校的依赖是很大的,受访者 O 老师说道:"目前来说我觉得这（通过学校影响）是最主要的,为什么这样说呢？你是这个学院的人,推送这个成果一般来说,应该通过学院吧。二呢,我个人感觉啊,因为有的普通老师没有其他渠道，最熟悉的就是学院，虽然学院也不是想有就有这种渠道，但是通过学院来推送，这个是最简单的。"文东茅、沈文钦在期刊论文《知识生产的模式Ⅱ与教育研究——北京大学教育学院的案例分析》中，介绍了北大教育学院如何通过编写简报和参与政府报告等方式扩大研究的影响。例如，北大教育学院定期向教育部相关司局、重点高校和研究机构等单位寄送研究简报[①]。因此，高校应该对研究成果影响政府决策进行规范化管理，定期收集学校老师的研究成果，积极与决策部门创建长期合作渠道，促使研究成果的定期传送，从而扩大高校研究者在政府决策中的作用。

其次，政府应积极为研究者创建开放有效的影响平台，并扩大宣传力度。在访谈中，I老师说道："中办和国办在很多高校都设置直报点，鼓励高校把一些研究成果通过内参的形式报送；另外教育部有智库专刊，也是鼓励大家报送那些东西。"但是，这些渠道并不为大部分研究者所知晓，这些渠道仍只是作为极少数研究者传播研究成果的平台。

最后，科研中介组织往往具有系统规范的运行管理形式，在发挥作用过程中比起科研中介个人在发挥政策影响作用时更容易且更快速。因此科研中介组织应通过"产品""事件"和"网络"的不同作用形式来积极调动研究者的兴趣，在满足研究者的"利益需求"的基础上，实现对决策的影响。由于当前学术环境下对研究者的主要评价依据为学术发表的数量，因此，科研中介可以运用提升研究者的发文量为前提，积极将研究问题与决策需求结合起来，并及时将研究成果传达到政府决策者一方，实现知识生产和知识应用的双重价值。

（二）激励保障

基于访谈结果可知，当前我国制度环境中对研究者的评价标准仍是学术论文和著作的发表，对研究者提交政策咨询报告与研究报告的奖励太少，不

---

① 文东茅，沈文钦.知识生产的模式Ⅱ与教育研究——北京大学教育学院的案例分析[J].北京大学教育评论，2010（4）：65-74，189.

足以调动研究者的积极性等。因此,应重点从以下几个方面构建有效的激励保障机制:

1. 加大政府对高等教育研究成果在决策中应用的政策引导和支持。

高等教育研究的开展需要人员、资金等资源的保障,这离不开政府的支持,政府的倾斜政策会起到巨大的激励和调控作用。具体来说,要积极鼓励已经有过丰富经验的研究者继续做好决策咨询服务;要发动研究者积极将有信心的研究成果通过不同渠道递交至决策层;对于积极参与政府决策咨询工作的研究人员所付出的工作,给予奖励和支持。

2. 高校将"政策咨询报告"或"研究报告"作为教师职称评定和绩效考核的重要标准之一。

在北京大学的教师职称评定制度中,给予"未公开发表的研究报告"与期刊论文、专著等成果一样的制度认可[①]。而很多高校当前还没有做到这一步,主要存在两个问题:一是制度不明晰,二是研究者不关心。在访谈中获知,北京师范大学正在进行的新的教师审核制度改革中,将政策咨询报告等作为同等重要的成果之一。可见,高校更加重视研究成果的政策转化作用。

3. 通过外部奖励制度提升研究者的内部意识。

研究者之所以重视学术论文和著作的发表,一方面是学术同行的认可度,另一方面是这些成果可以为自身发展带来名利。访谈中 I 老师说道:"有时候政策咨询报告是保密的,是不能公开且被人知道的。……甚至有人对这个而还有误解,觉得这个体现不出来水平,这也是制度导致的。"

访谈备忘录:在访谈中,有很多访谈对象都反映自己不知道为什么要做这样的工作,有时候是不得不开展这样的工作,因为政府委托,但也提到这对于自身的学术发展并没有帮助,而且也不利于他们在学术圈增强名声。学术圈更多的还是看学术成果的发表。在访谈中了解到,政府有时候会对研究

---

① 文东茅,沈文钦. 知识生产的模式Ⅱ与教育研究——北京大学教育学院的案例分析[J]. 北京大学教育评论,2010(4):65-74,189.

者发表在学术期刊上的研究成果进行反馈，想要进一步引用到决策中时，而研究者给予的是消极反应。我认为主要原因可能在于：一是研究者已经发表了研究成果，而通过这种方式与政府的合作并不是公开的，也不能给自己带来名声和利益；二是研究者觉得这样并不会对自己的研究的提升有任何帮助；三是单方面认为一项政府决策是复杂的，这样的力量太渺小，是不是能够产生影响以及影响的大小都不得而知。因此，研究者就消极应对，哪怕有机会产生影响，也不会采取行动。

（三）人才保障

我们在前文已经了解到，制约研究者与决策者之间沟通的一大障碍是两者之间的"文化和语言"不同。存在这样的问题在于研究者与决策者之间的相互不了解，因此从研究者视角来看的话，我们应重点培养能较好将研究成果转化为政策语言的专业人才，形成人才保障机制，具体可以从以下几个方面着手：

1.邀请有经验的专家开展相关讲座或培训。这样的工作开展有助于有兴趣的研究者对决策过程、决策语言和决策特点有进一步的认识，为提升研究成果在政府决策中的应用奠定基础。

2.组建专家委员会，吸纳一大批经验丰富的专家参与其中，主要负责成果的转化工作，将研究成果进行"语言"的修正和结论的把关，确保研究成果在政府决策中应用的概率。L老师说道："某老师对我们写出的文件一修改，那就是不一样，就容易让决策者所接受。"可见，当前急需创建一批能甘愿耗费时间和精力做好成果转化工作的"政策企业家"。

3.完善"科研中介"个人层面的专业人才培养制度。国外研究中在涉及研究向政策和实践转化中会运用"Knowledge Broker"来表达"中间人"的角色，翻译成中文就是"知识经纪人"，本研究认为研究与决策之间的"中间人"可以通过专业化和职业化的渠道不断完善并形成培养制度。"知识经纪人"需要由既了解研究过程又了解决策过程的人员担任，并且不断培养更多这样的人才去从事人文社科知识的转化工作。

二、协作机制

（一）研究者之间的协作

访谈结果显示，研究团队的研究成果更加容易对决策产生影响。研究者之间的协作一方面有利于保证研究成果的高质量，另一方面也有利于充分发挥研究团队中各成员的优势。团队中的有些研究者具有影响政府决策的经验，或者了解渠道，有些研究者在这方面比较缺乏，这样一来，有经验的研究者就可以弥补没有经验的研究者的不足，确保研究成果发挥真正的政策价值。

（二）研究者与决策者的协作

在访谈中了解到，大部分研究者在与政府合作的研究项目中的表现是积极的。研究者与决策者之间不论通过正式或非正式的形式都应该强化协作关系，积极开展能真正解决现实问题的研究，并确保及时对政策问题提供咨询建议。"研究内驱式"过程需要发挥研究者的积极主动性将研究与决策需求联系起来，"决策外推式"过程需要决策者发挥积极主动性及时运用科学研究成果去解决现实问题。这两个过程中，研究者与决策者的协作关系是基础。

（三）研究者、决策者与科研中介的协作

由于研究者与决策者之间的"文化冲突"，两者之间的直接联系仍很困难，必须有"中间人"的参与才能确保沟通的顺畅。研究者应该充分利用个人形式或组织形式的"科研中介"来宣传科研成果，决策者应该通过"科研中介"向研究者表达准确的决策需求，从而为研究成果在政府决策中的顺利应用铺平道路。我国不断加强高校智库建设，可以说就是在为研究者和决策者创建"科研中介"的行为，越来越多的研究成果可以通过高校智库这一平台影响政府决策。

(四)科研中介之间的协作

前文第四章中已经充分介绍了科研中介的类型、特点和作用机制,分析了当前科研中介存在相互合作不足的情况,有的甚至保持着一种竞争的关系。这不利于科研中介发挥更大的影响,而且很容易造成研究的片面性和对决策影响的偏差。因此,在个人层面,科研中介应积极联合不同的"政策企业家",共同发挥对政策的影响。比如,异地高考政策的出台过程中,有15名学者联名上书,呼吁政府及时制定政策解决流动人口子女的异地高考政策。在组织层面,科研中介单方面的推动可能无法获得重视,如果与其他形式的科研中介共同提出建议,政府对该建议的重视程度会大大加强。例如,若智库平台与媒体平台、政府中介平台共同开展研究试图影响政府决策,那达到的正面效果是肯定的。因为在这个过程中,不同科研中介会充分考虑多方因素的制约,合力推动"政策之窗"的出现,促成对决策产生影响。

三、动力机制

(一)研究者提升决策咨询服务的意识

"动力"是指一切力量的来源,是推动事物发展的力量源泉。建立高等教育研究者作用于政府决策的动力机制,需要首先确保研究者具有自主的影响意识,这是最基础的力量。从研究者自身来说,应该加强对研究影响决策的正确认识。

访谈备忘录:在访谈中我了解到制约研究者发挥决策影响的一大因素是他们还没有建立起这样的意识,有些研究者是在访谈时才意识到研究者有这样的一项责任。虽然我无法断定这代表了大多数研究者的情况,但是这也反映出研究者意识薄弱的问题。很多研究者并不是研究水平不高,也并不是研究没有价值,而是他们并没有想过将研究成果转化为决策。造成他们这样想的主要原因之一是他们认为影响决策难度太大，凭借自己的一己之力无法产生影响。因为研究者往往认为我国的政府决策与国外不一样，具有很大的复杂性，甚至有访谈对象认为当前我国没有任何一项政策是因为科学研究而制定的。种种原因可能导致研究者缺乏去影响决策的意识和动力。

从政府层面来说，应通过不同的政策措施鼓励研究者积极参与到政府决策的咨询研究当中来。从高校层面来说，对研究者从事的政府决策咨询研究给予充分支持和认可，并不断规范化，应用到高校内部对研究者的考核制度当中来。这些外部推动力也有利于提升研究者的决策咨询服务意识。

（二）增强研究影响决策的渠道认识

制约研究影响决策的一大因素是渠道的问题，研究者对渠道的不了解导致他们无法通过最有效的方式促使研究成果被决策者所关注，或者有时候选择了错误的宣传渠道，而较难引起决策者的关注。访谈中 Q 老师说道："我们不知道怎么去递交，也觉得难度很大，如果知道怎么去影响，可能也会去做这样的工作。"因此，增强研究者对影响渠道的了解和应用至关重要。首先，研究者可以向有丰富经验的研究者询问如何最快且最有效地将自己的研究成果传达至决策层；其次，研究者可以与在决策部门有过工作经历的人们交流，了解决策者获取信息的不同渠道等。这一动力机制目的是充分调动研究者的主观能动性，使影响决策成为研究者开展研究的内部推动力。

（三）加强对政府决策过程复杂性的认识和理解

本·莱文（Ben Levin）曾经在访谈了大量决策者、知识经纪人、政策分析家和学者等群体之后，总结了九项关于政策过程的真实评论，而这九项关于政策过程的理解对于决策层内部来说是平常的，而对决策层外部的人员来说却是令人惊讶的。这九项评论分别是：(1) 事实上，决策是一项理性的过程；(2) 把政治从决策中拿出去是不可能的，也不应该这么做；(3) 决策是不固定的且不可预测的;(4)反对党形成了政策的动态;(5)无错误的政策预计是匆忙之中制定的;(6)决策者与不同类型的难题做斗争;(7)决策是人类所知的最复杂的事业之一;(8)决策者和他们的选民的价值观是强有力的政策杠杆;(9)决策是喜欢解决现状的。① 基于莱文的总结,我们可以知道关于政策过程,研究者与决策者之间有着很大的认识差异。作为研究者需要充分了解决策过程,并且寻找相应的策略,比如决策过程是需要针对某一问题短时间内给予反馈的,也就需要研究者能及时发现问题并给予迅速的参考意见等,确保提交的方案更加容易理解和接受。同时,在政策过程中有很多因素在发挥作用,如政治因素、决策者的价值观等,因此研究者对于研究证据在决策中是否发挥作用或者发挥作用的大小要有很清晰的认识。

另外,研究者在宣传研究成果时应该考虑到渠道和实现的可能性。I老师在访谈中说道:"有时候提交的政策建议不是只有教育部就能完成的建议,而是需要调动其他部委共同才能实现的政策建议,那实施起来就很难了,也就是说你必须了解决策部门的能力,和决策实现的可能性。"

(四)注重对政策机会的识别和利用

本研究提出"政策机会"这一本土概念,强调高等教育研究者作用于政府决策需要满足的必要条件是对政策机会进行有效识别和利用。我国当前教育决策者缺乏"政策储备"(Z3)的意识,导致在制定政策过程中对时间的要求比较高,要求研究者迅速对决策者的需求给予回应,并提供科学合理的研究证据。这种情况下,需要研究者具有"先见之明",积极开展前瞻性研究,将研究做在决策的前面,确保在政策机会出现时,能够利用已有研究机会,快速准确地识别和利用政策机会。因此,对政策机会的识别和利用还是建立在研究者坚实的研究基础之上的。

---

① LEVIN B R. Improving research-policy relationships: Lessons from the case of literacy. Paper prepared for the OISE/UT International Literacy Conference: Literacy Policies for the Schools We Need, Toronto, Canada, 2003.

第四节 研究贡献、不足及未来展望

一、研究贡献

本研究基于扎根理论方法的指导,开展深入访谈,对高等教育研究者作用于政府决策的影响因素以及路径等问题进行了理论探讨,获得了基于我国原始资料的研究发现,形成了本土化的理论解释,并初步探讨了高等教育研究者作用于政府决策的有效机制。具体研究贡献如下:

(一)研究内容的独特

本书的研究内容与以往的研究不同,通过文献综述可知,国内外已有很多学者在探讨研究在决策中利用的问题,但是本研究在很多方面具有独创性。首先,本研究描述了我国高等教育研究者作用于政府决策的历史变迁,结合不同时期的具体事件,分析时期特点,从而有助于看出我国高等教育研究者作用于政府决策的整体发展趋势,在以往研究中还未出现过对这一问题的历史梳理。其次,本研究主要从政策研究者的视角去看待他们作用于政府决策的情况,扎根于一手资料来分析影响因素和路径,从"为什么"和"怎么做"两个方面的分析来帮助研究者对作用于政府决策有更深入的认识。最后,已有关于"研究与决策的关系"的研究要么是对具体决策制定过程中研究者参与情况的分析,要么是分析研究者参与的案例,但并未从研究者能动性发挥的视角去探索背后的原因和作用的路径。本研究采用扎根理论的方法,一方面是为了深入分析研究者的想法,另一方面是为了试图对高等教育研究者作用于政府决策这一行为进行理论解释,从而更加有助于研究者了解如何更加有效地在政府决策中发挥作用。

（二）研究方法的拓展：采用建构扎根理论

本研究采用建构扎根理论对高等教育研究者作用于政府决策这一问题进行了实证研究，更加有助于发现研究在影响政府决策时的一些新现象，并提炼出新的理论观点，确保理论分析深深扎根于第一手数据，为分析"研究与政策的关系"系列问题提供了新的研究方法，为研究方法的多元化做出了贡献。

（三）研究结果的创新

本研究分析出高等教育研究者作用于政府决策的影响因素包括研究层面、决策层面、传播层面和环境层面，其中"研究者与决策者的关系""科研中介的作用"是最为关键的两项因素。在研究者作用于政府决策的路径中，共扎根出三种路径：研究内驱式、决策外推式和中介扩散式，并结合影响因素提出了路径模型。在理论构建过程中，结合与已有理论的对话，提出了"政策机会"这一本土概念，并突出了研究者、决策者和科研中介之间的相互联系。这些研究发现主要是基于第一手资料总结出来的，具有创新价值，也丰富了"研究在决策中的应用"的理论体系。

（四）研究的实践价值较大

本研究遵循了"从实践中来，到实践中去"的原则，一方面结合第一手资料建构出关于"高等教育研究者作用于政府决策"的理论内容，另一方面结合这些理论内容试图探索高等教育研究者作用于政府决策的有效机制。由于采用扎根理论的方法，在分析过程中能够真实反映现实情况，对有效机制的探索也是结合访谈资料和备忘录总结出来的，可操作性强，具有较大的应用价值。

二、研究不足

本研究采用了以建构扎根理论为基础的研究方法,虽然竭尽所能访谈了28位研究者和决策者,并且也进行了个别的观察,但受客观条件的限制,未能充分参与到研究者作用于政府决策的整个过程中,未来需要尽可能地增加"参与式观察"的经历。另外,本研究也需要克服客观条件的局限,不断增加更多样本量,尤其是对决策者的访谈。

三、未来展望

本研究尽可能回答了高等教育研究者作用于政府决策的影响因素和路径,也采用了建构扎根理论的方法,并且结合与已有理论的对话,对高等教育研究者作用于政府决策进行了理论解释。但是由于目前国内外还未形成关于教育研究与教育决策的系统研究,笔者无法在一篇博士论文中对该问题进行深入的解答。因此,基于本研究的基础,对于未来的研究工作主要期望从以下三个方面开展:

第一,在研究深度上进行拓展。选择更多的"研究者""决策者"和"科研中介"作为研究样本,完善理论构建。我们有必要设计一个判定教育研究者作用于政府决策的指标体系,更加明确教育研究在政府决策中的影响行为,从而在实质理论的基础上建构出形式理论。

第二,开展详细的案例研究。本研究构建了一个解释高等教育研究者作用于政府决策的理论假设,但该理论主要是通过对28位受访者的访谈资料扎根出来的,未来可以开展丰富的案例研究,探索是否能寻找到新的作用路径。

第三,进一步探讨提升教育研究在政府决策中应用的策略。虽然本研究也在最后一章对提升有效性的机制构建进行了简要分析,但促进我国教育决策科学化和民主化的进程是一项艰巨的任务,必须在后续研究的基础上,继续寻求如何促进我国高等教育研究向政策转化的进程。

参考文献

一、英文文献

1. Althaus, Catherine, Peter Bridgman & Glyn Davis (2007). The Australian Policy Handbook, 4th edition. (Crows Nest, NSW, Australia: Allen & Unwin).

2. Amanda Cooper (2012). Knowledge Mobilization Intermediaries in Education: A Cross-Case Analysis of 44 Canadian Organizations. PhD Thesis. University of Toronto.

3. Argyris, C. and Schon, D.A. (1996) Organizational learning II, Reading, MA: Addison-Wesley.

4. Barab, S.A. and Duffy, T.M. (2000). "From practice fields to communities of practice", in D.H. Jonassen and S.M. Land (eds) Theoretical foundations of learning environments, Mahwah, NJ: Lawrence Erlbaum Associates: 25-55.

5. BOOTH S H, BOOTH A, FALZON L J. The need for information and research skills training to support evidence-based social care: a literature review and survey [J]. Learning in Health and Social Care, 2003, 2(4): 191-201.

6. BOSWELL, CHRISTINA. The political functions of expert knowledge: knowledge and legitimation in European Union immigration policy [J]. Journal of European Public Policy, 2008, 15(4): 471-488.

7. Cabinet office. Modernising Government(White Paper CM 4310) [R]. London: HMSO, 1999.

8. CAMERON A, SALISBURY C, LART R, et al. Policy makers' perceptions of the use of

evidence from evaluations [J]. Evidence & Policy, 2011, 7(4): 429-447.

9. CAPLAN N. The two-communities theory and knowledge utilization [J]. American Behavioral Scientist, 1979, 22(3): 459-470.

10. CHERNEY A, MCGEE T R. Utilization of social science research: Results of a pilot study among Australian sociologists and criminologists [J]. Journal of Sociology, 2011, 47(2): 144-162.

11. Cherney, A., Head, B., Boreham, P., Povey, J., & Ferguson, M. (2011). The utilisation of social science research in policy development and program review. Preliminary report: Phase 1 results, Institute of Social Science Research, University of Queensland.

12. CHSRF (Canadian Health Services Research Foundation) (2000) .Health services research and evidence-based decision making, Ottawa: CHSRF.

13. CHSRF. Health services research and evidence-based decision making [R]. Ottawa: CHSRF, 2000.

14. CILLO P. Fostering market knowledge use in innovation: The role of internal brokers [J]. European Management Journal, 2005, 23(4): 404-412.

15. COOPER A, LEVIN B. Some Canadian contributions to understanding knowledge mobilization [J]. Evidence & Policy, 2010, 6(3): 351-369.

16. COURT J, YOUNG J. Bridging research and policy: Insights from 50 case studies [J]. Evidence & Policy: A Journal of Research Debate & Practice, 2003.

17. CREWE E, YOUNG J. Bridging research and policy: Context, evidence and links [J]. ODI Working Paper, 2002, 2(4): 439-462.

18. CROTTY M. The Foundations of Social Research: Meaning and Perspective in the Research Process [M]. London: Sage, 1998: 4.

19. DAVIES H, NUTLEY S. Learning more about how research-based knowledge gets used: Guidance in the development of new empirical research [M]. New York: William T. Grant Foundation, 2008.

20. DUNCAN S, HARROP A. A user perspective on research quality [J]. International Journal of Social Research Methodology, 2006, 9(2): 159-174.

21. Evidence-Based Policymaking Commission Act of 2016 [EB/OL].(2016-10-20). https://www.congress.gov/bill/114th-congress/house-bill/1831.

22. FELDMAN P H, NADASH P, GURSEN M. Improving communication between researchers and policy makers in long-term care: or, researchers are from Mars; policy makers are from Venus [J]. The Gerontologist, 2001, 41(3): 312-321.

23. FUNK S G, TORNQUIST E M, CHAMPAGNE M T. Barriers and facilitators of research utilization: an integrative review [J]. Nursing Clinics of North America, 1995, 30(3): 395-407.

24. GLASER B G. The grounded theory perspective: Conceptualization contrasted with description [M]. Mill Valley, CA: The Sociology Press, 2001: 191.

25. GLASZICU P, HAYNES B. The paths from research to improve health outcomes [J]. ACP Journal Club, 2005, 142(2): 8-10.

26. HEAD B, FERGUSON M, CHERNEY A, et al. Are policy-makers interested in social research?Exploring the sources and uses of valued information among public servants in Australia [J]. Policy and Society, 2014, 33: 89-101.

27. HEDBERG B. How organizations learn and unlearn [M] // NYSTROM P, STARBUCK W. Handbook of organizational design: vol 1 [M]. Oxford: Oxford University Press, 1981.

28. HONIG M. The new middle management: Intermediary organizations in education policy implementation [J]. Educational Evaluation and Policy Analysis, 2004, 26(1): 65-87.

29. HONIG M I, COBURN C E. Evidence-based decision-making in school district central offices: Toward a policy and research agenda [J]. Educational Policy, 2008, 22(4): 578-608.

30. HORNE M. Honest brokers: brokering innovation in public services [EB/OL]. http://impactstrategist.com/wp-content/uploads/2015/12/Honest-Brokers.pdf.

31. HOWLETT M, NEWMAN J. Policy analysis and policy work in federal systems: Policy advice and its contribution to evidence-based policy-making in multi-level governance systems [J]. Policy and Society, 2010, 29(2): 123-136.

32. https://en.wikipedia.org/wiki/Knowledge_mobilization

33. HUBERMAN M. Linkages between researchers and practitioners: A qualitative study [J]. American Educational Research Journal, 1990, 27(2): 363-391.

34. JACKSON N. Introduction to brokering in higher education [M] //Engaging and changing higher education through brokerage. Aldershot: Ashgate, 2003: 3-20.

35. JOHAN G. Foreign Policy Opinion as a Function of Social Position [J]. Peace Research Society (International), 1965(2): 206-231.

36. John Shields and Bryan Evans (2008). Knowledge Mobilization/Transfer, Research Partnerships, and Policymaking: Some Conceptual and Practical Considerations. Retrieved in http: //books.scholarsportal.info/viewdoc.html?id=356178.

37. KNOTT J, WILDAVSKY A. If dissemination is the solution, what is the problem? [J]. Knowledge: Creation, Diffusion, Utilization, 1980, 1(4): 537-578.

38. KNOWLES M, HOLTON III E, SWANSON R. The adult learner [M]. 6th ed. London: Elsevier Butterworth Heinemann, 2005.

39. Land & Water Australia (2006). Australia Biosecurity Cooperative Research Center for Emerging Infectious Diseases. Knowledge for Regional NRM: Connecting researchers & Practitioners. Retrieved from http: //www.daffa.gov.au/__data/assets/pdf_file/0008/29096/knowledge_regional_nrm.pdf

40. LANDRY R, AMARA N, LAMARI M. Utilization of social science research knowledge in Canada [J]. Research Policy, 2001, 30(2): 333-349.

41. LANDRY R, AMARA N, LAMARI M. Climbing the ladder of research utilization Evidence from social science research [J]. Science Communication, 2001, 22(4): 396-422.

42. LANDRY R, LAMARI M, AMARA N. The extent and determinants of the utilization of university research in government agencies [J]. Public Administration Review, 2003, 63: 192-205.

43. LAVIS J. Research, public policymaking, and knowledge-translation processes: Canadian efforts to build bridges [J]. The Journal of Continuing Education in the Health Professions, 2006, 26(1): 37- 45.

44. LAVIS J N, Robertson D, WOODSIDE J M, et al. How can research organizations

more effectively transfer research knowledge to decision makers? [J]. Milbank Quarterly, 2003, 81(2): 221-248.

45. LEE J, CHO E. Consumers' use of information intermediaries and the impact of their information search behavior in the financial market [J]. The Journal of Consumer Affairs, 2005, 39(1): 95-120.

46. Lester J P. The utilization of policy analysis by state agency officials [J]. Science Communication, 1993, 14(3): 267-290.

47. LEVIN B. Mobilizing research knowledge in education [J]. London Review of Education, 2011, 9(1): 15-26.

48. LEVIN B R. Improving research-policy relationships: Lessons from the case of literacy. Paper prepared for the OISE/UT International Literacy Conference: Literacy Policies for the Schools We Need, Toronto, Canada, 2003.

49. LINDBLOM C E, COHEN D K. Usable knowledge: Social science and social problem solving [M]. New Haven: Yale University Press, 1979.

50. LIVERANI M, HAWKINS B, PARKHURST J O. Political and institutional influences on the use of evidence in public health policy [EB/OL].(2013-10-30).http://doi.org/10.1371/journal.pone.0077404.

51. LOMAS J. Improving research dissemination and uptake in the health sector: Beyond the sound of one hand clapping [J]. Policy Commentary, 1997.

52. LOMAS J. The in-between world of knowledge brokering [J]. British Medical Journal, 2007, 334: 129-132.

53. MCKENNA H, ASHTON S, KEENEY S. Barriers to evidence based practice in primary care: a review of the literature [J]. International Journal of Nursing Studies, 2004, 41(4): 369-378.

54. NELSON S R, LEFFLER J, HANSEN B A. Toward a research agenda for understanding and improving the use of research evidence [J]. Northwest Regional Educational Laboratory, 2009: 80.

55. NONAKA I, TAKEUCHI H. A knowledge-creating company: How Japanese companies

create the dynamics of innovation [M]. Oxford: Oxford University Press, 1995.

56. NUTLEY S M, WALTER I, DAVIES H T O. Using evidence: How research can inform public services [M]. Bristol: Policy Press, 2007.

57. NUTLEY S M, DAVIES H T O. Developing organizational learning in the NHS [J]. Medical Education, 2001, 35(1): 35-42.

58. OAKLEY A. The strange case of the two Wootten Reports: What can we learn about the evidence-policy relationship? [J]. Evidence & Policy, 2012, 8(3): 267-283.

59. OH C H. Explaining the impact of policy information on policy-making [J]. Knowledge and Policy, 1997, 10(3): 25-55.

60. OSBORNE T. On mediators: Intellectuals and the ideas in the knowledge society [J]. Economy and Society, 2004, 33(4): 430-447.

61. OUIMET M, LANDRY R, ZIAMS, et al. The absorption of research knowledge by public civil servants [J]. Evidence & Policy, 2009, 5(4): 331-350.

62. PAINTER M, PIERRE J. Unpacking Policy Capacity: Issues and Themes [M] // Challenges to State Policy Capacity. London: Palgrave Macmillan, 2005: 1-18.

63. PATTON M Q. Utilization-focused evaluation [M]. Thousand Oaks: Sage Publications, 1997.

64. PERCY-SMITH J, BURDEN T, DARLOW A, et al. Promoting change through research: The impact of research on local government [M]. York: Joseph Rowntree Foundation, 2002.

65. PFEFFER J, SUTTON R. Hard facts, dangerous half-truths and total nonsense: Profiting from evidence-based management [M]. Boston: Harvard Business School Press, 2006.

66. PINO R, BOKANOWSKI O, LUDENA E, et al. The extent and organizational determinants of research utilization in Canadian health services organizations [J]. Science communication: Linking theory and practice, 2007, 28(3): 377-417.

67. REBER A S. Implicit learning and tacit knowledge: An essay on the cognitive unconscious [M]. New York: Oxford University Press, 1993.

68. RICKINSON M. Practitioners' use of research [C] //NERF Working Paper 7.5.

London: National Education Research Forum(NERF), 2005.

69. SCARBROUGH H, SWAN J, PRESTON J. Knowledge management: A literature review [J]. People management, 1999: 68-74.

70. SEBBA J. An exploratory review of the role of research mediators in social science [J]. Evidence & Policy, 2013, 9(3): 391-408.

71. SENGE P M. The fifth discipline: The art and practice of the learning organization [M]. New York: Doubleday Currency, 1990.

72. SHELDON B, CHILVERS R. Evidence-based social care: A study of prospects and problems [M]. Lyme Regis: Russell House, 2000.

73. SHONKOFF J P. Science, policy, and practice: Three cultures in search of a shared mission [J]. Child Development, 2000, 71(1): 181-187.

74. SIN C H. The role of intermediaries in getting evidence into policy and practice: some useful lessons from examining consultancy-client relationships [J]. Evidence & Policy, 2008, 4(1): 85-103.

75. SOUSA M. Open innovation models and the role of knowledge brokers [J]. Inside Knowledge, 2008, 11(6): 18-22.

76. SSHRC. http: //www.sshrc-crsh.gc.ca/funding-financement/programs-programmes/definitions-eng.aspx#km-mc.

77. STONE D, MAXWELL S, KEATING M. Bridging Research and Policy [EB/OL]. http://depot.gdnet.org/newkb/fulltext/Bridging.pdf.

78. TALBOT COLIN, TALBOT CAROLE. Sir Humphrey and the professors: What does Whitehall want from academics? [M]. Manchester: University of Manchester, 2014.

79. TANG P, SINCLAIR T. Exploitation practice in social science research [J]. Science and Public Policy, 2001, 28(2): 131-137.

80. The Utilisation of Social Science Research in Policy Development and Program Review [EB/OL]. http: //www.issr.uq.edu.au/EBP-home. 2016-07-20.

81. BRIAN W H, LEWIS A G. Policy Analysis for the Real World [M]. New York: Oxford University Press, 1986.

82. WALTER I, NUTLEY S, PERCY-SMITH J, et al. Knowledge Review 7: Improving the use of research in social care practice [M]. Bristol/London: The Policy Press/Social Care Institute for Excellence, 2004.

83. WEBBER D J. The distribution and use of policy knowledge in the policy process [J]. Knowledge and Policy, 1991, 4(4): 19.

84. WEISS C. The many meanings of research utilization [J]. Public Administration Review, 1979, 39(5): 426-431.

85. WEISS C. Knowledge creep and decision accretion [J]. Science Communication, 1980, 1(3): 381-404.

86. WEISS C. The circuitry of enlightenment: diffusion of social science research to policymakers [J]. Science Communication, 1986, 8(2): 274-281.

87. WEISS C. Chapter 3 The haphazard connection: social science and public policy [J]. International Journal of Educational Research, 1995, 23(2): 137-150.

88. WEISS C. The interface between evaluation and public policy [J]. Evaluation, 1999, 5(4): 468-486.

89. WILLINSKY J. Policymakers' online use of academic research [J]. Education Policy Analysis Archives, 2003, 11(2): 1-17.

90. WILSON R, HEMSLEY-BROWN J, EASTON C, et al. Using research for school improvement: The LEA's role [M]. Slough: National Foundation for Educational Research (NFER), 2003.

二、中文文献

1. 埃茨科维茨.三螺旋[M].周春彦,译.北京:东方出版社,2005.

2. 蔡婉华.发达国家宏观教育行政决策模式探析[J].福建教育学院学报,2015(10):44-47.

3. 陈建坤.科学决策制度论[J].东岳论丛,2001(3):30-34.

4. 陈向明.扎根理论的思路和方法[J].教育研究与实验,1999(4):58-63,73.

5. 陈向明. 质的研究方法与社会科学研究[M]. 北京：教育科学出版社，2010.

6. 陈学飞. 理想导向型的政策制定——"985工程"政策过程分析[J]. 北京大学教育评论，2006（1）：145-157.

7. 德罗尔. 逆境中的政策制定[M]. 上海：上海远东出版社. 1996.

8. 邓恩. 公共政策分析导论：第2版[M]. 谢明，杜子芳，伏燕，等译. 北京：中国人民大学出版社，2002.

9. 丁钢. 教育经验的理论方式[J]. 教育研究，2003（2）：22-27.

10. 丁煌. 林德布洛姆的渐进决策理论[J]. 国际技术经济研究，1999（3）：20-27.

11. 杜德斯达. 21世纪的大学[M]. 刘彤，屈书杰，刘向东，译. 北京：北京大学出版社，2005.

12. 杜威. 民主主义与教育[M]. 王承绪，译. 北京 人民教育出版社，1990.

13. 方婷婷. 美国大学智库影响力形成途径分析——以贝尔弗科学与国际事务中心为例[J]. 现代教育科学，2015（1）：160-162.

14. 高鹏，杨兆山. "教育现象"何以是教育学的研究对象[J]. 教育研究，2014（2）：55-60.

15. 高伟. 教育现象学：理解与反思[J]. 教育研究，2011（5）：11-18.

16. 高晓清，蒋小丰. 我国教育政策研究20年[J]. 中国教育学刊，2007（10）：24-27.

17. 耿涓涓，席嘉骏. 重新审视高等教育研究与政府决策的关系——交往实践的视角[J]. 高教探索，2006（5）：13-14.

18. 龚放. 高等教育研究为宏观决策服务的思考[J]. 高等教育研究，2008（4）：18-21.

19. 谷贤林，邢欢. 美国教育智库的类型、特点与功能[J]. 比较教育研究，2014（12）：1-6.

20. 谷贤林. 智库如何才能对教育实践产生影响——以卡内基教学促进基金会为例[J]. 清华大学教育研究，2012（6）：36-43，60.

21. 顾海良. 中国特色新型智库建设的高校作用与责任[J]. 中国高等教育，2015（7）：7-10.

22. 郭婧.英国高校教育智库运作模式及资源保障研究——以伦敦大学教育学院为例[J].中国高教研究,2014(9):71-76.

23. 郭晓丹.基于机会异质性的创业机会识别模型修正[M].沈阳:东北财经大学出版社,2010.

24. 郝克明.教育重大决策科学化、民主化的范例——参加《中国教育改革和发展纲要》研讨和起草过程的体会[J].教育发展研究,2007(10A):44-48.

25. 贺武华.中国教育政策过程本土化研究[M].北京:中国社会科学出版社,2015:140.

26. 胡娟娟.建国后高等教育学习苏联模式的回顾和历史教训[J].改革与开放,2019(12):192-194.

27. 胡启立.《中共中央关于教育体制改革的决定》出台前后[J].炎黄春秋,2008(12):1-6.

28. 胡伟.政府过程[M].杭州:浙江人民出版社,1998.

29. 黄建雄,付义朝.我国高等教育决策模式的转向与前瞻[J].高教发展与评估,2012(3):12-17,50.

30. 黄建雄,卢晓梅.我国高等教育决策模式的价值反思与重构[J].现代教育管理,2012(2):16-19.

31. 黄健荣.中国若干重要领域政府决策能力论析[J].南京社会科学,2013(1):71-80.

32. 黄维,吴家鹏.论高等教育研究与政府决策的界面管理——以国家助学贷款为例[J].中国高教研究,2009(10):35-37.

33. 黄忠敬.美国教育的"智库"及其影响力[J].教育理论与实践,2009(13):20-23.

34. 黄忠敬.我国教育政策制定过程之探讨[J].教育理论与实践,2007(5):21-24.

35. 吉本斯,利摩日,诺沃提尼,等.知识生产的新模式:当代社会科学与研究的动力学[M].陈洪捷,沈文钦,等译.北京:北京大学出版社,2011.

36. 江欣.重点研究基地孵化一流学术[N].中国社会科学报,2010-12-23(15).

37. 解读《中共中央关于全面深化改革若干重大问题的决定》[EB/OL].（2013-11-15）[2016-05-20]. http://politics.people.com.cn/GB/8198/371536/.

38. 金登. 议程、备选方案与公共政策：第2版[M]. 丁煌, 方兴, 译. 北京: 中国人民大学出版社, 2004.

39. 景安磊, 周海涛, 李虔. 多源流理论视域下的异地高考政策议程分析[J]. 全球教育展望, 2014（3）: 108-115.

40. 万里. 决策民主化和科学化是政治体制改革的一个重要课题——在全国软科学研究工作座谈会上的讲话[J]. 中国软科学, 1986（2）: 9.

41. 卡麦兹. 建构扎根理论: 质性研究实践指南[M]. 边国英, 译. 重庆: 重庆大学出版社, 2009.

42. 康翠萍. 一种分析范式: 中国高等教育政策研究[M]. 北京: 人民出版社, 2010: 17.

43. 柯进. 高校人文社科成果如何走出书斋[EB/OL].（2011-10-25）[2016-06-26]. http://www.jyb.cn/high/gjsd/201110/t20111025_459783.html.

44. 李军, 冯大鸣. 1985—2004年我国教育政策研究状况分析[J]. 教育发展研究, 2006（9）: 38-43.

45. 李均. 潘懋元高等教育思想的渊源与中国高等教育学科的创建——基于我国第一部《高等教育学》编写过程及贡献的论述[J]. 山东高等教育, 2015（1）: 82-96, 2.

46. 李均. 中国高等教育研究史[M]. 广州: 广东高等教育出版社, 2005.

47. 李明忠. 高等教育多学科研究的现实审视与发展思路——基于《高等教育研究》2001—2010年的载文分析[J]. 高等教育研究, 2013（3）: 40-51.

48. 李杨. 多源流理论视域中的危机决策框架构想[J]. 决策与信息, 2015（11）: 13, 15.

49. 林芯竹. 为谁而谋——美国思想库与公共政策制定[M]. 北京: 知识产权出版社, 2007: 165.

50. 刘大椿. 人文社会科学的学科定位与社会功能[J]. 中国人民大学学报, 2003（3）: 9-15.

51. 刘熙瑞. 公共管理中的决策与执行[M]. 北京: 中共中央党校出版社, 2003.

52. 刘妍. 30年来我国教育研究影响政策的变迁路径和演进机制［J］. 河北师范大学学报（教育科学版），2012（12）：23-28.

53. 刘妍. 教育研究影响决策的路径和机制研究［D］. 北京：北京大学，2011.

54. 刘之昆. 刘西尧：恢复高考前后我在教育部［J］. 中华儿女（国内版），2007（6）：32-34.

55. 卢乃桂，柯政. 教育政策研究的类别、特征和启示［J］. 比较教育研究，2007（2）：27-31.

56. 卢晓梅，董泽芳. 教育决策模型的分类比较及改良分析［J］. 国家教育行政学院学报，2012（8）：18-22.

57. 罗宾斯，库尔特. 管理学：第11版［M］. 李原，孙健敏，黄小勇，译. 北京：中国人民大学出版社，2012：353.

58. 罗杰斯. 创新的扩散［M］. 辛欣，译. 北京：中央编译出版社，2002.

59. 孟彦，洪成文. 从知识动员视角探析我国高等教育宏观决策有效性缺失问题［J］. 现代教育管理，2015（11）：1-6.

60. 闵维方，文东茅，等. 学术的力量：教育研究与政策制定［M］. 北京：北京大学出版社，2010：47-48.

61. 潘懋元. 高等教育研究在中国发展的轨迹［J］. 高等教育研究，1998（1）：1-7.

62. 庞丽娟，周洪宇，田慧生，等. 中国新型特色教育智库发展创新［J］. 教育研究，2015（4）：4-25.

63. 彭华民. 人类行为与社会环境［M］. 北京：高等教育出版社，2014：6-8.

64. 皮尔克. 诚实的代理人：科学在政策与政治中的意义［M］. 上海：上海交通大学出版社，2010：1-3.

65. 阮蓁蓁. 多源流理论视阈下中国公共政策终结研究［D］. 长春：吉林大学，2010.

66. 上海社会科学院智库研究中心. 2013年中国智库报告——影响力排名与政策建议［J］. 中国科技信息，2014（11）：20-24.

67. 深化教育领域综合改革，加快推进教育治理体系和治理能力现代化——袁贵仁在2014年全国教育工作会议上的讲话［EB/OL］.（2014-01-15）［2016-05-20］. http：//www.moe.edu.cn/publicfiles/business/htmlfiles/moe/moe_176/201402/163736.html.

68. 十八大报告全文[EB/OL].（2012-11-19）[2016-05-20]. http://www.xj.xinhuanet.com/2012-11/19/c_113722546_5.htm.

69. 苏红.教育智库如何成长与发展——来自澳大利亚教育研究委员会的经验[J].辽宁教育，2014（24）：92-93.

70. 孙绵涛.教育政策学[M].北京：中国人民大学出版社，2009.

71. 台设立最高级"教育智库"[EB/OL]. http://paper.pecple.com.cn/rmrbhwb/html/2010-11/18/content_675592.htm.

72. 涂端午，陈学飞.我国教育政策研究现状分析[J].教育科学，2007（1）：19-23.

73. 汪明，贾彦琪，潘新民.论我国高校教育智库建设的困境及其对策[J].江苏高教，2015（4）：39-41.

74. 王洪明.复杂性视角下的教育决策机制研究[D].大连：辽宁师范大学，2008.

75. 王慧.公共决策问计于民——《国家中长期教育改革和发展规划纲要（2010—2020年）》起草历程回顾[J].教育，2010（13）：24-25.

76. 王建梁，鞠万婷.我国教育智库建设：问题与对策[J].教育发展研究，2014（9）：1-6.

77. 王莉丽.旋转门：美国思想库研究[M].北京：国家行政学院出版社，2010：98.

78. 王润良，郭秀敏，郑晓齐.知识管理的维度与策略[J].中国软科学，2001（6）：43-47.

79. 王晓辉.教育决策与治理[M].北京：教育科学出版社，2010：37.

80. 王鑫.教育科研与教育决策互动机制探析[D].大连：辽宁师范大学，2003.

81. 王玉芳.高等教育决策过程中学术知识之运用——以台湾"扩充高教规模促进经济发展"政策为例[J].江苏高教，2010（2）：45-47.

82. 文东茅，沈文钦.知识生产的模式Ⅱ与教育研究——北京大学教育学院的案例分析[J].北京大学教育评论，2010（4）：65-74，189.

83. 邬伟娥.知识转移视角的大学学术生产力研究[D].杭州：浙江大学，2006.

84. 吴锡泓，金荣枰.政策学的主要理论[M].金东日，译.上海：复旦大学出版社，2005.

85. 吴越. 多源流理论视野中的教育政策议题形成分析——以《民办教育促进法》为例[J]. 现代教育管理, 2010（1）: 23-27.

86. 西蒙. 管理决策新科学[M]. 李柱流, 汤俊澄, 等译. 北京: 中国社会科学出版社, 1982.

87. 西蒙. 管理行为[M]. 杨砾, 韩春立, 徐立, 译. 北京: 北京经济学院出版社, 1988.

88. 夏玳. 高等教育研究: 追释还是引领——兼论高等教育研究为政府决策服务的思考[J]. 大学（学术版）, 2010（7）: 41-44.

89. 徐勇, 杨华. 试论社会构建主义、解释主义和定性研究的关系[J]. 中山大学学报（社会科学版）, 2013（2）: 163-168.

90. 阎志坚. 中国高等教育宏观决策体制与过程研究[D]. 厦门: 厦门大学, 2006.

91. 颜丙峰, 宋晓慧. 教育中介组织的理论与实践[M]. 上海: 上海人民出版社, 2006.

92. 杨成虎. 政策过程研究[M]. 北京: 知识产权出版社, 2012.

93. 杨凤英, 袁刚. 美国高校影响政府决策的途径和方式——从高等教育协会组织活动管窥[J]. 比较教育研究, 2010（3）: 50-54.

94. 易红郡, 缪学超. 战后英国高等教育政策决策过程、影响因素及特点分析[J]. 大学教育科学, 2012（2）: 40-45.

95. 袁振国. 决策者的研究意识与研究者的政策意识[J]. 国家教育行政学院学报, 2001（1）: 13-17.

96. 曾天山, 金宝成. 我国教育政策研究的回顾与展望[J]. 人民教育, 2001（4）: 22-24.

97. 曾天山, 王小飞, 吴霓. 澳新两国国家教育智库及其服务政府决策研究——澳大利亚、新西兰教育科研考察报告[J]. 比较教育研究, 2013（8）: 35-40, 53.

98. 张国庆. 公共政策分析[M]. 上海: 复旦大学出版社, 2004.

99. 张秀兰, 胡晓江, 屈智勇. 关于教育决策机制与决策模式的思考——基于三十年教育发展与政策的回顾[J]. 清华大学学报（哲学社会科学版）, 2009（5）: 138-158, 160.

100. 张应强,郭卉.论高等教育学的学科定位[J].教育研究,2010(1):39-43.

101. 张云昊.中国社会科学研究影响政策的主要模式及其创新路径[J].中国科技论坛,2011(10):11-16.

102. 赵庭.中国教育智库建设:挑战及其应对[J].当代教育科学,2015(23):42-46.

103. 钟婉娟,侯浩翔.大数据视角下教育决策机制优化及实现路径[J].教育发展研究,2016(3):8-14.

104. 周娟.中国智库低效率的成因及破解——分工机制设计的视角[J].学海,2012(5):59-63.

105. 周光礼,莫甲凤.高等教育智库及其学术研究风格——中国著名高等教育研究机构的学术转型[J].高等工程教育研究,2014(6):45-57.

106. 朱冰莹,董维春.大学知识生产"动力源"解读——对美国研究型大学科研崛起的分析[J].高教探索,2013(6):78-83.

107. 朱旭峰,苏钰.西方思想库对公共政策的影响力——基于社会结构的影响力分析框架构建[J].世界经济与政治,2004(12):21-26.

108. 朱旭峰."司长策国论":中国政策决策过程的科层结构与政策专家参与[J].公共管理评论,2008(7):42-62.

109. 朱旭峰.中国思想库:政策过程中的影响力研究[M].北京:清华大学出版社,2009.

110. 朱旭峰.政策变迁中的专家参与[M].北京:中国人民大学出版社,2012.

111. 朱永新.彰显教育智库的应有作用[J].河南教育(基教版),2012(11):9.

112. 庄西真.知识在教育决策中的作用——兼论教育决策中决策者和知识人的关系[J].教育理论与实践,2003(2):17-21.

附 录

访谈提纲（政策研究者）

访谈目的：本访谈是为了支撑我博士毕业论文的写作需要而开展的。我的博士论文主要从研究者视角去了解高等教育研究者作用于政府决策的影响因素和路径，并在此基础上形成关于高等教育研究者作用于政府决策的理论解释。受访人回答的所有内容都将只作为博士论文研究用，敏感信息会进行保密，请您放心！

访谈对象：高等教育学科的政策研究者

访谈时长：1~2 小时

1. 您最近关注某些高教研究问题的动机是什么？有没有考虑过研究成果被政府决策所采纳？
2. 您觉得研究的成果最终有没有必要被决策所采纳？
3. 您觉得您现在的身份对于自己的研究成果被决策所采纳有影响吗？
4. 您所在的单位有没有相关激励制度？您觉得应该有吗？
5. 您与中央政府有过合作课题研究吗？形式是什么？怎么实现的？
6. 您有过类似研究应用于政府决策的经历吗？如果有，您的研究成果如何被决策者所采纳？
7. 您认为一项研究如果要在政府决策中发挥作用，需要经历什么样的过程?

8. 您认为都有哪些渠道是以"中介"的形式存在?您怎样看待这些"中介"在研究影响决策中发挥的作用?

9. 您有过研究成果在决策中应用的经历吗?如果有,您能说下其中发挥关键性作用的因素是什么吗?这一研究成果的应用对您自身的影响如何?如果没有,您认为是哪些方面限制了您的研究在政府决策中被应用?

10. 您认为什么样的研究成果会被采纳?

11. 您认为当前政府决策是否做到了以科学研究为依据?您认为决策者是不是影响研究应用于政府决策的因素?如果是,怎么体现的?

12. 您认为还有哪些方面可能会成为影响高等教育研究者作用于政府决策的因素?促进方面或阻碍方面。

13. 为了促进高等教育研究的政府决策服务力度,您认为高等教育研究者需要怎么做?高校应该怎么做?决策者应该怎么做?

14. ……(访谈过程中根据受访者的回答情况进行追问)

访谈提纲(决策者)

访谈目的:本访谈是为了支撑我博士毕业论文的写作需要而开展的。我的博士论文主要从研究者视角去了解高等教育研究者作用于政府决策的影响因素和路径,并在此基础上形成关于高等教育研究者作用于政府决策的理论解释。受访人回答的所有内容都将只作为博士论文研究用,敏感信息会进行保密,请您放心!

访谈对象:政府决策部门的领导

访谈时长:1~2 小时

1. 您认为当前教育研究在政府决策中被利用的现状怎么样?
2. 您认为教育研究者如果要想影响政府决策,有哪些路径可以利用?

3. 您认为高层决策者如何看待专家的作用？在决策时是否会积极利用教育研究成果，如何使用？

4. 您认为如何看待教育政策研究与现实政策制定需求之间的隔阂？

5. 您认为制约研究者作用于政府决策的因素有哪些？

6. 您认为起草政策方案时的依据是什么？

7. 您能否举出一两个教育研究成功影响决策的案例？研究在其中是如何发挥作用的？

8. 为了提升高等教育研究在政府决策中应用的有效性，您认为政策研究者应该怎么做？决策者应该怎么做？

9. ……（访谈过程中根据受访者的回答情况进行追问）